世界情勢の「なぜ?」がわかる
教養として知っておきたい
地政学

スッキリわかる!

監修 河合塾世界史講師 神野正史
編著 かみゆ歴史編集部

ナツメ社

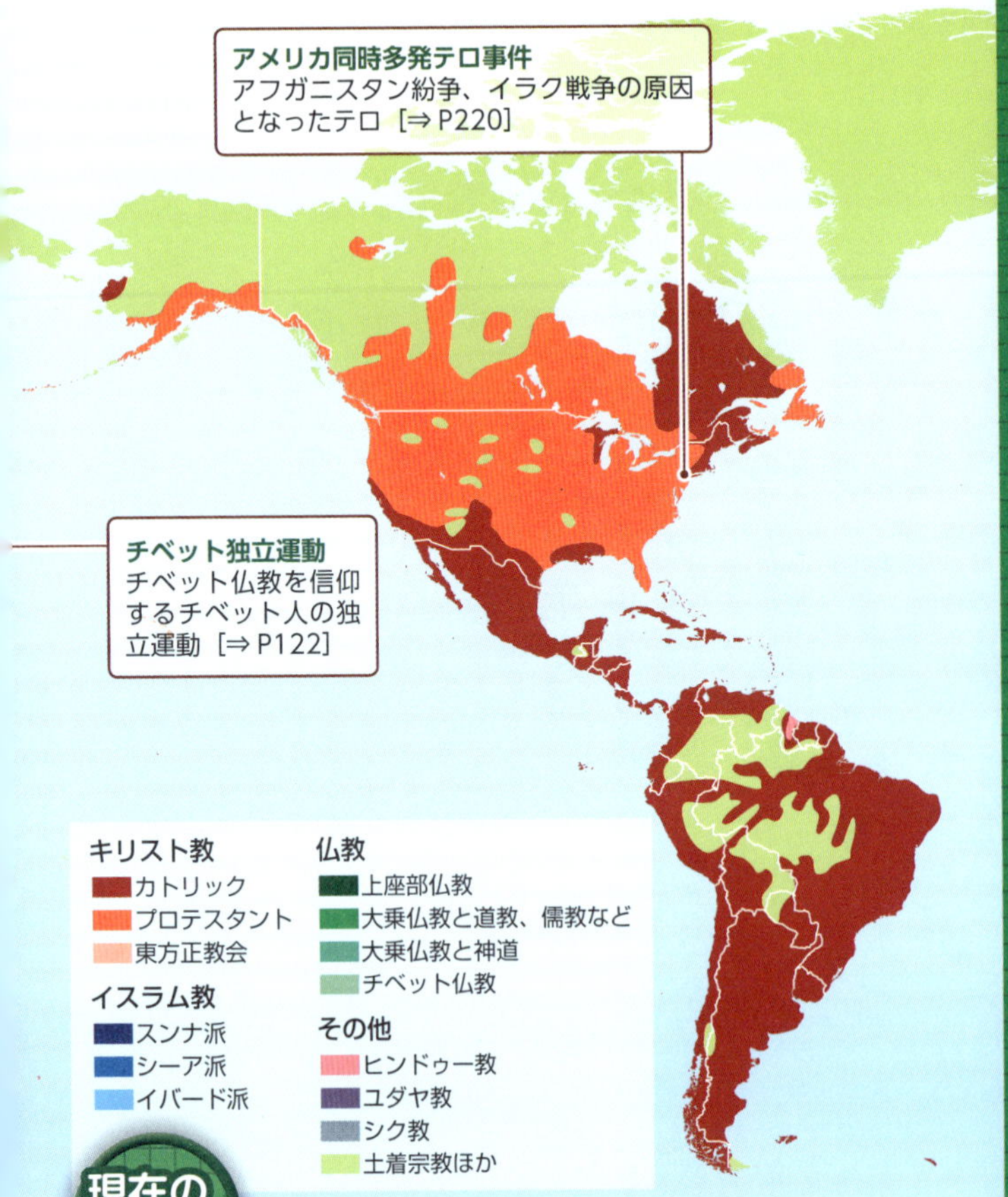
アメリカ同時多発テロ事件
アフガニスタン紛争、イラク戦争の原因となったテロ［⇒ P220］
チベット独立運動
チベット仏教を信仰するチベット人の独立運動［⇒ P122］
キリスト教
カトリック
プロテスタント
東方正教会
イスラム教
スンナ派
シーア派
イバード派
仏教
上座部仏教
大乗仏教と道教、儒教など
大乗仏教と神道
チベット仏教
その他
ヒンドゥー教
ユダヤ教
シク教
土着宗教ほか

世界の今を見てみよう！

現在の世界がどうなっているか、よくニュースに取り上げられる3つのテーマを切り口に覗いてみよう。

現在の世界 1

宗教と紛争

宗教を起因とする紛争は、21 世紀以降ますます深刻化し、テロというかたちで世界に恐怖をもたらした。

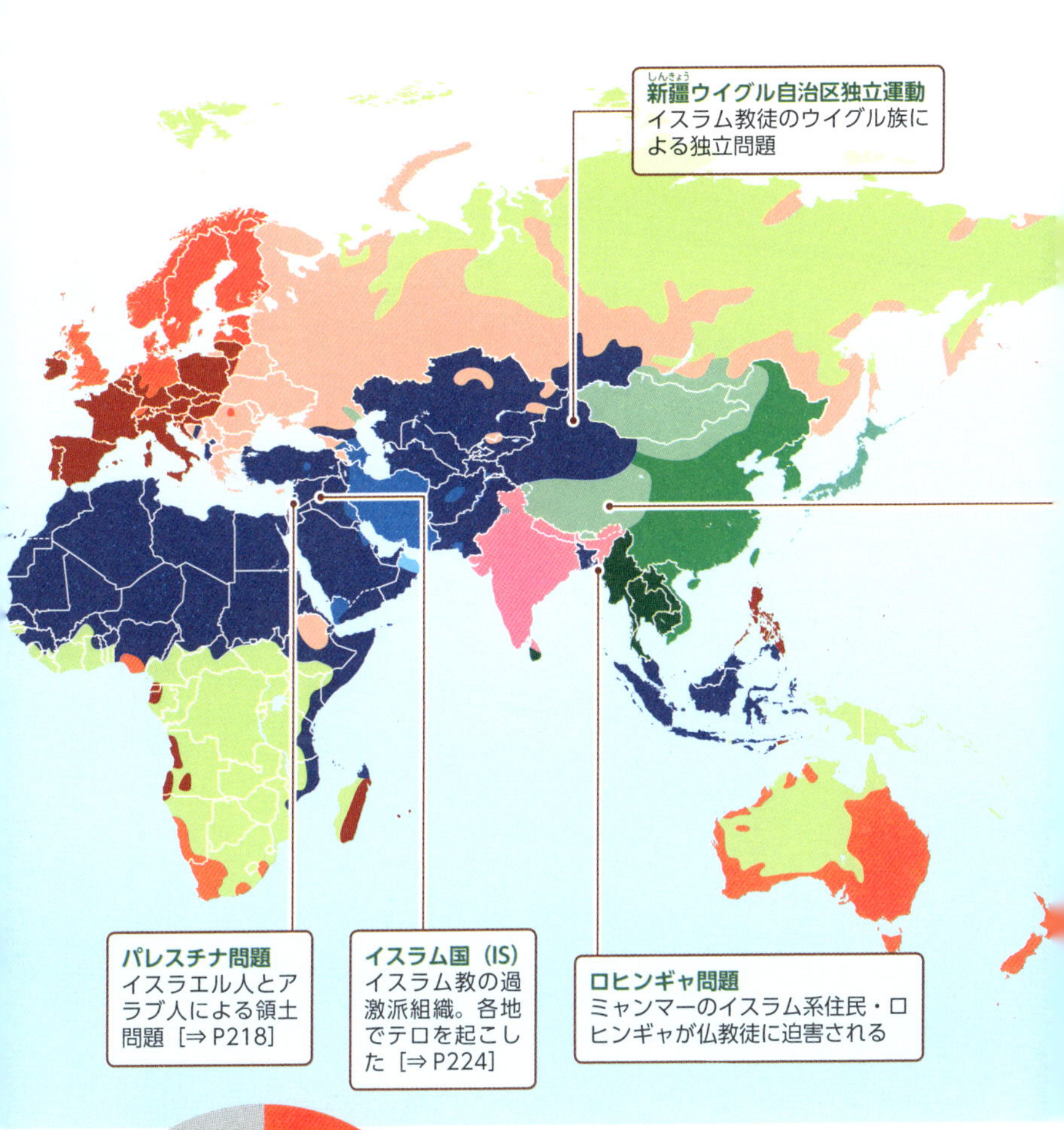

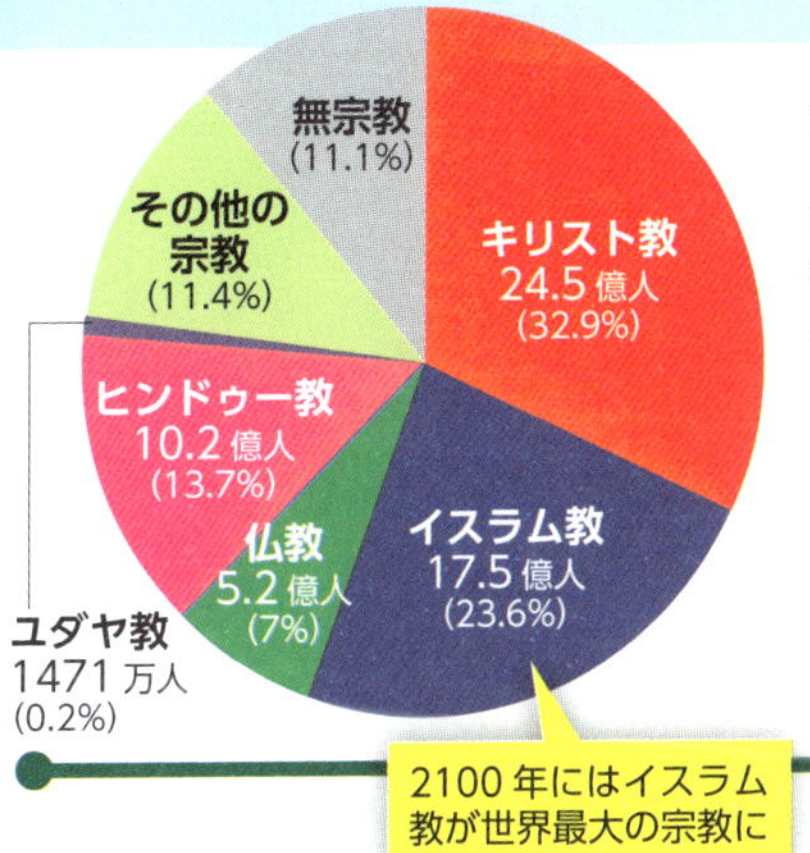

現在の宗教紛争の多くはイスラム教圏で起こっている。世界をテロの恐怖に陥れたイスラム過激派組織イスラム国（IS）は、中東での拠点は失ったものの、テロの脅威が消え去ったわけではない。また、イスラム教徒に対する宗教差別や難民問題も、大きな課題となっている。

現在の世界2

核兵器の保有

北朝鮮が核実験をくり返すなど、核の脅威がリアルになってきた。世界は核兵器とこれからどう向き合っていくべきなのだろうか。

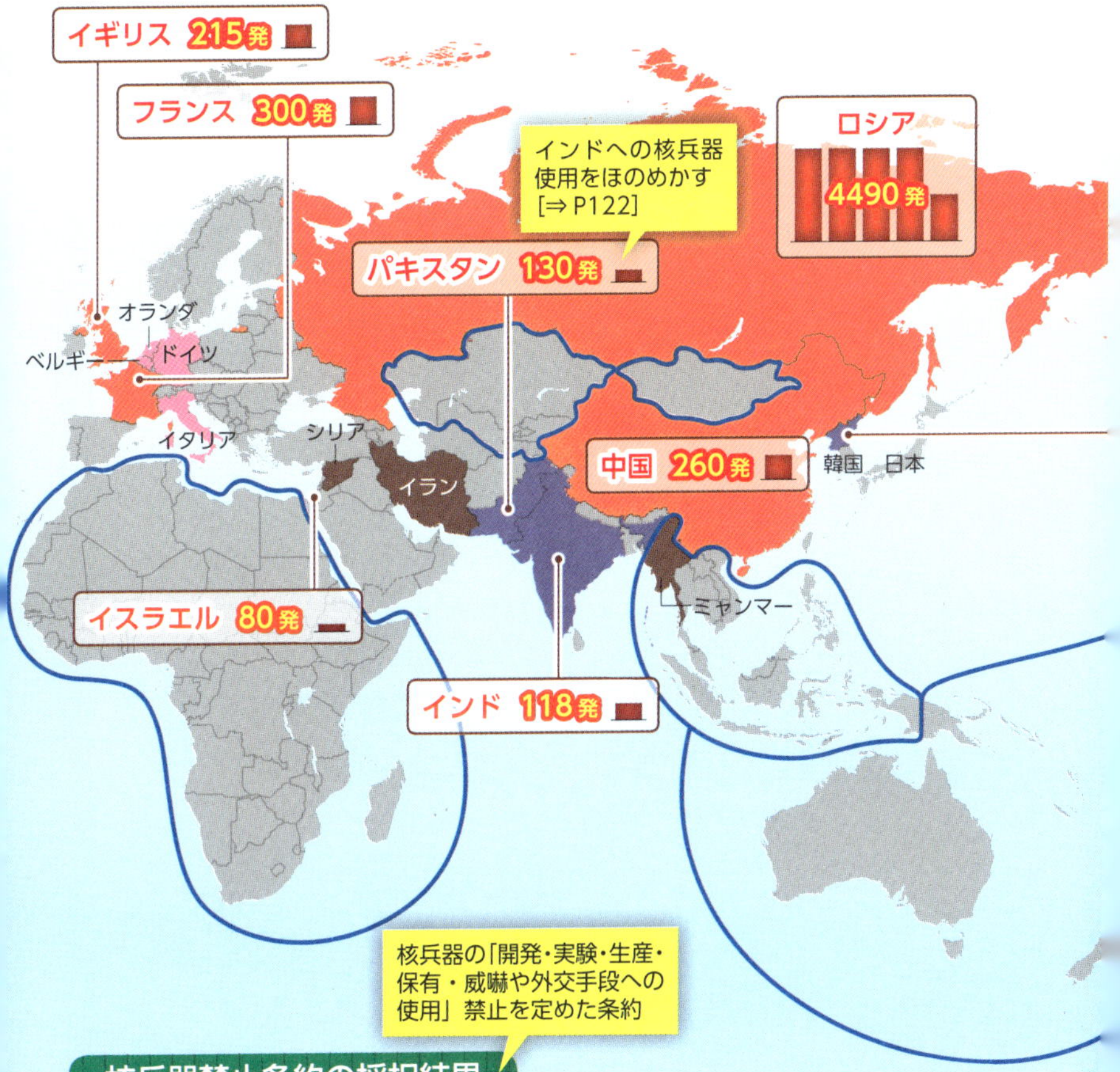

核兵器禁止条約の採択結果

賛　成	不参加
オーストリア、メキシコ、南アフリカ、ブラジル、スイス、ニュージーランド、インドネシア、エジプト など　122か国	**核保有国** アメリカ、ロシア、中国、イギリス、フランス **実質的核保有国** インド、パキスタン、イスラエル、北朝鮮 **アメリカの「核の傘」に依存する国** 日本、韓国、ドイツ、カナダ　など

2017年7月、「核兵器禁止条約」が採択され〝核のない世界〟への第一歩が踏み出された。ただし核保有国や日本は加盟しておらず、条約の効果は限定的である。また核実験を重ねる北朝鮮、核増強へ舵を切るアメリカなど、核兵器をめぐる先行きは不透明だ。

アメリカ
カナダ
アメリカ
メキシコ
ASEAN（東南アジア諸国連合）東南アジア10か国からなり、将来的には単一市場を目指している［⇒ P118］
TPP（環太平洋パートナーシップ協定）太平洋周辺の11か国による経済連携協定。関税の原則撤廃、知的財産保護など幅広い分野のルール設定が特徴。アメリカは離脱を表明していたが、2018年1月にTPP復帰を示唆した［⇒ P154］
NAFTA（北米自由貿易協定）アメリカ、カナダ、メキシコの3か国による自由貿易協定。アメリカは離脱をほのめかしている

現在の世界 3

経済と軍事の枠組み

経済の活性化や**安全保障**、自国の**影響力の拡大**などを目的に、多国間による様々な**貿易・経済機構**、**軍事機構**が結成されている。

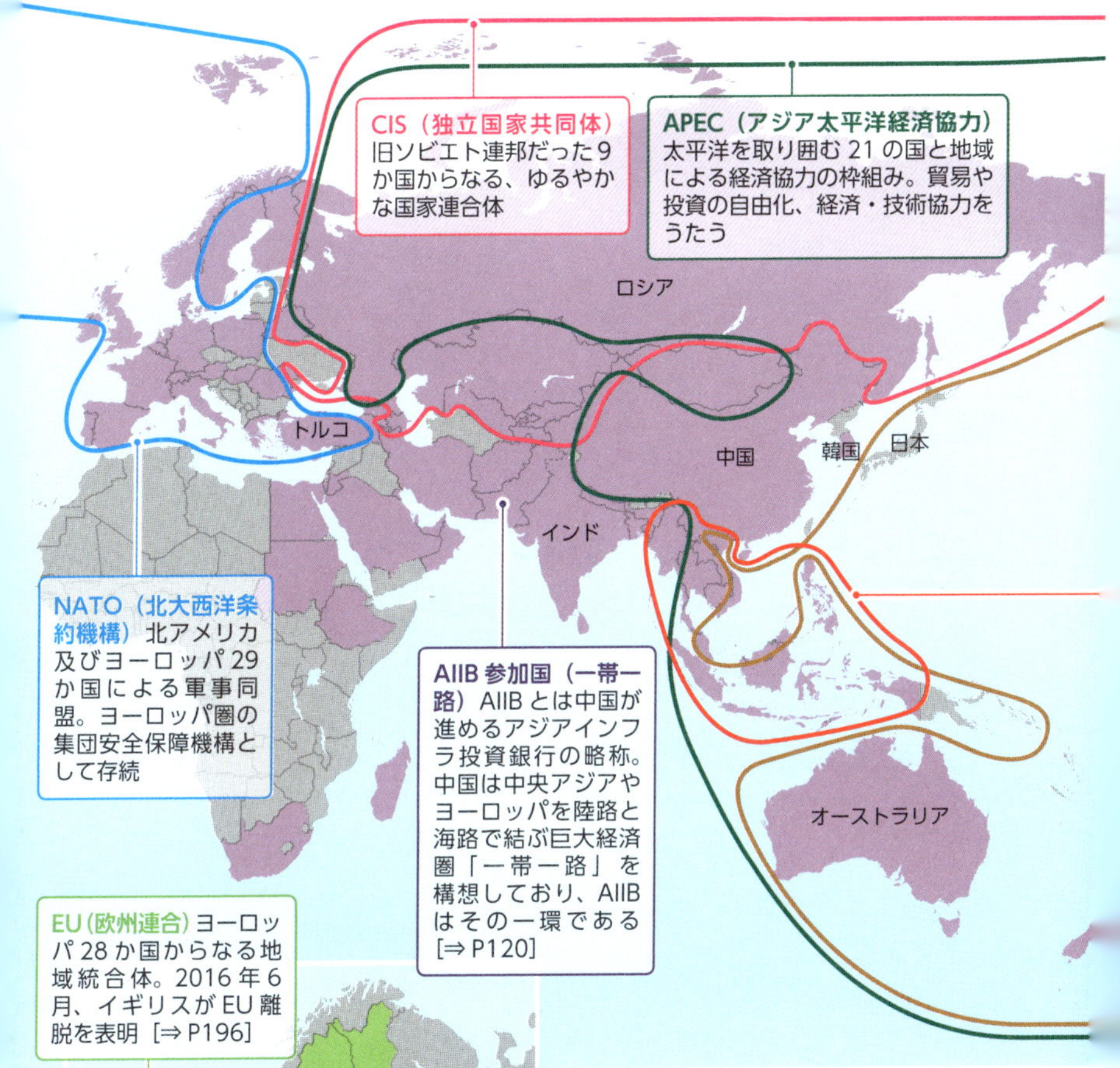

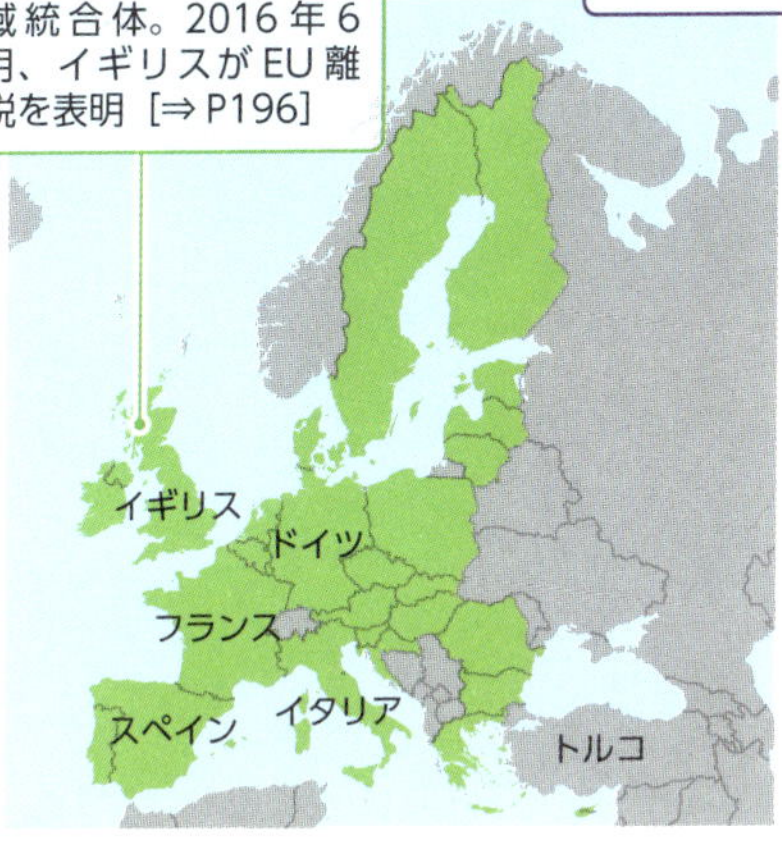

地域的な経済統合がトレンドの中、それに反発して「アメリカ第一主義」を掲げ保護主義を強めるトランプ政権。一方、中国は一帯一路構想で世界をリードする立場に躍り出ようとしている。日本はTPPなどに積極的に参入し、自由貿易化を推し進めている。

キャラクターで見る
世界の国々

現在の国際情勢をリードする13の国が、
キャラクターとなって案内をしてくれるよ。
ニュースをにぎわす彼らは、
どんなところに住んでいるのかな。

EU にはもう
関わりません
イギリス
テロに難民、悩みは
尽きないなあ…
ドイツ
フランス
凍らない海は
いずこだ？
ロシア
これからは我が輩が
世界のリーダーだ
中　国
トルコ
かつての
栄光を取り
戻すぜ～
中国には
負けない
もんね～
インド
サウジアラビア
我は中東の王を
目指すぞ
イスラエル
この地は私の
ものです

キャラクターで見る世界の国々

この本に登場する主な国たちを簡単に紹介しよう。どんな考え方や歴史を持ち、誰と仲良しで誰と対立しているのか頭に入れておくと、より地政学が楽しくなるよ。

プロフィールの見方

性格 その国の特徴や気質のこと。

居住地 国の立地や気候のこと。

経歴 これまで歩んできた歴史のこと。

スペック 以下の6つの項目についての数値と世界での順位。

面　積 …国の面積

人　口 …国の人口（2016年）

国のGNI …国のGNI（2016年）
GNI（国民総所得）とは、GDP（国内総生産）に、個人や企業が海外から得た所得を加えた数値。

1人のGNI …1人あたりのGNI（2016年）

債　務 …債務残高（2017年10月）
国の借金のこと。自国のGDPに対してどれほどの債務残高があるかを%で示している。

軍事費 …軍事費（2016年）
国防のために使われた金額。日本では「防衛費」。推計も含む。

友人関係 他の国との関係を矢印とひと言で表す。

…良好な関係
…ビミョーな関係
…険悪な関係

日　本

仕事はよくできるが
ケンカはアメリカアニキ頼り

性格 まじめで手先が器用。仕事はできるがコミュニケーションは苦手。受け身で日和見主義な面も。金持ちに見えて借金大王。

居住地 ユーラシア大陸東端の島。アメリカラブ体質と太平洋を臨む好立地のため、隣人によく島を奪われかける。

経歴 元ひきこもり。欧米のマネをして調子に乗ったら、ケンカでボロ負け。悔しさをバネに出世した。

スペック

面　積 …37万8000km²（62位）

人　口 …1億2700万人（11位）

国のGNI …4兆8168億ドル（3位）

1人のGNI …3万7930ドル（22位）

債　務 …239.3%（1位）

軍事費 …461.3億ドル（8位）

友人関係

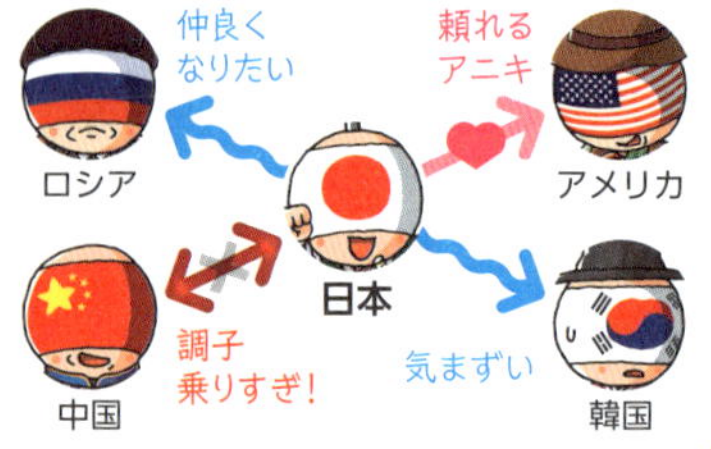

仲良くなりたい
ロシア
頼れるアニキ
アメリカ
日本
中国
調子乗りすぎ！
気まずい
韓国

※スペックの数値は世界銀行、IMF、ストックホルム国際平和研究所の発表資料をもとに作成

北朝鮮

軍事力をぶんぶん
振りかざす利かん坊

性格 わがままで気分屋で見栄っ張りで、自分を負かそうと思ってるやつが大嫌い。自己アピールが過剰。核の実験にはまっている。

居住地 朝鮮半島の付け根側に住むが、半島は全部自分のものだと主張している。自分の土地を揺るがす者は絶対に許さない。

経歴 片割れと袂を分かち、社会主義に傾倒。調子と勢いに乗ってあちこちにケンカをふっかけ、アメリカと戦争一歩手前。

スペック

面　積	…12万km²（97位）
人　口	…2536万人（51位）
国のGNI	…ー（ー位）
1人のGNI	…ー（ー位）
債　務	…ー（ー位）
軍事費	…ー（ー位）

友人関係

やるのかてめえ！
最近つきあい悪くない？
アメリカ
中国
北朝鮮
ミサイル飛ばすぞ！
オレが半島の支配者だ！
日本
韓国

韓　国

近所付き合いに
苦労してきた双子の片割れ

性格 長年中国からイジメられた結果、強い者にはゴマをすり弱い者には居丈高な態度でのぞむ世渡り上手に。胃薬は友達。

居住地 朝鮮半島の先っぽ側に住む。半島の付け根側に住む双子の片割れ・北朝鮮とはかれこれ70年くらいケンカ中。

経歴 中国・日本・ロシアの経済トライアングルに揉まれた結果、セールスマンの頭角を現し、経済大国の仲間入りをした。

スペック

面　積	…10万km²（107位）
人　口	…5124万人（27位）
国のGNI	…1兆4144億ドル（12位）
1人のGNI	…2万7600ドル（27位）
債　務	…38.3%（125位）
軍事費	…367.8億ドル（10位）

友人関係

とにかくムカつく
私と組みません？
日本
中国
韓国
なんとか穏便に…
協力しましょう？
北朝鮮
アメリカ

アメリカ

保身に走りはじめた
世界のリーダー

性格 新しいことが好きで、世界を引っ張るリーダー力がある。仲間を守る軍事力をもつが、戦争沙汰になることもしばしば。

居住地 巨大な孤島・北アメリカ大陸に住む。太平洋・大西洋のプール付き。近所に強い国がいなくて安心…とも限らないらしい。

経歴 首をつっこみすぎて他国との摩擦や自分の未来に悩み、最近は自分を大事にしようと行動。結果、世界を振り回している。

スペック

面　積	…983万1000km²（3位）
人　口	…3億2300万人（3位）
国のGNI	…18兆3573億ドル（1位）
1人のGNI	…5万6810ドル（6位）
債　務	…107.1%（15位）
軍事費	…6111.9億ドル（1位）

友人関係

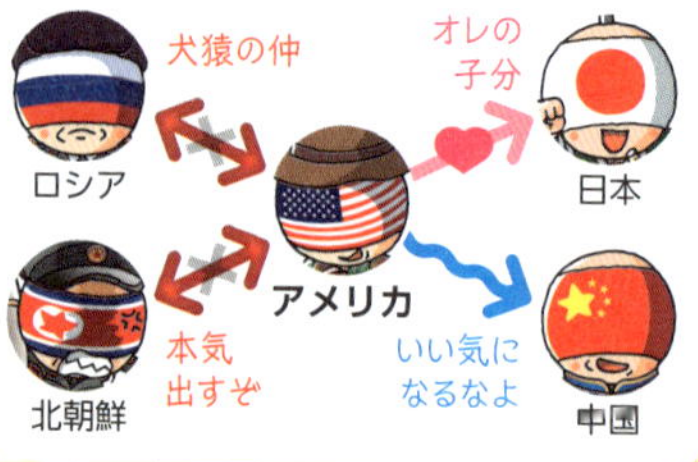
犬猿の仲
オレの
子分
ロシア
日本
アメリカ
北朝鮮
本気
出すぞ
いい気に
なるなよ
中国

中　国

あの手この手で虎《こ》視《し》眈《たん》々《たん》と
リーダーの座を狙う

性格 「自分良ければすべて良し」を掲げ、他国を勝手に真似たり、私見を押し通すのは日常茶飯事。困ったらパンダを貸す。

居住地 ユーラシア大陸の東側に住む。太平洋やインド洋がしっかり見える豪邸を建てようと、領土拡大を画策中。

経歴 4000年の意地と数の暴力を武器に、ここ30年ほどで各市場を席巻。アメリカに代わる世界のリーダーを目指す。

スペック

面　積	…956万3000km²（4位）
人　口	…13億8000万人（1位）
国のGNI	…11兆3742億ドル（2位）
1人のGNI	…8250ドル（67位）
債　務	…44.3%（107位）
軍事費	…2151.8億ドル（2位）

友人関係

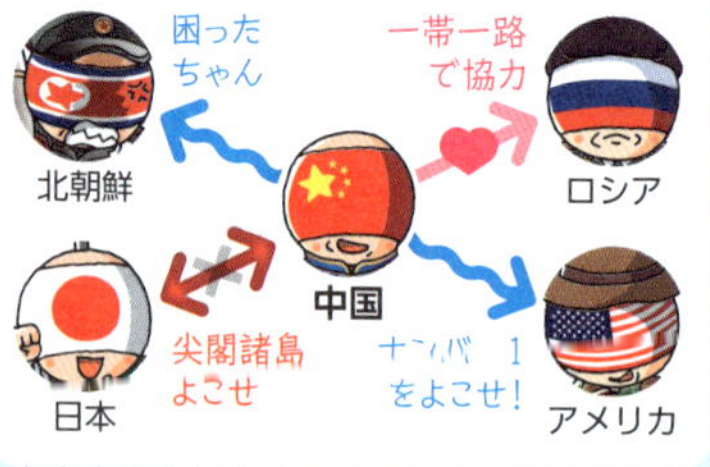
困った
ちゃん
一帯一路
で協力
北朝鮮
ロシア
中国
日本
尖閣諸島
よこせ
1
をよこせ!
アメリカ

イギリス

紳士を演じながら
みんなの度肝を抜く
トリックスター

性格 真摯な態度と巧みな話術は誰をも惹きつける魅力があるが、実はかなりの策士。サッカーと紅茶の話題は鉄板。

居住地 ヨーロッパ北西に浮かぶ島。昔は大帝国を築いていた。イギリス国旗を入れた国旗が世界中にたくさんあるのが自慢。

経歴 元世界リーダーだが、二枚舌、三枚舌外交で数々の争いの火種を落とした張本人。今は EU 離脱で世をにぎわせている。

スペック

面　積 …24 万 3000km^2（78 位）
人　口 …6563 万人（22 位）
国のGNI …2 兆 7784 億ドル（5 位）
1人のGNI …4 万 2330 ドル（17 位）
債　務 …89.3%（26 位）
軍事費 …482.5 億ドル（7 位）

友人関係

同盟しちゃう？
今は仲間
日本
インド
イギリス
EU ではお世話さま
親戚みたいなもの
フランス
アメリカ

ロシア

世界を狙う!?
腹の底が読めない
北の巨人

性格 基本無表情のため、腹黒いとか不気味とかいわれる。疑り深いが、一度仲良くなれば気さくらしい。実はバレエを踊れる。

居住地 ユーラシア大陸の北半分、世界の 9 分の 1 もの土地を所有する。不凍港がほしくてしょうがない。クリミアは俺の物。

経歴 旧名「ソ連」。西欧諸国とは、かれこれ 150 年近くも対立しっぱなし。それ以外の国と手を組み、勢力を拡大中…!?

スペック

面　積 …1710 万km^2（1 位）
人　口 …1 億 4400 万人（9 位）
国のGNI …1 兆 4257 億ドル（11 位）
1人のGNI …9720 ドル（60 位）
債　務 …15.7%（176 位）
軍事費 …692.5 億ドル（3 位）

友人関係

犬猿の仲
利害の一致
アメリカ
中国
ロシア
そもそもEU キライ
歩み寄りつつある
ドイツ
日本

フランス

政治よりも"美"なマイペース
政治はちょっと苦手かな？

性格 芸術と食に関しては天才肌だが、政治はノリと勢いで進めちゃう。ユーモアとワインとチーズは、生きる上で必要不可欠。

居住地 西ヨーロッパに住む。土地が六角形なのがおしゃれポイント。EU では 1 番の農業国で、料理は原材料からこだわる。

経歴 フランス革命、ナポレオン登場以降はナンバー 2 が定位置。最近、表現の自由を謳いすぎ、テロの標的にされて困ってる。

スペック

面　積 …54 万 9000km² (47 位)
人　口 …6689 万人 (21 位)
国のGNI …2 兆 5900 億ドル (6 位)
1人のGNI …3 万 8720 ドル (21 位)
債　務 …96.3% (22 位)
軍事費 …557.5 億ドル (6 位)

友人関係

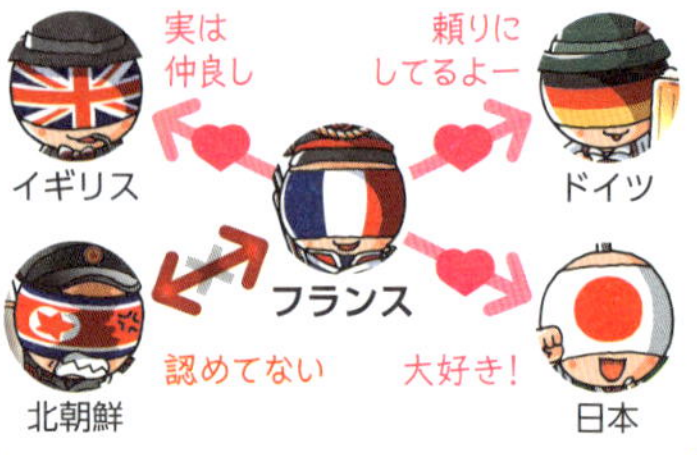
実は仲良し
イギリス
頼りにしてるよー
ドイツ
フランス
認めてない
北朝鮮
大好き！
日本

ドイツ

EUのリーダー格を務める
巻きこまれ体質のまじめくん

性格 技術力はピカイチだが、ルールに厳しく、冗談がまったく通じない堅物。ビールを飲むと、少しとっつきやすくなる。

居住地 ヨーロッパ中央に住む。かつて体を裂かれた傷は完全には癒えてはいない。その反動か、自然保護やリサイクルに熱心。

経歴 分断と再統一を乗り越え、ヨーロッパの結束を強めるために奔走した結果、EU のリード役を押しつけ…任されている。

スペック

面　積 …35 万 7000km² (63 位)
人　口 …8266 万人 (16 位)
国のGNI …3 兆 6246 億ドル (4 位)
1人のGNI …4 万 3850 ドル (14 位)
債　務 …68.1% (51 位)
軍事費 …410.7 億ドル (9 位)

友人関係

いいお客さん
中国
仲良し
フランス
ドイツ
いい迷惑
イギリス
同じ匂いがする
日本

イスラエル

科学者肌のユダヤ教徒
今も土地問題で争う

性格 教育熱心でIT・バイオなど高度な科学技術を駆使する。信仰深いあまり、宗教や価値観が異なる近所に対して疑り深い。

居住地 地中海の東岸に住む。家の中にある聖地・イェルサレムを自分の物だと思っており、近所と4回にわたるけんかをした。

経歴 各地を放浪後、イギリスやアメリカに保護され昔住んでいた現在の場所に戻った。近所付き合いが悪く、反感を買ってる。

スペック

面　積 …2万2000km^2（148位）
人　口 …854万人（97位）
国のGNI …3098億ドル（35位）
1人のGNI …3万6240ドル（23位）
債　務 …62.3%（64位）
軍事費 …179.8億ドル（14位）

友人関係

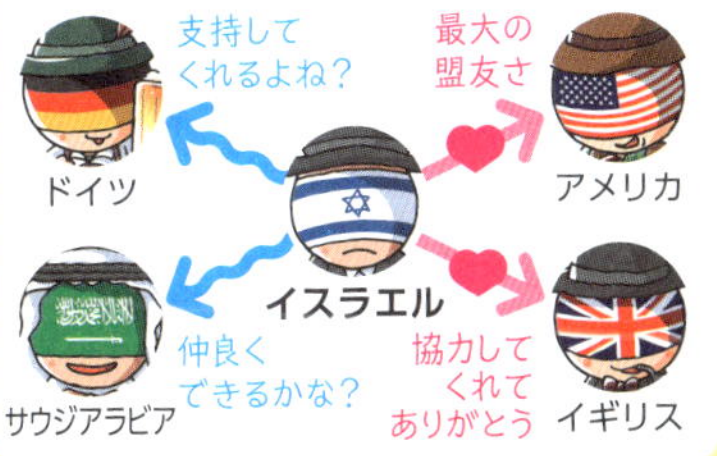

支持してくれるよね？
ドイツ
最大の盟友さ
アメリカ
イスラエル
仲良くできるかな？
サウジアラビア
協力してくれてありがとう
イギリス

インド

潜在能力を秘めた
陽気な将来有望株

性格 踊りとカレーを愛している。ソフトウェアの開発が得意。おしゃべり好きだが、永遠に話し続けてしまうのが玉にキズ。

居住地 ユーラシア大陸の南側に飛び出した逆三角形の土地が特徴。隣人である中国やパキスタンとは、よくもめ事を起こす。

経歴 イギリスに支配された過去を持つが、今は気にしていない。中国に対抗するため、アメリカや日本との関係を意識中。

スペック

面　積 …328万7000km^2（7位）
人　口 …13億2400万人（2位）
国のGNI …2兆2123億ドル（7位）
1人のGNI …1670ドル（138位）
債　務 …69.6%（48位）
軍事費 …559.2億ドル（5位）

友人関係

かつての親分
イギリス
対中国のために大事！
アメリカ
インド
中国
こっちに来るな！
仲良くなろうよ
日本

トルコ

アジアとヨーロッパのハーフで
自由なイスラム教徒

性格 イスラム教徒だがお酒を飲むなど、フリーダムな性格。最近はイスラム回帰を目指している。得意料理はドネルケバブ。

居住地 東西の十字路と呼ばれるアジアとヨーロッパの境目に住む。裏庭のシリアやイラクの身勝手な行動が悩みのタネ。

経歴 豪邸に住み中東のリーダーをしていた過去を持つ。ヨーロッパグループへの仲間入りを狙っているが、今も入れていない。

スペック

面　積	…78万5000km²（35位）
人　口	…7951万人（18位）
国のGNI	…8930億ドル（16位）
1人のGNI	…1万1230ドル（54位）
債　務	…28.1%（155位）
軍事費	…148億ドル（17位）

友人関係

アメリカよりはまし…？
ロシア
大好き♪
日本
トルコ
テロ国家め！
イスラエル
信頼できないかも
アメリカ

サウジアラビア

中東の盟主を目指す
厳格な石油王

性格 自宅の庭で偶然油田が発見されたことでお金を得た成金。ずっと女性に対して厳しかったが、最近は優しくなった。

居住地 アラビア半島のほとんどを占める豪邸に住む。近所に住んでいるイランとは考え方が合わないため、小競り合いも。

経歴 トルコの豪邸に居候していたが、イギリスの支援で一人暮らしをはじめた。石油発見後は、石油を世界にばらまいている。

スペック

面　積	…215万km²（12位）
人　口	…3227万人（41位）
国のGNI	…7011億ドル（19位）
1人のGNI	…2万1720ドル（32位）
債　務	…13.1%（178位）
軍事費	…636.7億ドル（4位）

友人関係

これからも仲良くしたいけど…
アメリカ
意外と話が合う！
ロシア
サウジアラビア
言うことを聞け！
トルコ
君たちのこと認めてないよ？
イスラエル

この本の特徴と見方

Point 1 スペシャリスト・神野正史先生が要点を教えてくれる！

河合塾で世界史の講師をしている神野正史先生が、地政学を学ぶにあたって押さえておくべきポイントを説明しています。

Point 2 地図を使ってわかりやすく解説！

地政学では、国の位置や周辺国との関係を知ることがとても大事。はじめて地政学を学ぶ人でもわかりやすい地図や図解がもりだくさん。

Point 3 最新のニュース情報もピックアップ！

国際情勢は刻一刻と変わっていきます。できる限り最新のニュースも取り入れ、リアルな地政学を学べる一冊です。

地図や図版でわかりやすく解説

歴史的、地政学的に重要な部分はマーカーで強調

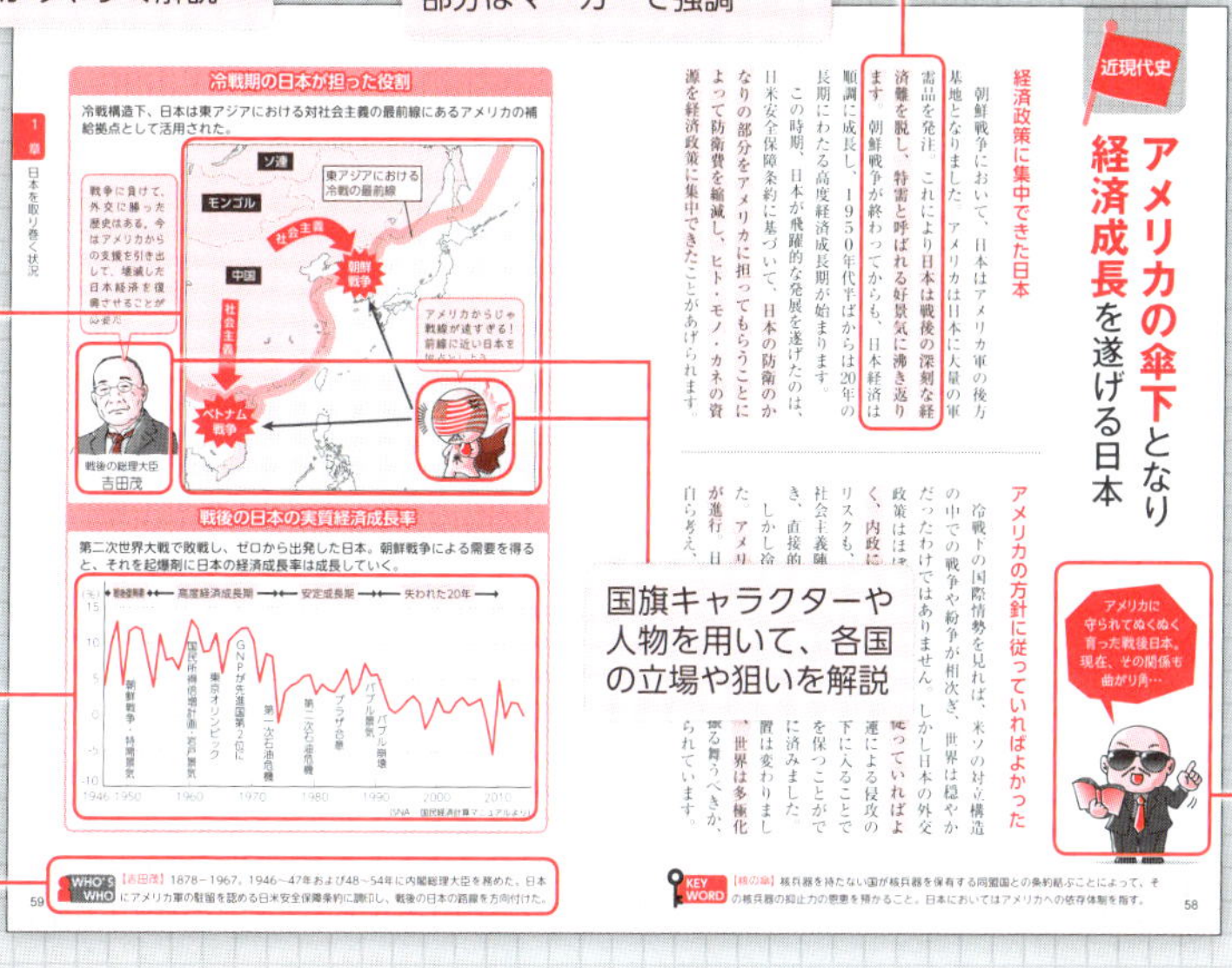

国旗キャラクターや人物を用いて、各国の立場や狙いを解説

各見開きに登場するキーワード、人物、国を解説

神野先生がテーマのポイントや情勢をコメント

 本書の情報は2018年2月現在のものです。

はじめに

——今、地政学が熱い！

現在、これほど重要性を増してきている学問も他にありません。

まさに21世紀に入った年（2001年）に勃発した「9・11」を皮切りに、アメリカはアフガニスタン戦争・イラク戦争と次々に「対テロ戦争」を仕掛け、それに伴って現在、中東世界を中心に世界情勢は急速に悪化してきました。これは他人事ではなく、こうした政情不安に巻き込まれるようにして日本を取り巻く国際環境も悪化の一途を辿っています。

しかもアメリカは、国際秩序を引っ掻き回すだけ引っ掻き回した〝張本人〟でありながら、いざ混沌に陥った国際情勢を目の前にして「世界の警察をやめる」「アメリカ第一主義」などと言い出す始末。これはアメリカが国際秩序の再建に匙を投げ、世界を見棄てたことを意味しており、深刻な事態なのですが、その深刻さを理解できて

私が地政学や
最新の国際情勢に
ついて解説します！

神野正史先生

いる人は多くありません。

国際ニュースそのものは日々我々の耳に入ってきていますから〝知識〟自体はあるのですが、そのことが〝意味するもの〟が見えていないためです。


そこで「地政学」の登場です。

国家というものはかならず地理的条件を大前提にして動きますので、地政学は、そこから国家政策や方針の意図や真意を知り、未来の動向を探っていこうとする現代必須の学問なのです。しかしながら、それほど重要な学問であるにもかかわらず、小・中・高はもちろん、大学ですら専門的に学べるところはほとんどありません。

本書が、地政学をまったく知らなかった人も、地政学を学ぶ意義や重要性を理解してくれる一助となってくれたなら、こんなに嬉しいことはありません。

神野正史

もくじ

Contents

第1章　日本を取り巻く状況

第2章　朝鮮半島から見た世界

第3章　シーパワーを目指す中国

第4章　覇権国家アメリカの行方

第6章 転換期をむかえるヨーロッパ

第7章　大国に翻弄され続ける中東世界

総　論

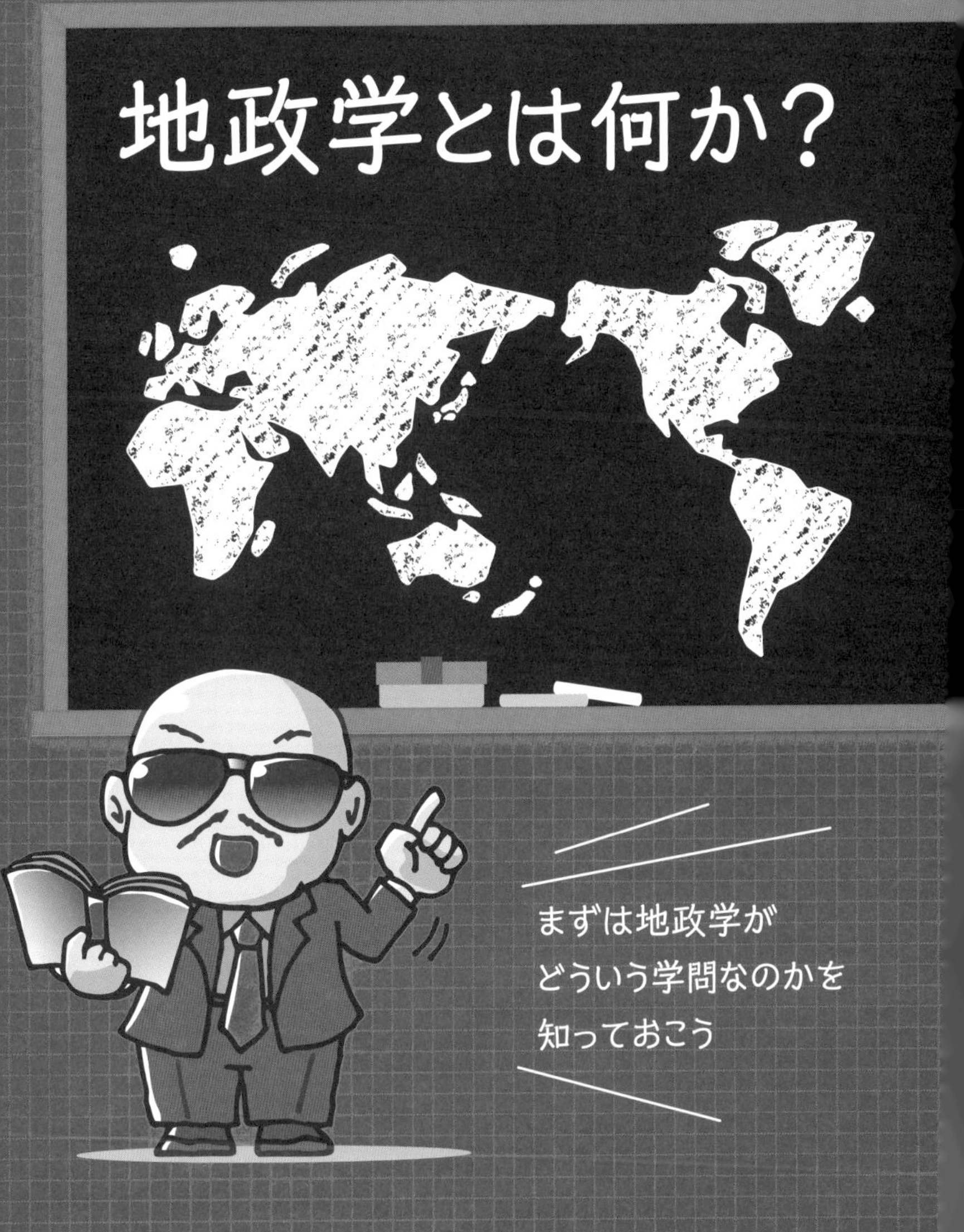
地政学とは何か？
まずは地政学が
どういう学問なのかを
知っておこう

ただいま〜
ナツメ新聞
アキラ（大学生）
!?
あ アキラが新聞なんか持ってる〜!?
ユキ（会社員）
活字嫌いのアンタが…熱でもあるの?
バカ姉《ねえ》に言われたくねぇ…!
号外だよ号外! 駅前で配ってたんだよ
北朝鮮がまーたミサイル発射したんだってさ
号外!? みせてみせて〜♥
あらまた〜? やーねー
精が出るわねえ〜 お金もかかるのに家計とか大丈夫なのかしら〜
お母さん
家計て……
ねーねー この『ちまさまなぶ』って何〜?
『チセイガク』だろ…!

『地政学』ッ！
それは国際情勢を知る為のキーワード!!
ばばーん!!
！？…　…
キラーン
だ…誰ッ!?
お父さん
「世界史を学ぶならこの人！」といわれる神野先生だよ
こんにちはヨロシク～♥
キラキララ～ン
あくしゅ
あ、パパおかえりなさい～♥
みなさんやっぱり現在の北朝鮮情勢は不安ですか？
そりゃあ日本の近くでミサイル飛ばされたら嫌よねぇ…
私よく韓国行くからちょっぴり怖いかも～
米・中みたいな大国も絡んでるみたいだしややこしくてよくわかんないよなぁ…
もぐもぐ…

そう！現在の国際情勢は様々な国が関わっているでしょう？
北朝鮮の場合は中国・韓国と国境が接しているし
ロシア
中国
北朝鮮
韓国
日本
至アメリカ
海を隔てた先には日本やアメリカ――
そしてその日米韓は非常に関係が深いよね
このように地理的側面から国と国の関係性を読み解くのが『地政学』という学問なんだよ♥
たとえば今のアメリカの状況が1930年代に少し似てることなんかも読み解けるんだよ
30年代…第二次世界大戦が勃発する少し前ですね
そう！さすがお父さん！物知り～♥
現在アメリカのトランプ大統領は自国優先の政策を進めているよね
自由貿易反対!!
NO! TPP
これはまさに第二次世界大戦の原因となったブロック経済そのものなんだよ
せ 戦争になりそうってこと～!?

歴史は繰り返すっていうし…
No more war…
ゴクリ…
戦争を繰り返してもらっては困るよね～
ただ政治家が変わっても国や地域の地理的条件は変わらないからね…
でも！予想が出来れば準備して備えることもできるでしょ？
地政学
歴史や政治の本質を学ぶことでこれからの世界がどう動くかを予想し役立てる――
それこそが『地政学』の役割なんです!!
へー…地政学ってそういうことなんだ…！
すごーい♥教えて教えて！
フフフ…お安い御用ですとも♫
それではこれからみんなで地政学を学んで現在の――
そしてこれからの世界情勢について考えてみましょう！
はじまりはじまり～～!!

地政学を学べば国際情勢が見えてくる

国と国との関係性を読み解く学問

世界地図を眺めてみると、周りを海に囲まれた島国もあれば、大陸の内陸部に国土があって、いくつものほかの国々と陸で国境を接している国もあることがわかります。日本のような島国と、ロシアや中国のような内陸部の国とでは、地理的な条件がまったく違ってきます。

内陸部の国の場合、陸で国境を接しているため、隣国との関係が悪くなると、いきなり攻め込まれてしまうかもしれないという緊張感が常にあります。一方島国の場合、海が隣国からの侵攻を防ぐ役割を果たしていますが、大陸からあまり離れすぎたところに国があると、大陸の進んだ文化や技術が入りにくいというデメリットもあります。

その国が置かれているこうした地理的な条件は、どんなに時代が変化しても変えることはできません。そこでその国の特徴や、国と国との関係を、地理的な側面から読み解いていこうというのが地政学という学問です。

国際問題の原因や解決策が見えてくる

地政学は19世紀後半に誕生、20世紀前半にかけて進化を遂げました。この時代は欧米列強が植民地の獲得競争を繰り広げた帝国主義の時代であり、二度にわたる世界大戦が行われた時代でもありました。そのため地政学は、自国や他

国際問題を
考えるときには
地理的条件が
大切なファクター
となるよ！

KEY WORD 【地政学】国際政治学の一分野。地理的な側面から国家間の関係を読み解こうとする学問。20世紀初頭にアメリカ、イギリス、ドイツなどで発展した。

現在の日本に見る地政学的リスク

現在の日本も地理的条件に由来する多くの問題（リスク）が生じており、政治や経済に強く影響している。

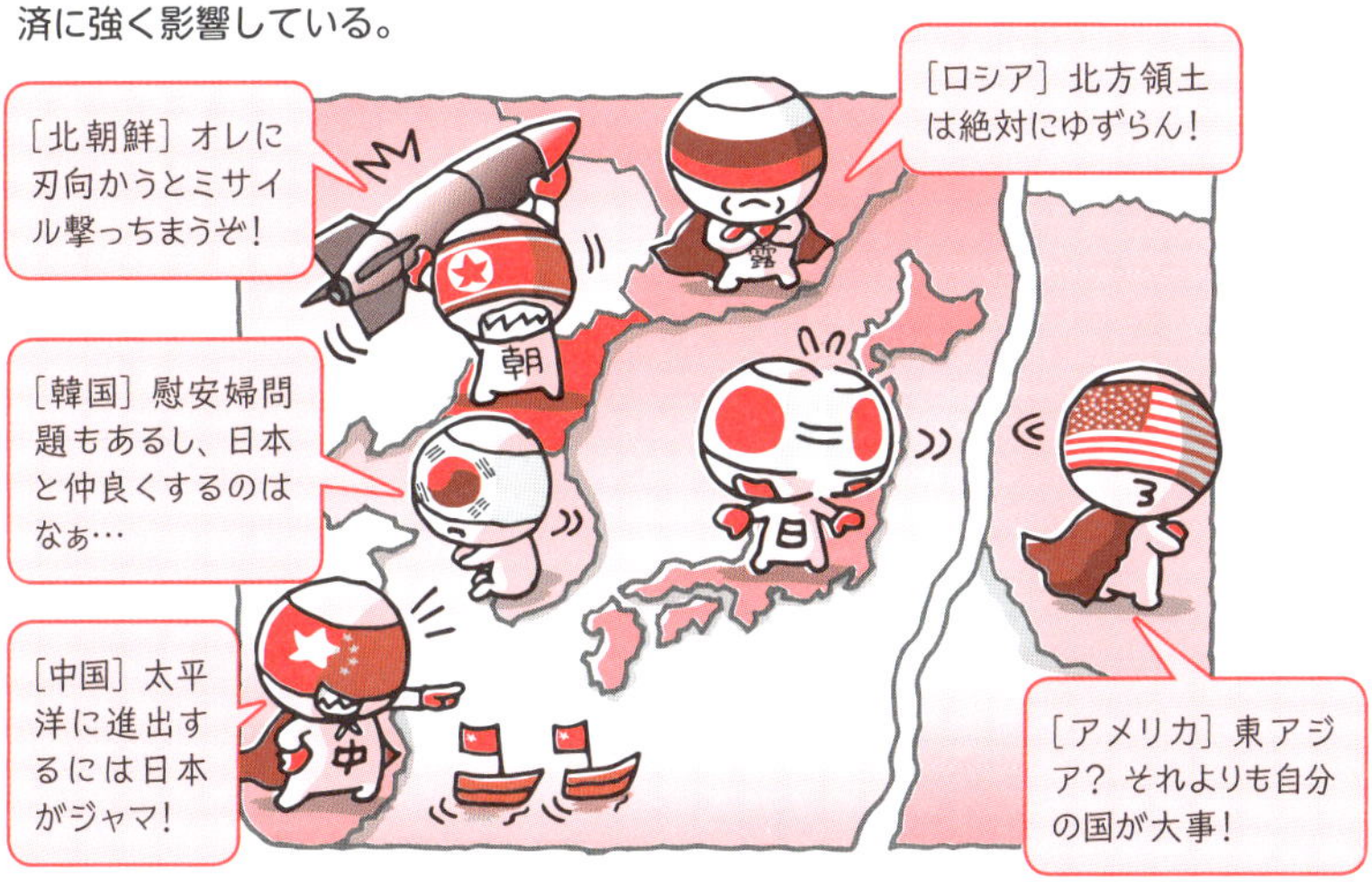

国の地理的条件を分析したうえで、軍事戦略を練るための学問として発展していきました。

ただし地政学が役立つのは軍事戦略を立てるときだけではありません。「なぜ中東では紛争が絶えないのか」「なぜ中国は、周辺国から反対されても海洋進出をやめようとしないのか」「なぜ、日本にとってアメリカとの同盟は重要なのか」といった国際問題についても、その国や地域が置かれている地理的な条件が大きく作用しています。

そのため、ある国際的な問題がどんな原因で起きているかを知り、これからどうなっていくかを予測し、解決するためにはどうすればいいかを考える際に、地政学はとても鋭い視点を私たちに提示してくれるのです。

今、世界各地の国際情勢は非常に混沌としており、先が見えない状態になりつつあります。だからこそ地政学という学問が、改めて人びとの注目を集めるようになっています。

KEY WORD 【帝国主義】国家が自国の利益や領土の拡大のために、他国家や他民族を積極的に侵略しようとする政策。また、その政策を肯定的に捉える思想。

地政学の基礎

地政学の重要キーワード「ランドパワー」と「シーパワー」とは？

シーパワーとランドパワーの対決の歴史

19世紀後半から20世紀前半にかけて、地政学の学問的発展に大きな貢献をした人物に、アメリカのマハンとイギリスのマッキンダーがいます。彼らは、「シーパワー」と「ランドパワー」という概念を編み出しました。

シーパワーとは海に面した海洋国家、ランドパワーとはユーラシア大陸のハートランド（心臓部）にある大陸国家がそれぞれに持つ、経済力や軍事力のこと。マッキンダーによれば、世界史はシーパワーとランドパワーの対決の歴史でした。中世ヨーロッパでは、モンゴルの騎馬民族の襲来など、ランドパワーの脅威に常にさらされていました。ところがやがて高度な航海技術を得たシーパワーは、世界の海の支配権を掌握。逆にランドパワーを地理的、軍事的に包囲できる立場に立ちます。しかしマッキンダーが生きていた時代は、鉄道技術の進歩によって大陸国家の輸送力が大いに向上し、再びシーパワーを脅かす存在になっていました。

マッキンダーはイギリス人（シーパワーの国）の立場から、「ユーラシア大陸のハートランドに強大なランドパワーの国家ができれば、やがて沿岸のシーパワーの国々を支配し、さらに制海権をも掌握して世界を制するだろう」と主張。シーパワーの国々が連携して、ランドパワーに対抗すべきだと唱えました。

ランドパワーは
大陸国家。シーパワー
は海洋国家のこと。
島国の日本は
どっちかな？

WHO'S WHO 【マッキンダー】1861－1947。イギリスの地理学者。19世紀末から20世紀初頭にかけて鉄道が整備され、大陸国家による輸送が有利になり、ランドパワーの時代が来ると予想した。

世界の覇権はシーパワーが握る

一方、マハンはかつてのスペイン、イギリスといった覇権国家は、いずれも制海権を手に入れたことで植民地から膨大な富を得ることができるようになり、国力を増強していったことに着目。そしてアメリカもシーパワーになれば、世界で覇権を握ることが可能だと述べました。

その後、アメリカはマハンの主張をなぞるかのように、カリブ海や太平洋といった海洋へ次々に進出。ついには世界の海を掌握し、覇権国家となります。

シーパワーとランドパワーは、今でも地政学の重要なキーワードの一つです。本書でもこのあとたびたび登場する言葉ですので、ぜひ覚えておいてください。

ランドパワーとシーパワーを理解しよう

地政学では世界の国々をランドパワーの国（大陸国家）とシーパワーの国（海洋国家）に分類して考える。

ランドパワーの国（大陸国家）

ロシア　中国　ドイツ

ランドパワーとは、大陸を支配する国家のこと。ロシアや中国、フランス、ドイツなどが当てはまる。

シーパワーの国（海洋国家）

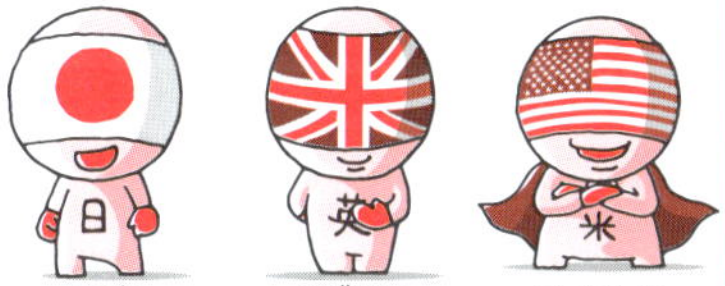

日本　イギリス　アメリカ

シーパワーとは、海洋を支配する国家のこと。島国の日本やイギリスはもちろん、太平洋と大西洋に挟まれているアメリカも大きな島国、つまりシーパワーとして扱われる。

マッキンダーはランドパワーの国が今後勢力を伸ばすと予想。一方でマハンは、アメリカは海軍を増強し、シーパワーの国になるべきだと提言したんだ

KEY WORD 【覇権国家】国際政治や軍事力において他国を圧倒する力を持った国家。過去には16世紀のスペインや18世紀のイギリスが該当する。

戦後の世界情勢を予想した リムランド理論って？

リムランドは
地政学上、
重要な地域！
日本も含まれて
いるんだ

ランドパワーとシーパワーの衝突地点

マッキンダーは、ユーラシア大陸のハートランド（心臓部）を支配するランドパワーと、大陸の沿岸部や島嶼《とうしょ》部に位置するシーパワーの対立の歴史として世界史を捉えました。この理論をさらに発展させたのが、第二次世界大戦前から大戦中にかけて活躍したジャーナリスト、スパイクマンのリムランド理論です。

リムランドとは、西はイギリスから東は日本にまでいたるハートランドの周辺地域のこと。ハートランドが寒冷で雨量が少ないのに比べて、リムランドは温暖で雨量が多く、経済活動を行いやすいのを特徴に持ちます。そのためランドパワー国家はリムランドの支配を狙って、たびたびこの地域に侵攻。かねてからこの地域を支配してきたシーパワー国家と衝突を繰り返してきました。そのいい例としてロシアとオスマン帝国の間で起きたクリミア戦争や、日本とロシア間での日露戦争が挙げられます。

アメリカとソ連の対立を予言

第二次世界大戦時のアメリカはシーパワーの国として、典型的なランドパワーであるドイツや、本来シーパワーの国でありながら中国大陸に進出するなどしてランドパワーを志向していた日本の拡大をいかに防ぐかを課題としていました。スパイクマンはリムランドを抑えること

WHO'S WHO 【スパイクマン】1893－1943。オランダからアメリカに帰化したジャーナリストで、エール大学教授も務める。ランドパワーとシーパワーの概念を発展させたリムランド理論の提唱者。

が、ランドパワーの拡大抑制につながると考え、「アメリカはリムランドの国々と同盟関係を結ぶべきだ」と主張しました。

スパイクマンは第二次世界大戦中から、大戦後の世界情勢にも目を向けていました。戦後のアメリカとソ連の対立やその後のソ連封じ込め政策を提唱。中国の台頭、国境を接する中国とソ連の対立を予言しました。そしてソ連や中国の拡大を防ぐために、当時はまだ交戦国であった日本との間で同盟を結ぶことを提言。またソ連に対抗するために、ドイツを軍事的に無力化することの危険性についても説いています。

実際に冷戦や中ソ対立など、国際情勢はスパイクマンの予測通りに進みました。ただし彼自身は第二次世界大戦中に癌《がん》で亡くなったため、予測の的中を自分で確かめることができませんでした。

現在も国際紛争の多くはリムランドで起きており、彼の考えた理論は今も有効です。

ハートランドとリムランドが示すエリア

近代以降、ハートランドを牛耳るロシア（ソ連）と、リムランドを抑えるイギリス・アメリカの対立という歴史が繰り返されています。

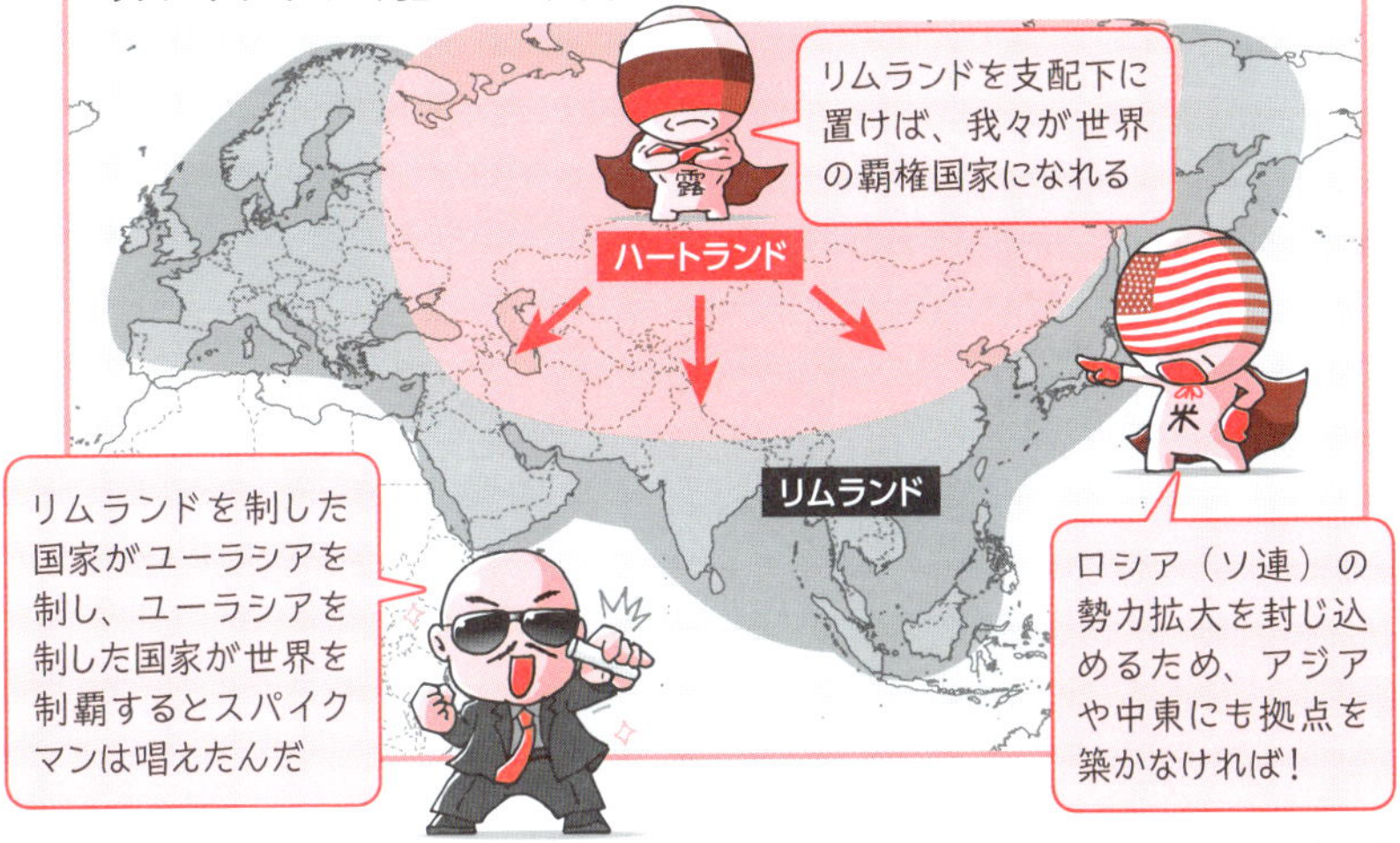
リムランドを支配下に置けば、我々が世界の覇権国家になれる
露
ハートランド
米
リムランド
リムランドを制した国家がユーラシアを制し、ユーラシアを制した国家が世界を制覇するとスパイクマンは唱えたんだ
ロシア（ソ連）の勢力拡大を封じ込めるため、アジアや中東にも拠点を築かなければ！

KEY WORD 【封じ込め政策】第二次世界大戦後、アメリカが社会主義の拡大を阻止するためにとった政策。スパイクマンはその提唱者とされ、戦後アメリカは彼の考え通りに動いた。

Column

Vacation time

サイバー攻撃は地政学を無効化する？

地政学とは、その国の特徴や国と国の関係を、地理的な側面から考える学問である。では、21世紀に誕生したサイバー空間において、地政学は役に立たないものになったのだろうか。

地政学が誕生した19世紀後半、国家間の攻防は陸と海を舞台に繰り広げられていました。やがてそこに空や宇宙が加わり、さらに21世紀に入って新たに加わったのがサイバー空間です。

軍隊はサイバー攻撃をすでに実際の軍事行動の中に組み込んでいます。例えば2007年、イスラエルはシリアの核開発施設を空爆しましたが、その際にはまずシリアの防空レーダーにサイバー攻撃を仕掛けて無力化したうえで、行動を起こしたと見られています。

サイバー攻撃の特徴は、地理的な制約を飛び越えた実行が可能なことです。地球の裏側の国の発電所や通信網などのインフラにマルウェア（悪意あるプログラム）を仕掛けて、その国の経済活動を麻痺させるといったことができるようになったのです。

ただしサイバー空間の登場によって、従来の地政学の考え方が無効になるかというと、そんなことはありません。結局サイバー攻撃の対象となるのは、攻撃を行う国にとっては地政学上重要な場所に位置する国家だからです。地政学を通じて、国同士の関係や状況を把握することが、今後も必要とされ続けます。

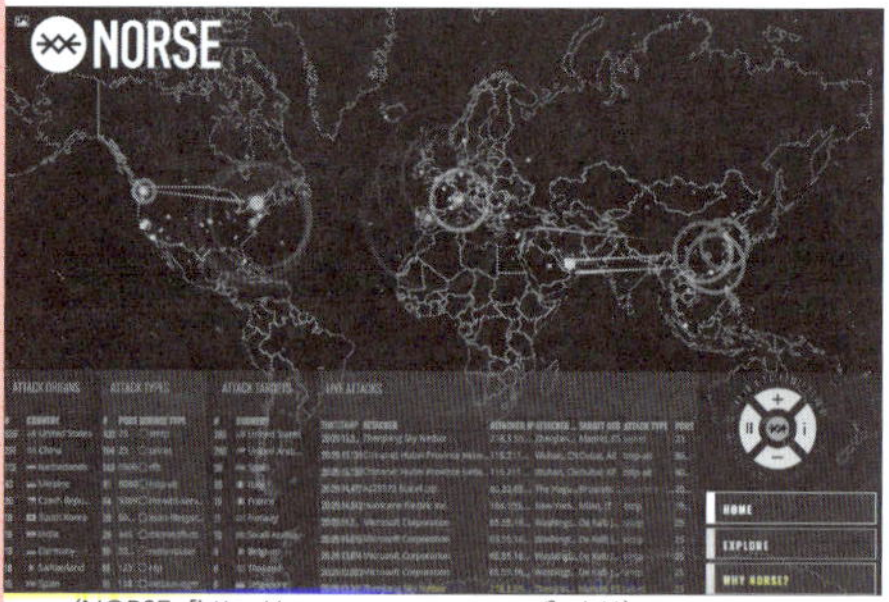

（NORSE［http://map.norsecorp.com/］より）

サイバー攻撃マップ

アメリカのノース社が作成したリアルタイムで起きているサイバー攻撃を可視化するウェブサイト。しかし表示されている情報は全体の攻撃の1％未満に過ぎない。

第1章

日本を取り巻く状況

私たちが住んでいる
日本の地理的特徴や
他国との関係を
学んでみよう

第1章
日本を取り巻く状況

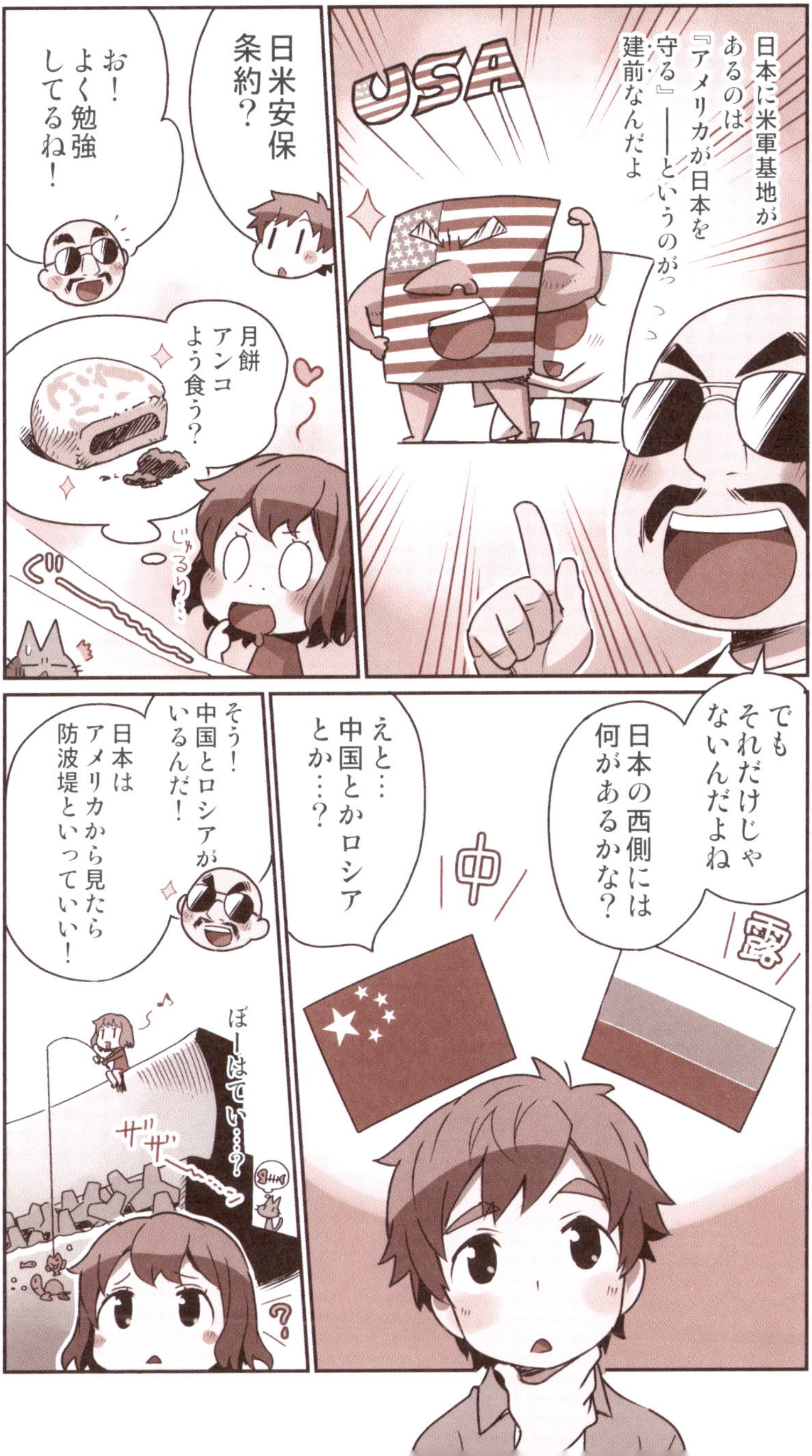
日本に米軍基地があるのは『アメリカが日本を守る』――というのが建前なんだよ
USA
日米安保条約?
お!よく勉強してるね!
月餅アンコよう食う?
じゅるり…
ぐー
でもそれだけじゃないんだよね
日本の西側には何があるかな?
中
露
えと…中国とかロシアとか…?
そう!中国とロシアがいるんだ!
日本はアメリカから見たら防波堤といっていい!
ぼーはてい…?
?

この地図を見てみよう
ほ～ら中国やロシアが太平洋に出ようとすると……
ロシア
中国
日本
太平洋
アメリカ
ガード!!
あ！
日本がジャマになってる！
そう！まだ冷戦時代のときソ連・中国といった社会主義の波を日本が防いでいたんだ
アメリカを守る壁になってたんだね
ザッパーン

つまり日本を守るというより日本を極東の最前線基地にしたい為なんだよ
Go! fight!
ガビーーーン
えっ!? ま守ってくれるんじゃないの…!?
今もその役割は変わっていないいんだなぁ
サッ
東の島国っていわれてるけど日本は重要な位置にあるのかぁ
その防波堤がなくなったらアメリカは困っちゃうんだ
そういうこと!
現在の世界情勢を考える上で日本は特別な位置にあるんだ
では日本をとりまく地政学について考えてみよう!
日本

海に囲まれた日本が地政学上で有利な点とは？

逆さ地図で見る日本の地理的特徴

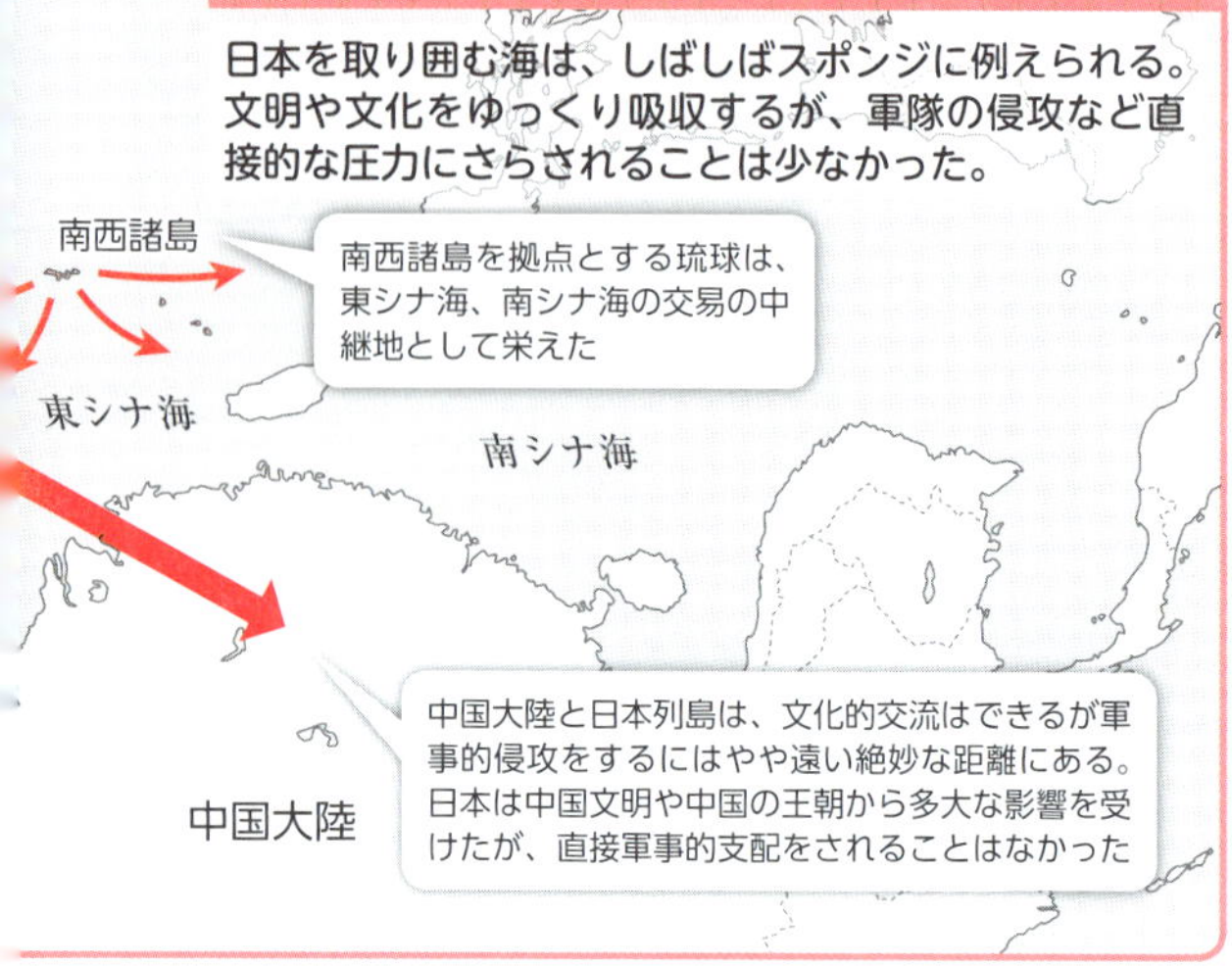
日本を取り囲む海は、しばしばスポンジに例えられる。文明や文化をゆっくり吸収するが、軍隊の侵攻など直接的な圧力にさらされることは少なかった。
南西諸島
南西諸島を拠点とする琉球は、東シナ海、南シナ海の交易の中継地として栄えた
東シナ海
南シナ海
中国大陸
中国大陸と日本列島は、文化的交流はできるが軍事的侵攻をするにはやや遠い絶妙な距離にある。日本は中国文明や中国の王朝から多大な影響を受けたが、直接軍事的支配をされることはなかった

海に囲まれるということは、常に天然の防衛施設に守られているということだ！

モンゴル帝国も諦めた日本征服

日本は大小数千もの島々が連なる島国です。これは防衛上、「海」という天然の要塞に囲まれていることを意味します。

飛行機がなかった時代、もし外国が日本を攻めようとするならば、たくさんの兵士を送り込める軍船や兵糧《ひょうろう》を用意したうえで、長い航海をする必要がありました。莫大な費用がかかりますし、日本に着く頃には、兵糧は減り、兵士の体力はかなり消耗しています。これだけでも日本は、攻める側には不利で、守る側が圧倒的に有利な地理的条件を備えていることがわかります。

13世紀後半、モンゴル帝国が大船団を率い、

COUNTRY 【モンゴル帝国】13世紀にチンギス・ハンが建国。東は朝鮮半島、西は東ヨーロッパの一部まで支配下に置き、ユーラシア大陸を横断する巨大帝国を築いた。

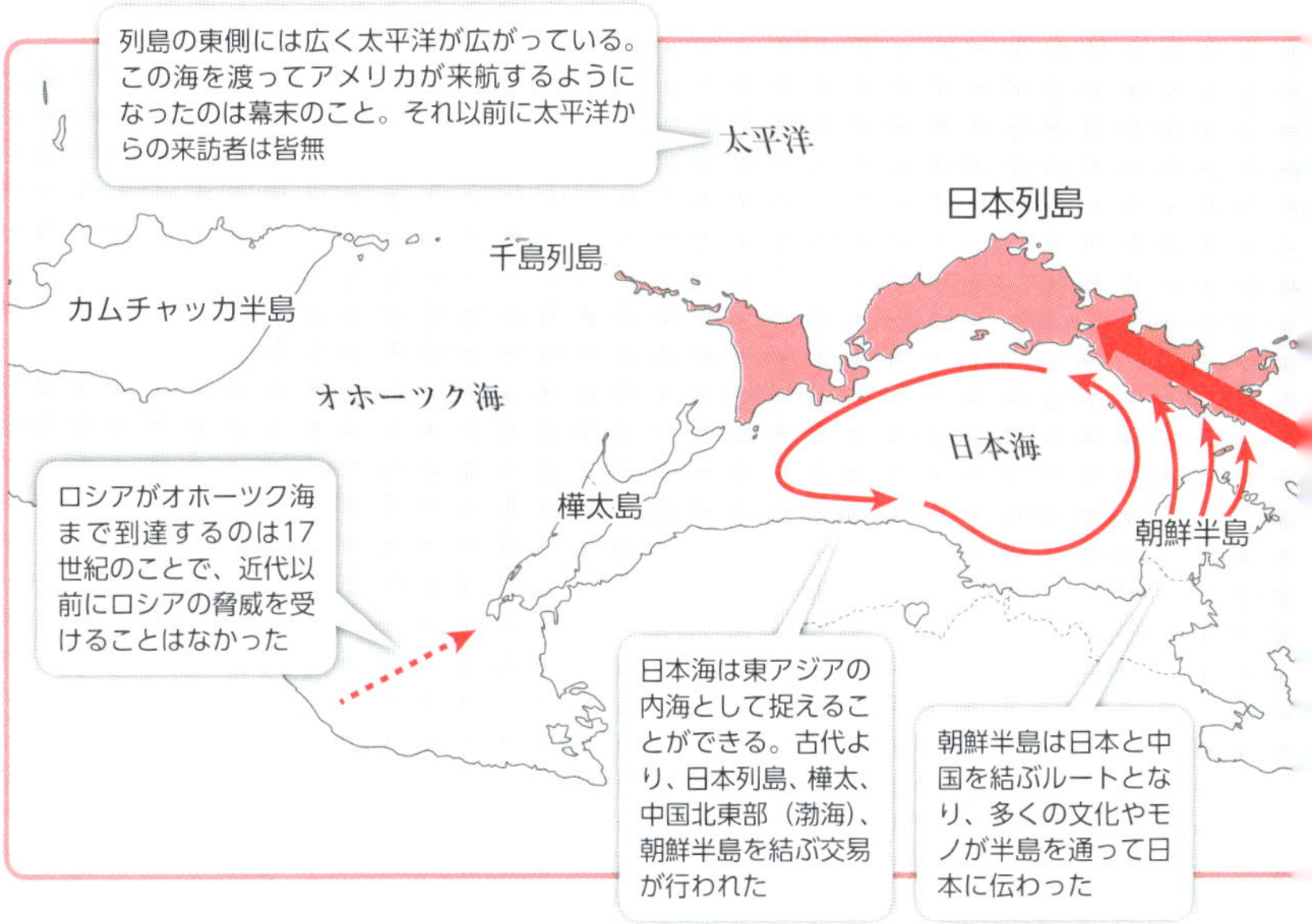

二度にわたって日本に侵攻しました（蒙古《もうこ》襲来）。モンゴル軍が第1回遠征においてすぐに撤退した理由は不明な部分が多いのですが、第2回遠征では第1回の数倍の軍勢を派兵。しかし、日本の武士たちの激しい抵抗によって上陸を阻まれたまま海上で過ごすうちに、台風の襲来を受けて軍船が大損害を被り、撤退を余儀なくされました。世界の陸地の約4分の1を版図に収めたあの大帝国でさえも、島国・日本を征服するのは困難だったのです。

列強の侵略を防いだ日本の立地

日本のもう一つの地理的な特徴は、ヨーロッパから遠く離れた「極東」に位置していること。これも日本が外国からの侵略を免れ、独立を保つことができた大きな要因です。

15世紀後半に始まった大航海時代以降、ヨーロッパ列強はアフリカやアジア、中南米諸国を次々と植民地化。ただし当然地理的に近い地域

KEY WORD 【極東】日本を含む東アジアや東南アジア一帯を指す名称。ヨーロッパから見て、ユーラシア大陸の東の果てであることから名付けられた。（P209の地図参照）

から進出していくため、日本は後回しになりました。アジア圏では18世紀以降、まずはインドや東南アジアの国々が植民地化され、その後に大国の中国（清）が狙われました。日本が列強の脅威に直面するようになるのは、19世紀後半以降のことです。時間に余裕があったぶん、脅威に備えることができました。

また日本は、アフリカやインド、東南アジア諸国とは異なり、ダイヤモンドや象牙《ぞうげ》、香辛料といった列強が求める資源や産品が乏しかったことも、列強が日本への侵攻を後回しにした理由の一つだったと考えられます。

さらに日本は島国といっても、一定の大きさの面積があることも、地政学上の強みです。特に本州は、島としては世界で7番目の大きさ。また温暖湿潤な気候で食物が育ちやすく、多くの人口を養うことも可能でした。もし日本が小さな島で人口も少なかったら、外国の大軍に襲われたときにはひとたまりもなかったことで

海が阻んだ大国の日本進出

19世紀、世界の国々が欧米列強によって植民地化される中、日本は独立を保つことができた。ユーラシア大陸の端の島国という地理的条件が有利に働いたためだった。

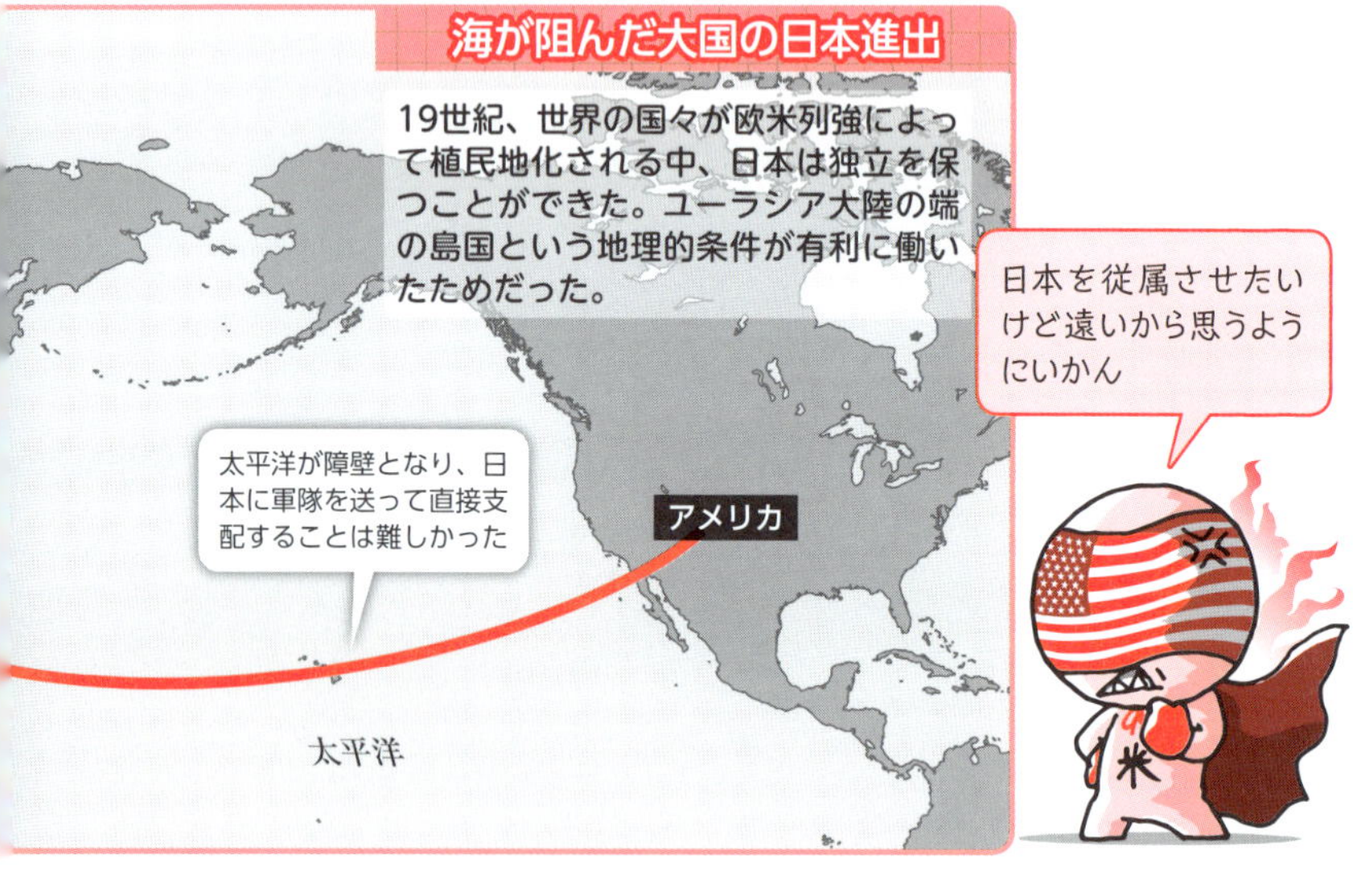

日本を従属させたいけど遠いから思うようにいかん
太平洋が障壁となり、日本に軍隊を送って直接支配することは難しかった
アメリカ
太平洋
米

KEY WORD 【日本の面積】日本の国土面積は約38万㎢で世界第61位（1位はロシア）。なお、海岸線の長さは約3万5000kmで世界第６位となる（１位はカナダ）。

しょう。日本はこうした恵まれた地理的環境を活かしながら、高度な経済や統治システムを発展させていきます。外国の占領を簡単には許さない国力を備えていったのです。

日本で独自の文化が発展した理由

日本は防衛面だけではなく文化面でも、恵まれた地理的環境にありました。日本海や東シナ海を隔てた先にあるのは、かつて世界で最も発展した文明を誇っていた中国。日本は中国から律令制度や仏教、漢字などの様々な文物を取り入れます。

興味深いのは、漢字から仮名文字を作り出したように、移入した中国文化を独自の文化に発展させていったこと。日本は海を挟んで中国大陸と、遠すぎず近すぎない絶妙の距離にありました。そのため、中国文化の影響を受けながらも、その支配下に収まることなく、日本独自の文化を花開かせることができたのです。

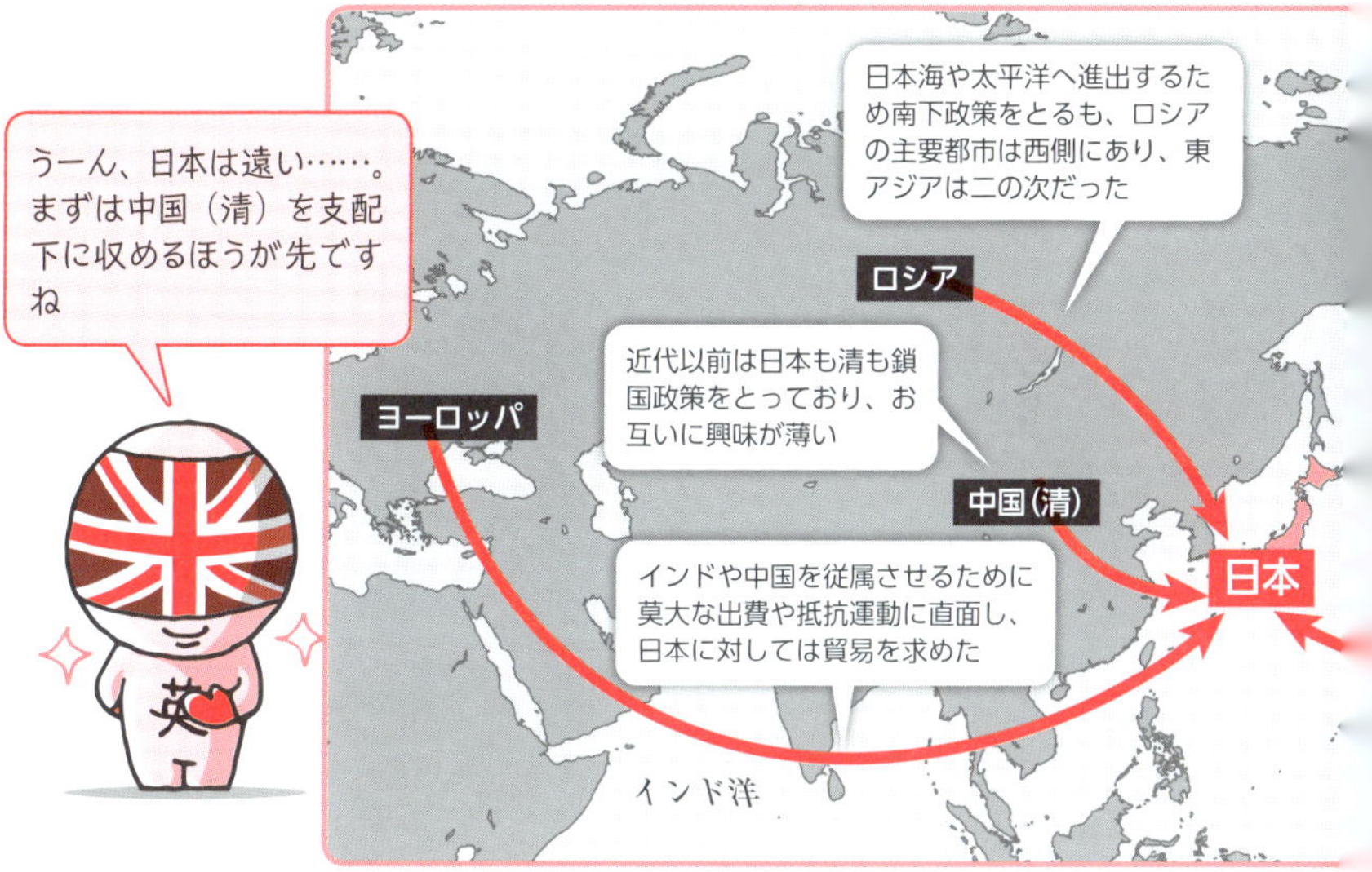
うーん、日本は遠い……。まずは中国（清）を支配下に収めるほうが先ですね
英
日本海や太平洋へ進出するため南下政策をとるも、ロシアの主要都市は西側にあり、東アジアは二の次だった
ロシア
近代以前は日本も清も鎖国政策をとっており、お互いに興味が薄い
ヨーロッパ
中国（清）
日本
インドや中国を従属させるために莫大な出費や抵抗運動に直面し、日本に対しては貿易を求めた
インド洋

KEY WORD 【鎖国政策】近代以前、清、江戸幕府、李氏朝鮮は似たような「海禁」政策をとっていた。私的な海外渡航は禁じられたが、３国間の交易や文化交流は続いた。

近現代史

なぜ、近代日本は朝鮮半島に進出したのか？

日清戦争に勝利、朝鮮の支配権を得る

1868年、明治政府を発足させた日本は、国際舞台のただ中に投げ込まれます。当時東アジアには、欧米列強が着々と進出。これに抗するための手段を模索する必要がありました。

当初日本は、朝鮮・中国（清）と対等な同盟関係を結び、列強に対抗しようと考えていました。しかし朝鮮との交渉が頓挫したため、列強の圧力が迫っていた日本は同盟を諦め、朝鮮を支配下に置くという決断を下します。ただし、当時朝鮮を支配していたのは清。こうして両国がぶつかったのが日清戦争です。日本は連戦連勝で清に勝利し、朝鮮半島の支配権を得ます。

米英の協力を得ながら、日露戦争に勝利

しかし今度は南下政策を進め、朝鮮を手に入れようとするロシアと衝突します。ロシアに朝鮮や日本海の制海権を握られることは、非常な脅威。日本はやはりロシアの拡大に危機感を抱くイギリスと日英同盟を締結します。日英というシーパワーが、ロシアというランドパワーの海洋進出を阻止するために手を組んだのです。

1904年、日露戦争が開戦。日本はかろうじて戦況を優位に持ち込みます。そしてアメリカの仲介を得て、講和へ進めることができました。朝鮮の支配権ともに、ロシアが持っていた満州の権益を得ることにも成功しました。

朝鮮半島への進出は、生き残るための苦肉の策だったんだ

KEY WORD 【日英同盟】1902年に締結された同盟。日露戦争では、同盟に基づきイギリスがロシアを妨害し、日露決戦の舞台となった日本海海戦での日本の勝利に繋がった。

日本の大陸進出をめぐる2つの戦争

朝鮮・清との同盟の道が挫折した日本は、朝鮮半島へ進出。そこで朝鮮半島を支配下に置いていた清や同じく進出を狙っていたロシアとの戦争が起こった。

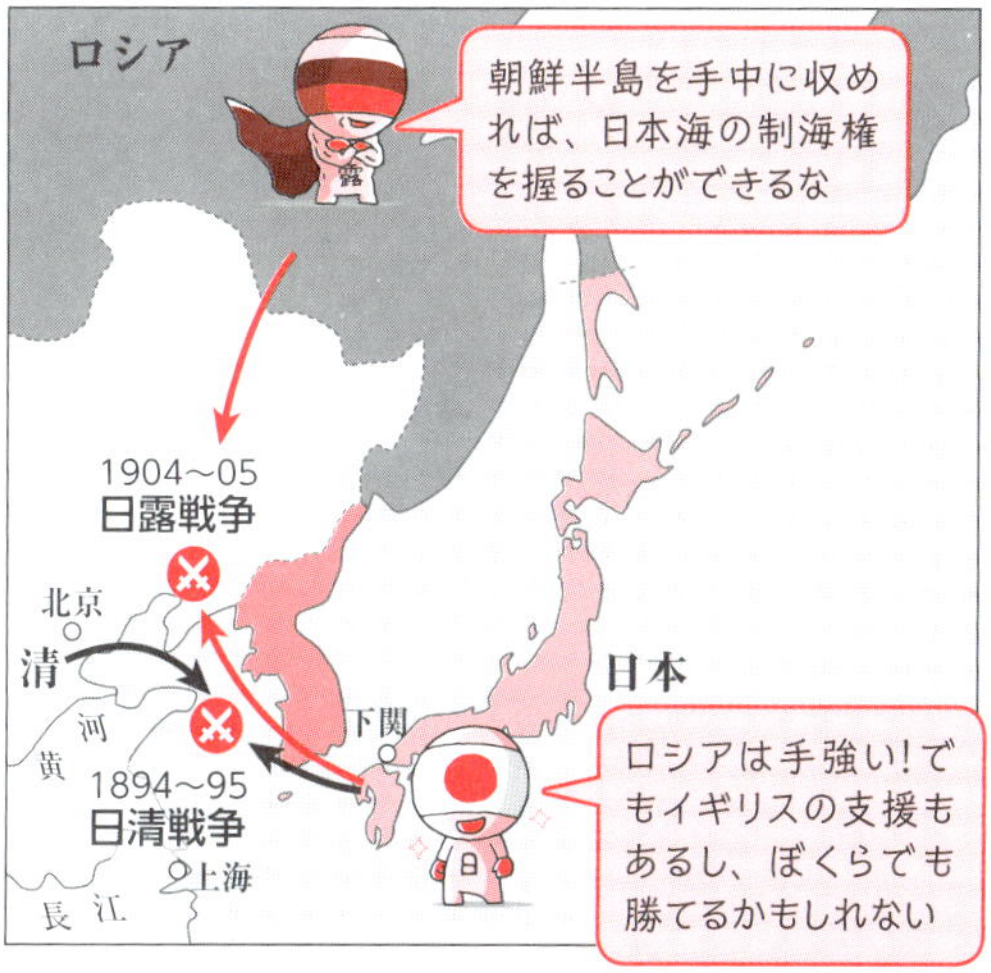

日露戦争と各国の思惑

日露戦争は、表面上は日本とロシアによる戦争だった。しかし、中国進出を狙って戦争の仲介を行ったアメリカをはじめ、多くの大国の思惑が絡んでいた。

ポーツマス条約

1905年に調印された日露戦争の講和条約。日本は朝鮮半島に対する優先権や遼東半島南部や南満州鉄道の租借権、樺太の南半分などを獲得した。しかし、ロシアから賠償金を手に入れることはできなかった。

KEY WORD 【満州の権益】日本は日露戦争後、ロシアから遼東半島先端部の租借権や南満州鉄道の長春以南の権利を獲得。以降、満州への進出を本格化させていった。

近現代史

帝国主義となった日本が満州へ進出した理由は何か

第一次世界大戦を大陸進出の好機と捉える

日露戦争後は帝国主義政策へと大きく舵を切った日本。第一次世界大戦では日英同盟に基づいて連合国側として参戦し、ドイツに宣戦布告しますが、その狙いは中国大陸にあるドイツ領を奪い取ること。さらに中国に対して、満蒙エリアのみならず中国全土での権益拡大を求めた対華二十一か条要求を行います。

第一次世界大戦は連合国側の勝利に終わり、日本も戦勝国になります。しかし同じ連合国として戦ったアメリカやイギリスは、日本の台頭によってアジアのバランスが崩れることを警戒。以後対立が深まっていきます。

満蒙は我が国の生命線

一方日本は、その後も大陸にのめり込んでいきます。当時よく使われたのが「満蒙は我が国の生命線」という標語。生命線とは、アメリカでいえばカリブ海、イギリスでいえばジブラルタル海峡のように、「国家の存立上それ以上退却できない重要点」という意味です。

事実満州で産出される石炭や鉄鉱は、資源の乏しい日本にとって貴重なものでした。満蒙はロシア南下の防波堤であると同時に、日本の経済的な要地でもあったのです。

日本はますます国際的に孤立。そしてやがて泥沼の日中戦争が始まります。

「満蒙は日本の生命線」と呼ばれた時代。ソ連に対する緩衝地帯の役割を果たしたんだ

KEY WORD 【対華二十一か条要求】第一次世界大戦中に日本が清政府に対して、中国における権益の拡大を狙って出した要求。結果的に日本はドイツが中国に持っていた権益を継承した。

満州へ進出した日本とロシア、中国との関係

中国（清）領だった満州は、地政学的には朝鮮半島を植民地化した日本とロシアの緩衝地帯にあたる。満州事変前まで、両国で満州の権益を分け合った。

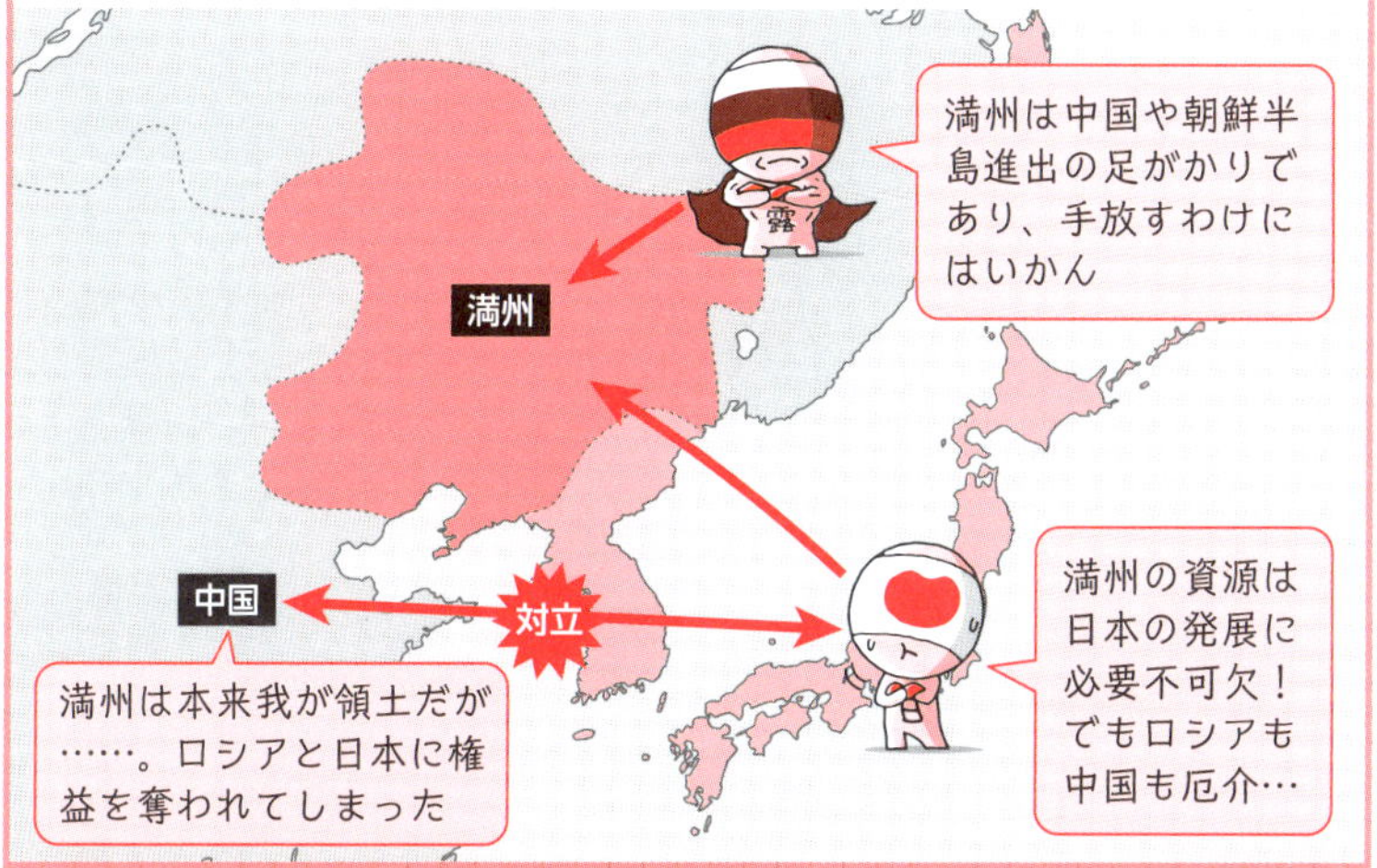
満州は中国や朝鮮半島進出の足がかりであり、手放すわけにはいかん
露
満州
中国
対立
満州は本来我が領土だが……。ロシアと日本に権益を奪われてしまった
満州の資源は日本の発展に必要不可欠！でもロシアも中国も厄介…
日

日本の属国となった満州

1931年、日本は満州事変により満州全域を占領し、翌年に日本の傀儡政権である満州国を建国。多くの日本人が満州に渡り、農業などに従事した。

満州国では、五民族（図の右から日本人・モンゴル人・満州人・朝鮮人・中国人）が協力して、国を運営していく「五族協和」と東洋の徳により統治する「王道楽土」を建国理念に定めた。

生活が苦しくなった農民は、夢の新天地である満州に渡ろう！
日

移民数	約27万人
↓ 終戦後	
在満州日本人数	約22万人
・満州での死者	約4万6000人
・シベリア等抑留者	約3万4000人
・行方不明	約3万6000人
・引き揚げ者	約11万人

（外務省資料より）

KEY WORD 【満蒙】満州と内蒙古の略称。地域的には中国東北部一帯を指す。日露戦争後に使われはじめた言葉で、ロシアに対抗し朝鮮半島の権益を守るための要衝と考えられた。

中国との日中戦争＆アメリカとの太平洋戦争で泥沼にはまりこむ日本

太平洋戦争
アメリカ
日本が東南アジアまで進出してきただと!? 経済制裁を行って、これ以上日本に国力をつけさせないぞ！！

日本の拡大と中国、アメリカとの対立

日本は中国を支援するイギリスとフランスに対応するため、仏領インドシナに進出。それによりアメリカが守る権益との衝突が起こった。

泥沼化した日中戦争

満州事変とそれに続く日中戦争は、本来はシーパワーの国である日本と、ランドパワーの国である中国との戦いでした。ランドパワーとの戦いの難しさは、大陸の奥地にまで攻め込まなければならないこと。日本は北京《ペキン》、天津《テンシン》、上海《シャンハイ》、南京《ナンキン》を次々と攻略しますが、中国・国民党政府は首都を重慶《じゅうけい》に移して対抗。日本軍の戦線は長く伸び、兵力や物資の不足が深刻になりました。これが日中戦争を泥沼化させた要因です。

中国に対しては、アメリカやイギリスが物資を補給していました。日本はこの補給路を断つべく、フランス領インドシナ北部に進駐します。

第二次世界大戦、地政学的な視点ではどうにも日本に勝ち目はないね……

COUNTRY 【仏領インドシナ】現在のベトナムとラオス、カンボジアで構成された、東南アジアにおけるフランスの植民地。総督府はハノイに置かれた。

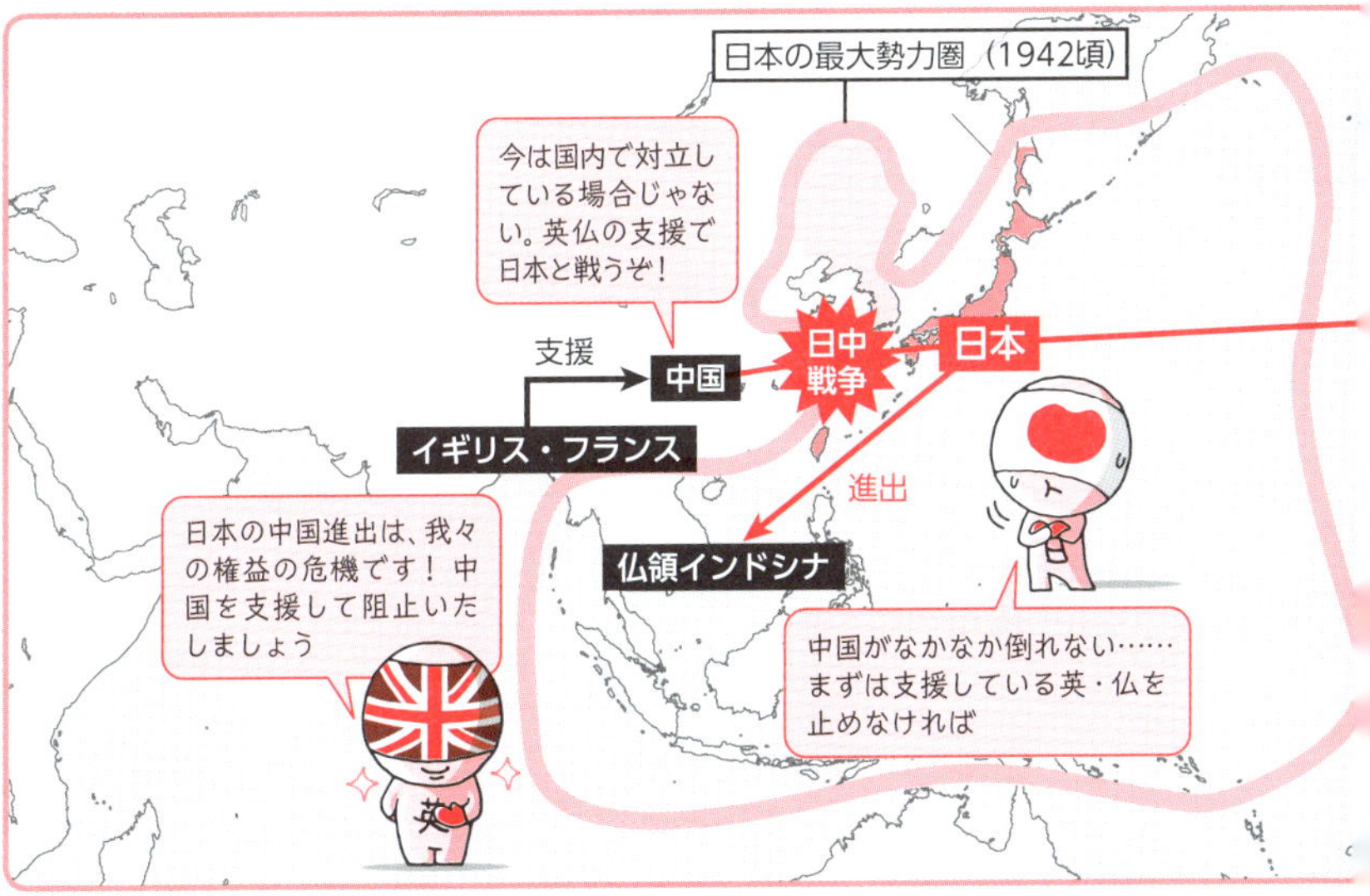

太平洋をめぐる日米の戦い

このインドシナ進駐が、アメリカとの対立を決定的なものにしました。アメリカはシーパワーの国。アメリカ本土を守るために、太平洋と大西洋の制海権を握ることを重視していました。ところが日本がインドシナへと南進してきたことで、制海権が脅かされたのです。

アメリカは日本に対して対日石油輸出の禁止などの経済制裁を実施。制裁解除の条件として、アメリカは日本に中国や東南アジアから軍を撤退させることなどを要求しました。

満州国の建国や東南アジアへの進出によって、国家の生き残りを図っていた日本はこれを拒絶し、真珠湾への奇襲攻撃を端緒に太平洋戦争へと突入。中国に加えて、世界一のシーパワー国家であるアメリカとの戦いが始まります。中国との戦争で疲弊していた上、物資や情報の面で困窮していた日本に勝ち目はありませんでした。

KEY WORD 【経済制裁】侵略国や敵対国に対して、金融や貿易などを制限し、経済的圧力を加えること。経済制裁が行われた国の行動をコントロールすることを目的として行われる。

日本の思惑たっぷりの「大東亜共栄圏」構想とは？

大東亜共栄圏は
ドイツ地政学の発想。
でも2か国とも
敗戦したね

国民を納得させる大義名分

日本がインドシナへと南進したのは、中国の補給路を断つと同時に、東南アジアの豊富な天然資源を確保したいという思惑もありました。これは当然、この地域を植民地としていたアメリカやイギリス、フランスなどの国々との対立を招き、戦争になる可能性も高まります。

そこでこの事態を国民に納得してもらうために打ち出されたのが、「大東亜共栄圏」の構想。「植民地支配を続ける欧米列強をアジアから追い出し、日本を中心としたアジア諸国民による共存共栄の新秩序を構築するために戦争を行う」という大義名分を掲げたのです。

地政学で考えられた日本の無謀な戦略

当時の日本の戦略は、中国大陸を守りつつ太平洋にも進出するというもの。ランドパワー（大陸国家）とシーパワー（海洋国家）の両者を志向したわけですから無謀でしかありません。

この無謀な戦略を理念的に支えたのが大東亜共栄圏であり、理論的に支えたのが日本の地政学者たちでした。当時日本の地政学は「国家が生き残るには、それに見合った支配地が必要だ」と考えるドイツ地政学の影響を受けており、日本が生き残るために大陸と海洋の両者を支配下に収めることを支持したのです。その誤った地政学的な判断が、日本を敗戦に導きました。

KEY WORD 【大東亜共栄圏】日本の対外進出を正当化するため、1940年頃から敗戦まで唱えられた標語。東アジア諸民族の共存共栄を掲げたが、実態は日本の支配や資源獲得が目的だった。

日本が目指した「生存圏」の確保

資源に乏しい日本は、海外侵攻によってしか列強と渡り合えないと考えていた。

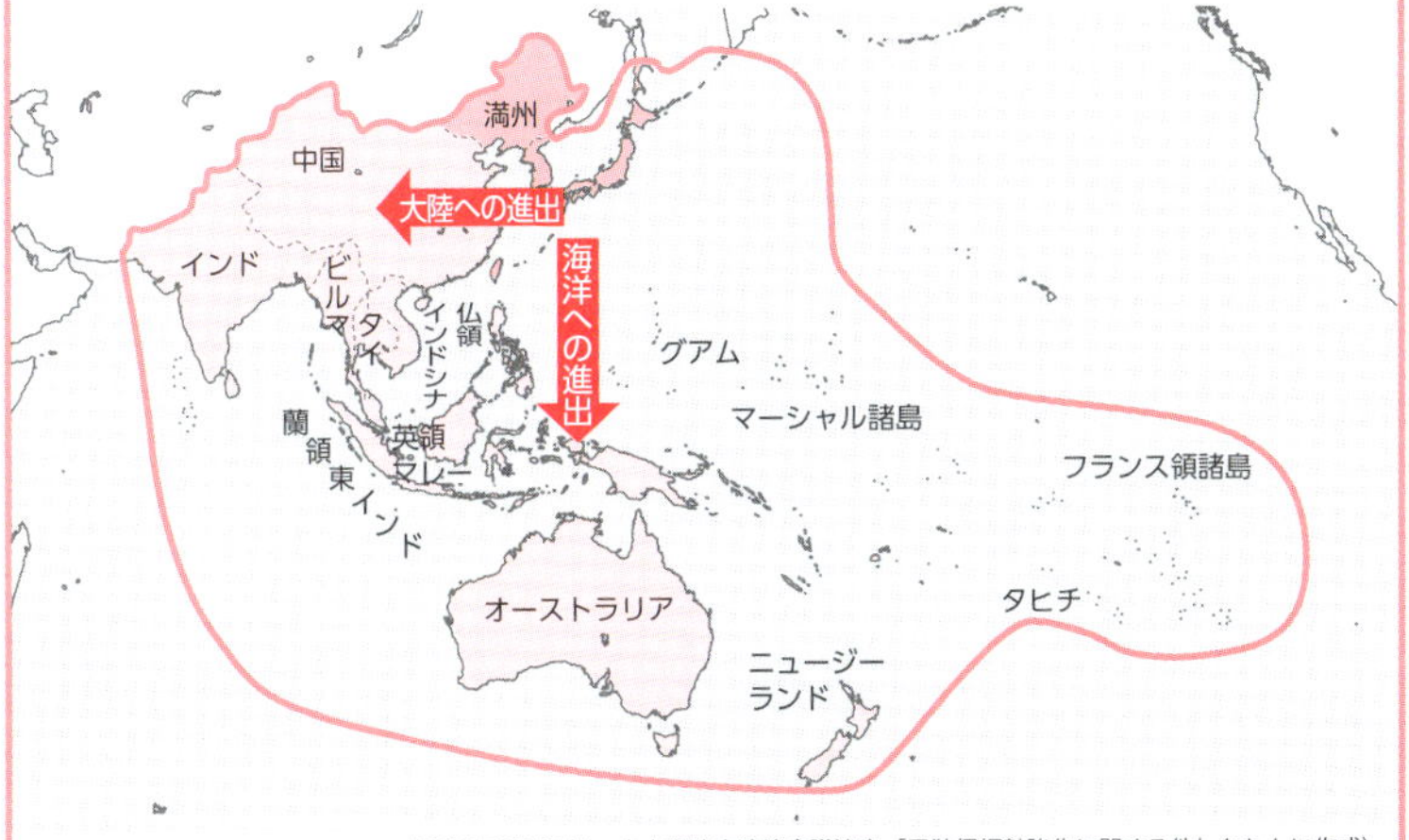

満州
中国
大陸への進出
海洋への進出
インド
ビルマ
タイ
仏領インドシナ
英領マレー
蘭領東インド
グアム
マーシャル諸島
フランス領諸島
タヒチ
オーストラリア
ニュージーランド

(1940年9月16日、大本営政府連絡会議決定「日独伊枢軸強化に関する件」をもとに作成)

無謀な戦いに挑んだ日本の無残な帰結…

日本はランドパワーである中国大陸に攻めこんで泥沼にはまり、シーパワー大国のアメリカに制海権を奪われて、万事休した。

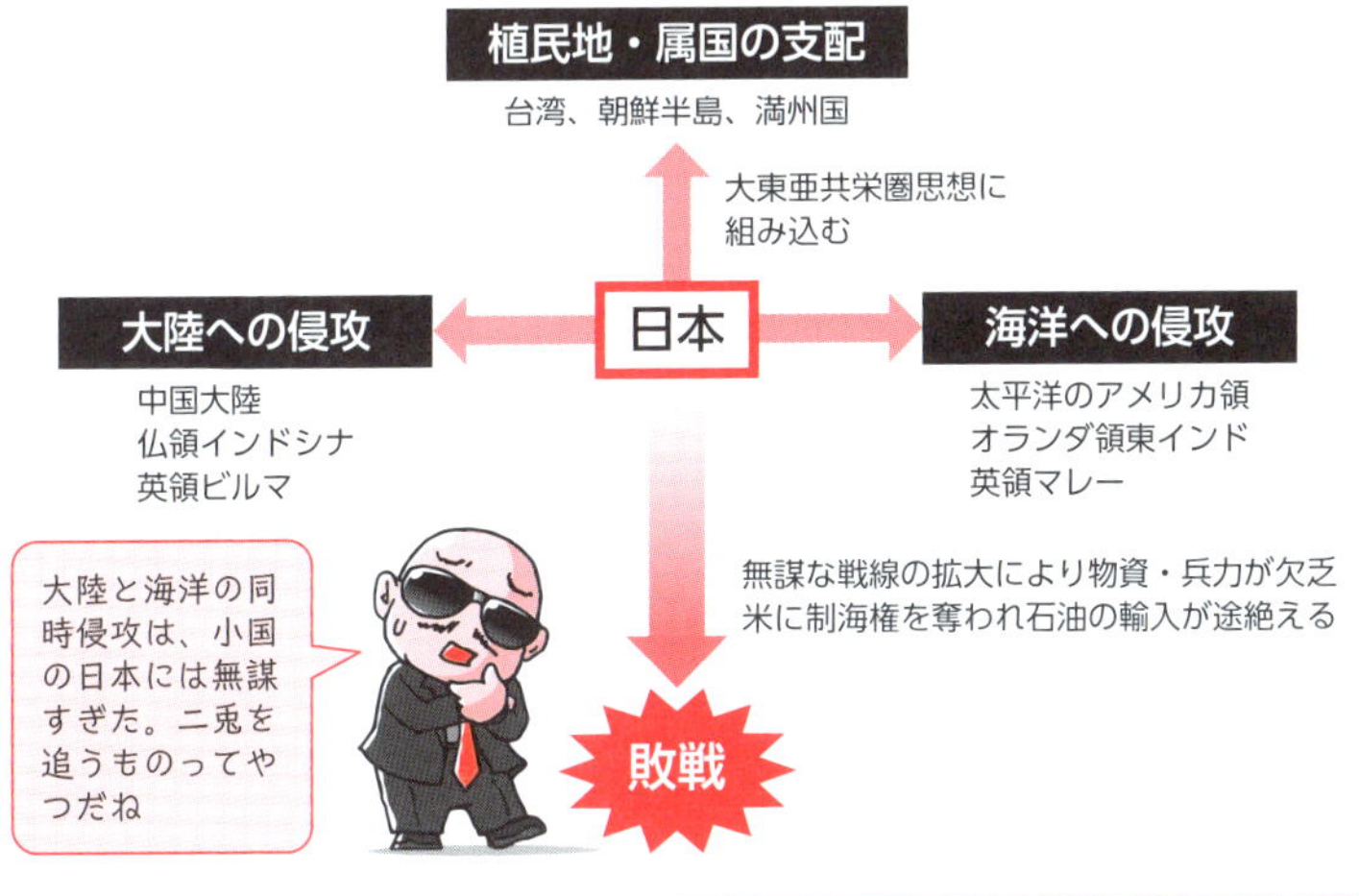

植民地・属国の支配
台湾、朝鮮半島、満州国
大東亜共栄圏思想に組み込む
日本
大陸への侵攻
中国大陸
仏領インドシナ
英領ビルマ
海洋への侵攻
太平洋のアメリカ領
オランダ領東インド
英領マレー
無謀な戦線の拡大により物資・兵力が欠乏
米に制海権を奪われ石油の輸入が途絶える
敗戦
大陸と海洋の同時侵攻は、小国の日本には無謀すぎた。二兎を追うものってやつだね

KEY WORD 【生存圏】ドイツ地政学の概念で、国家が自給自足していくうえで必要不可欠となる領土のこと。日本が描いていた大東亜共栄圏構想にも大きな影響を与えた。[⇒P193]

近現代史

敗戦と進駐軍の占領によって戦後のアメリカ依存がはじまった

冷戦の激化と占領政策の転換

戦争に敗れた日本を待っていたのは、名目は連合国、実質はアメリカによる占領でした。当初アメリカは日本が再び自国の脅威にならないために、徹底的な非軍事化とともに、厳しい経済政策を採用していました。

しかし1948年頃から、アメリカは占領政策を転換。日本の経済復興を後押しするようになります。財閥解体の手を緩め、対象となっていた企業を次々と指定解除します。また戦犯として公職を追放されていた人たちの復帰も進められました。

当時世界はアメリカを中心とした自由主義陣営と、ソ連が主導する社会主義陣営の対立が激化。東西冷戦が始まっていました。アメリカが恐れたのは、社会主義陣営の勢力拡大です。そこで日本の国力を回復させることで、日本を共産勢力拡大の防波堤に使おうと考えたのです。

西側の一員に組み込まれていく

実は当初アメリカが社会主義陣営に対する防波堤にしようともくろんでいたのは、地理的にソ連と陸地で国境が隣り合っている中国でした。ところが中国では、国民党と共産党が戦う国共内戦において、共産党の勝利が誰の目にも明らかになります。そこで日本を中国に代わる新たな防波堤に定めたのです。

マッカーサーが日本に降り立った瞬間から日本の対米従属は始まったんだ

KEY WORD 【警察予備隊】警察を補うものとして、GHQの命令で1950年に設立。その後、保安隊を経て、1954年に現在の自衛隊へと改組され、防衛庁が設置された。

1950年には、ソ連や中国の支援を受けた北朝鮮が韓国に攻め込み、朝鮮戦争が勃発。地政学上、日本の防波堤としての役割はさらに高まりました。アメリカは日本に再軍備を求め、警察予備隊（現・自衛隊）が創設されます。またアメリカは、日本を国際舞台に復帰させるために早期講和の方針を打ち出しました。

1951年、日本はサンフランシスコで開催された講和会議において、48か国と調印を行います（サンフランシスコ平和条約）。しかしこの中にソ連や中国は含まれておらず、アメリカを中心とした自由主義諸国との単独講和でした。またこの日アメリカとの間で、米軍の日本駐留を認めた日米安全保障条約も締結されました。

こうして日本は西側の一員として、米ソの冷戦構造の中に組み込まれていったのです。

戦後の日本とアメリカの関係

1945年 占領開始時

アメリカは日本の軍国主義の排除と民主化を推進

軍隊は解体！ 財閥も解体！
新憲法はGHQの草案を元に！
米
日
はい、、、
わかりました…

1948年 占領政策の転換

共産主義陣営との対立のため日本の自立を求める

税制改革しろ！ 物価を統制しろ！ 予算を保て！
米
日本の復興のためには従うか……

1950年 朝鮮戦争勃発

警察予備隊の創設を指示

在日米軍は朝鮮に出動するので、警察予備隊をつくれ！
米
軍隊は持つなって言ったのに…

KEY WORD【サンフランシスコ平和条約】1951年に日本と48か国との間で結ばれた条約。これにより、日本の国際舞台への復帰が認められた。ソ連は会議には参加したものの、条約への署名はしなかった。

アメリカの傘下となり経済成長を遂げる日本

経済政策に集中できた日本

朝鮮戦争において、日本はアメリカ軍の後方基地となりました。アメリカは日本に大量の軍需品を発注。これにより日本は戦後の深刻な経済難を脱し、特需と呼ばれる好景気に沸き返ります。朝鮮戦争が終わってからも、日本経済は順調に成長し、１９５０年代半ばからは20年の長期にわたる高度経済成長期が始まります。

この時期、日本が飛躍的な発展を遂げたのは、日米安全保障条約に基づいて、日本の防衛のかなりの部分をアメリカに担ってもらうことによって防衛費を縮減し、ヒト・モノ・カネの資源を経済政策に集中できたことがあげられます。

アメリカの方針に従っていればよかった

冷戦下の国際情勢を見れば、米ソの対立構造の中での戦争や紛争が相次ぎ、世界は穏やかだったわけではありません。しかし日本の外交政策はほぼアメリカの方針に従っていればよく、内政に専念できました。ソ連による侵攻のリスクも、アメリカの核の傘の下に入ることで社会主義陣営と勢力の均衡状態を保つことができ、直接的な脅威にさらされずに済みました。

しかし冷戦後、日本の立ち位置は変わりました。アメリカの存在感が低下し、世界は多極化が進行。日本は世界の中でどう振る舞うべきか、自ら考え、行動することが求められています。

アメリカに
守られてぬくぬく
育った戦後日本。
現在、その関係も
曲がり角…

KEY WORD 【核の傘】核兵器を持たない国が核兵器を保有する同盟国との条約結ぶことによって、その核兵器の抑止力の恩恵を預かること。日本においてはアメリカへの依存体制を指す。

冷戦期の日本が担った役割

冷戦構造下、日本は東アジアにおける対社会主義の最前線にあるアメリカの補給拠点として活用された。

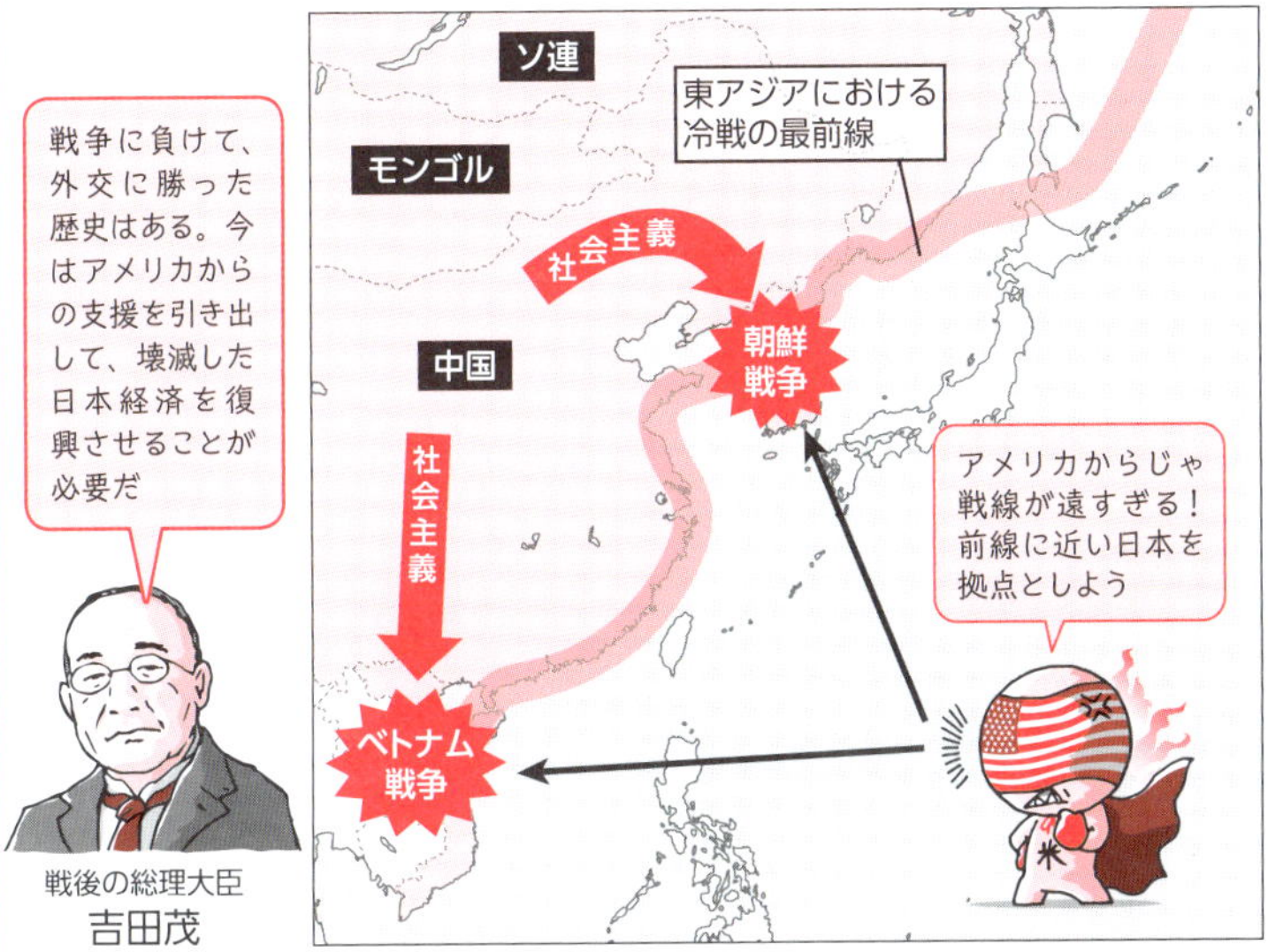

戦争に負けて、外交に勝った歴史はある。今はアメリカからの支援を引き出して、壊滅した日本経済を復興させることが必要だ
戦後の総理大臣
吉田茂
ソ連
モンゴル
中国
東アジアにおける冷戦の最前線
社会主義
社会主義
朝鮮戦争
ベトナム戦争
アメリカからじゃ戦線が遠すぎる！前線に近い日本を拠点としよう
米

戦後の日本の実質経済成長率

第二次世界大戦で敗戦し、ゼロから出発した日本。朝鮮戦争による需要を得ると、それを起爆剤に日本の経済成長率は成長していく。

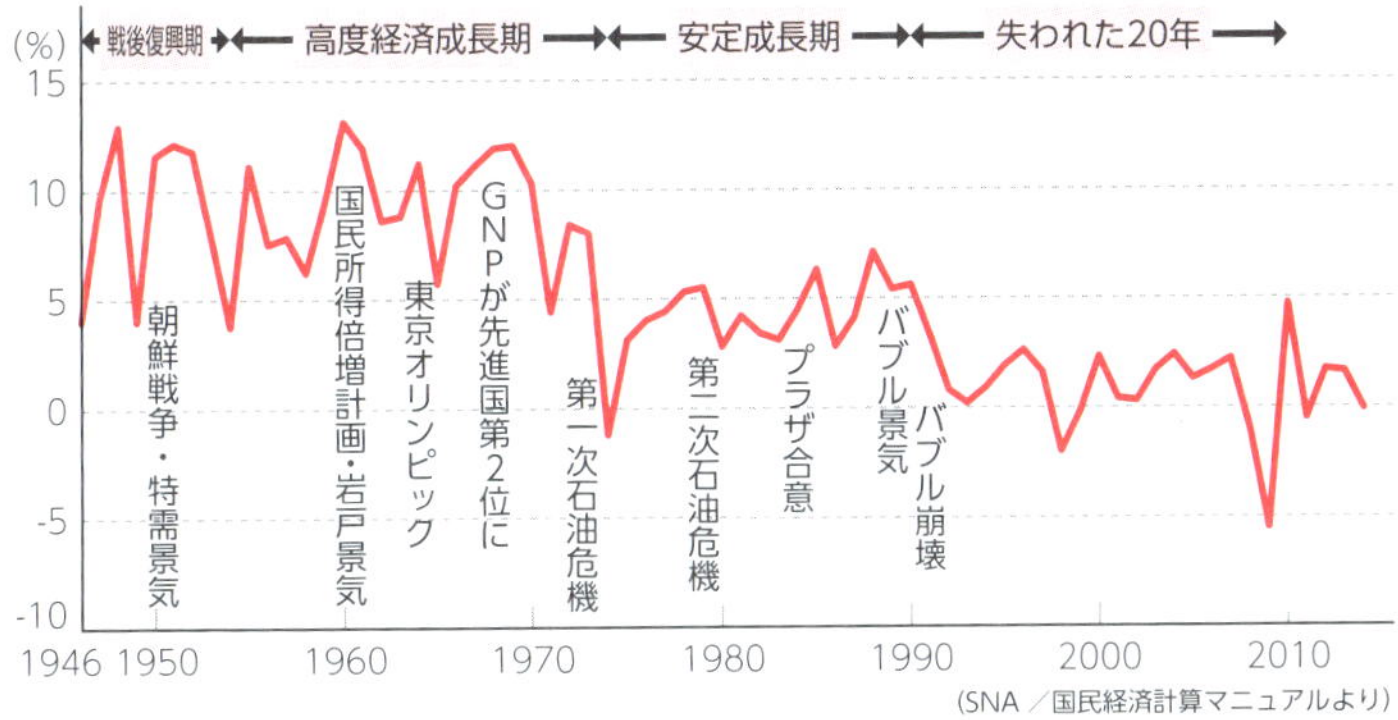

(%)
戦後復興期
高度経済成長期
安定成長期
失われた20年
15
10
5
0
-5
-10
朝鮮戦争・特需景気
国民所得倍増計画・岩戸景気
東京オリンピック
GNPが先進国第2位に
第一次石油危機
第二次石油危機
プラザ合意
バブル景気
バブル崩壊
1946 1950
1960
1970
1980
1990
2000
2010

(SNA ／国民経済計算マニュアルより)

WHO'S WHO 【吉田茂】1878－1967。1946～47年および48～54年に内閣総理大臣を務めた。日本にアメリカ軍の駐留を認める日米安全保障条約に調印し、戦後の日本の路線を方向付けた。

アメリカ軍が日本に駐留し続ける理由は？

日本がロシアや中国の蓋になっている

戦後アメリカは社会主義陣営に対抗するために、西欧や東アジアの同盟国を中心に世界各地に軍隊を駐留させてきました。現在、最も米軍兵士の駐留人数が多いのが日本です。理由の一つに、日本が地政学上非常に重要な要地であることがあげられます。

日本は海を隔ててロシアや中国と接しています。地図を見れば、これらの国が海洋に出ようとするときに、ちょうど日本が蓋をするような地形になっていることがわかります。ここに軍隊を置けば、まさに防波堤となってロシアや中国の進出を阻むことができるわけです。

沖縄の基地問題解決が容易ではない理由

日本の中でも、最も米軍施設が集中しているのが沖縄。面積でいうと、日本の米軍施設のうち実に4分の3を沖縄県が占めています。

沖縄は台湾との距離が近く、緊張関係にある中国と台湾の間で有事の際には、すぐに軍隊の展開が可能。中国の海洋進出に対しても、にらみを利かせられる位置にあります。また沖縄を中心に半径4000kmの円を描くと、東アジアのほぼ全域が収まります。東アジアの安全保障戦略上、沖縄は欠かすことのできない拠点なのです。沖縄の基地問題の解決が容易ではないのには、こうした背景があります。

対中・対露の
要衝である日本。
ポイントは沖縄の
位置と役割！

KEY WORD 【基地問題】日本国内のアメリカ軍基地とその周辺住民の間で起きている問題。主に騒音や軍用機の事故、米軍兵士による犯罪などが問題になっている。

沖縄の主な米軍施設

米軍施設は全国に78か所あり、そのうち31か所は沖縄に集中している。その規模は沖縄県の全面積の約1割にあたり、かなりの負担となっている。

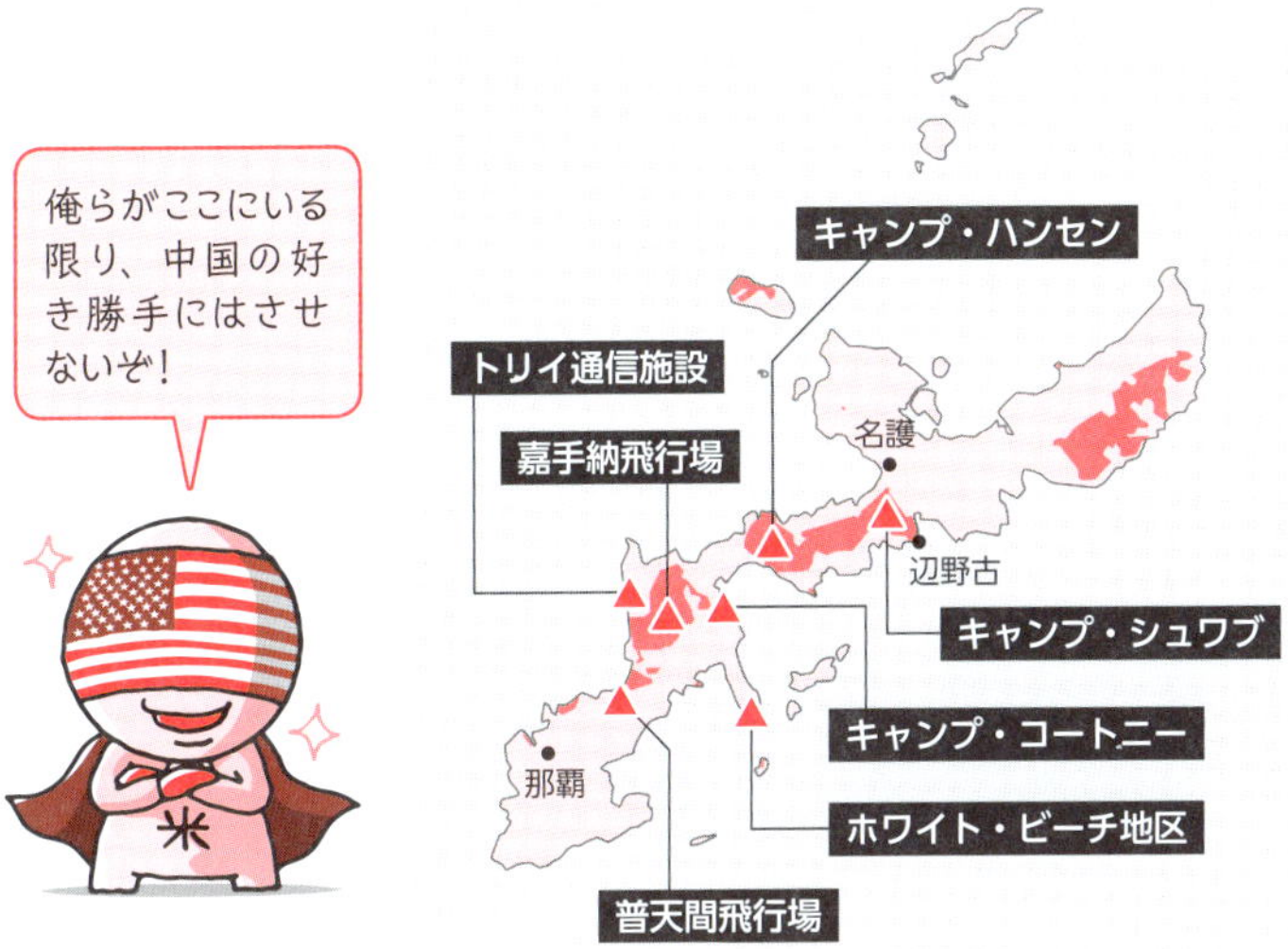

米軍施設の都道府県別割合

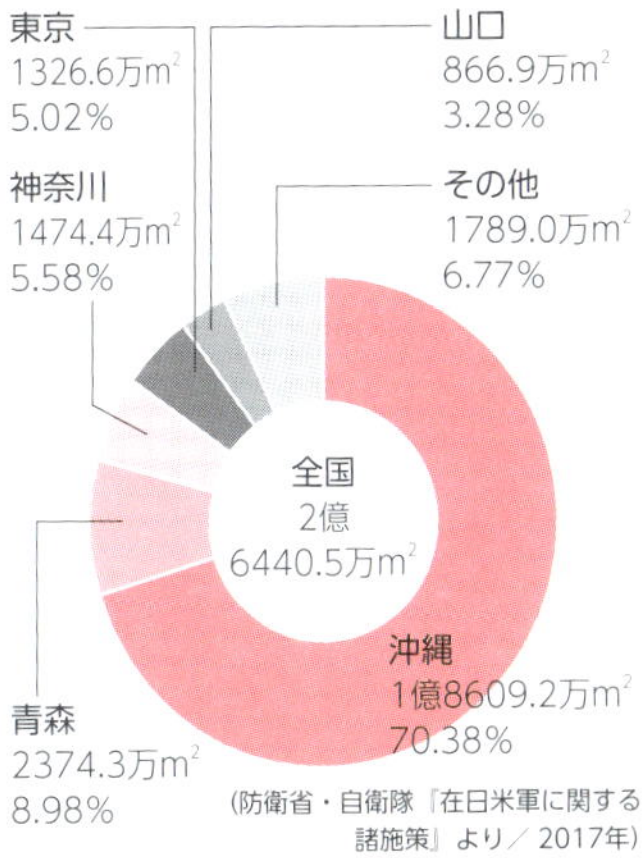

（防衛省・自衛隊『在日米軍に関する諸施策』より／2017年）

各国のアメリカ軍の駐留人数

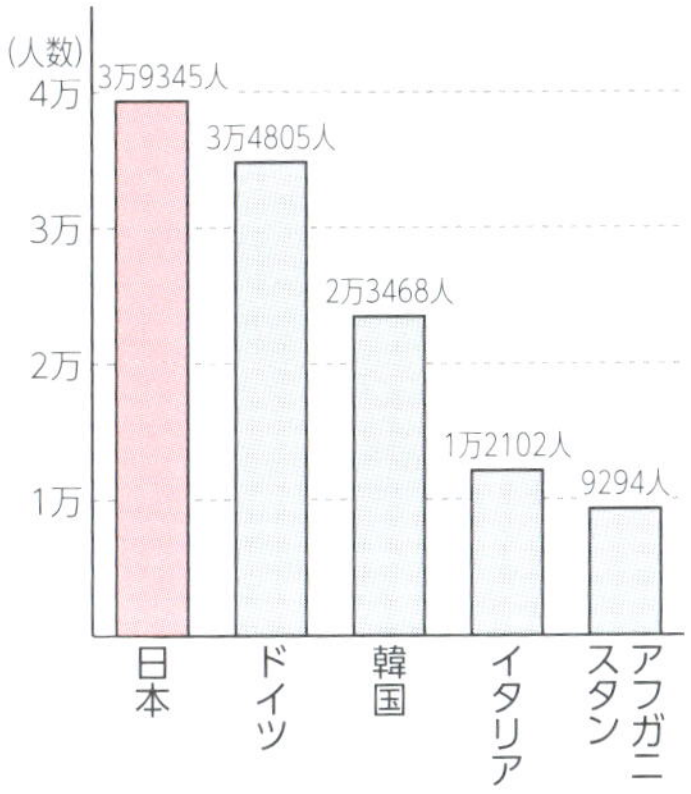

(Global Security.org、Visual Capitalistより／2017年)

KEY WORD 【キャンプ・シュワブ】現在、辺野古湾を埋め立てて滑走路が建設中。市街地にある普天間飛行場が辺野古へ移設される予定だが、沖縄県知事をはじめ反対派も多数いる。

中国と争ってでも日本がシーレーンを確保したい理由

日本経済を支える生命線

「シーレーン」とは、その国が存立するために重要な意味を持つ海上交通路のこと。日本にとっては、アラビア海からインド洋へと抜けて、マラッカ海峡、ルソン海峡を通り、日本へと至るルート。これは日本が中東から原油を輸送するルートであり、原油の8割以上を中東に頼る日本にとって、経済活動を続けていくうえで生命線といえます。なお、ルソン海峡のような海の要衝は「チョークポイント」と呼ばれます。

自衛隊は、シーレーンの海域に機雷が敷設された場合にすぐに除去できるように、世界でも有数の掃海部隊を有しています。

日本のシーレーンに近づく中国の脅威

日本のシーレーンは中国にとっても経済・軍事上、ぜひ確保しておきたい海上交通路と重なります。近年中国が尖閣《せんかく》諸島の領有権の主張や、南沙《なんさ》諸島での人工島の建設など、海洋進出を進めている狙いもそこにあります［⇒P114］。

中国の強引な海洋進出は、東南アジア諸国との軋轢《あつれき》も招いています。一方でこれらの国々は中国との経済的な結びつきが強いため、決定的な対立は避けたいという思惑もあります［⇒P118］。日本としては、東南アジア諸国との連携を強化しつつ、中国による海洋権益の侵害にいかに対処していくかが求められています。

海洋国家にとって
シーレーンは生命線！
失うと経済活動が
成り立たなくなって
しまう……

KEY WORD 【チョークポイント】シーレーンを確保する上で要衝となる海峡や運河のこと。交易上でも軍事上でも重要なポイントとなり、しばしばこの支配権をめぐって紛争が起きる。

日本が守るべきシーレーン

バシー海峡、マラッカ海峡、ホルムズ海峡のようなチョークポイントを失うと、日本の経済活動は深刻な危機に陥る。

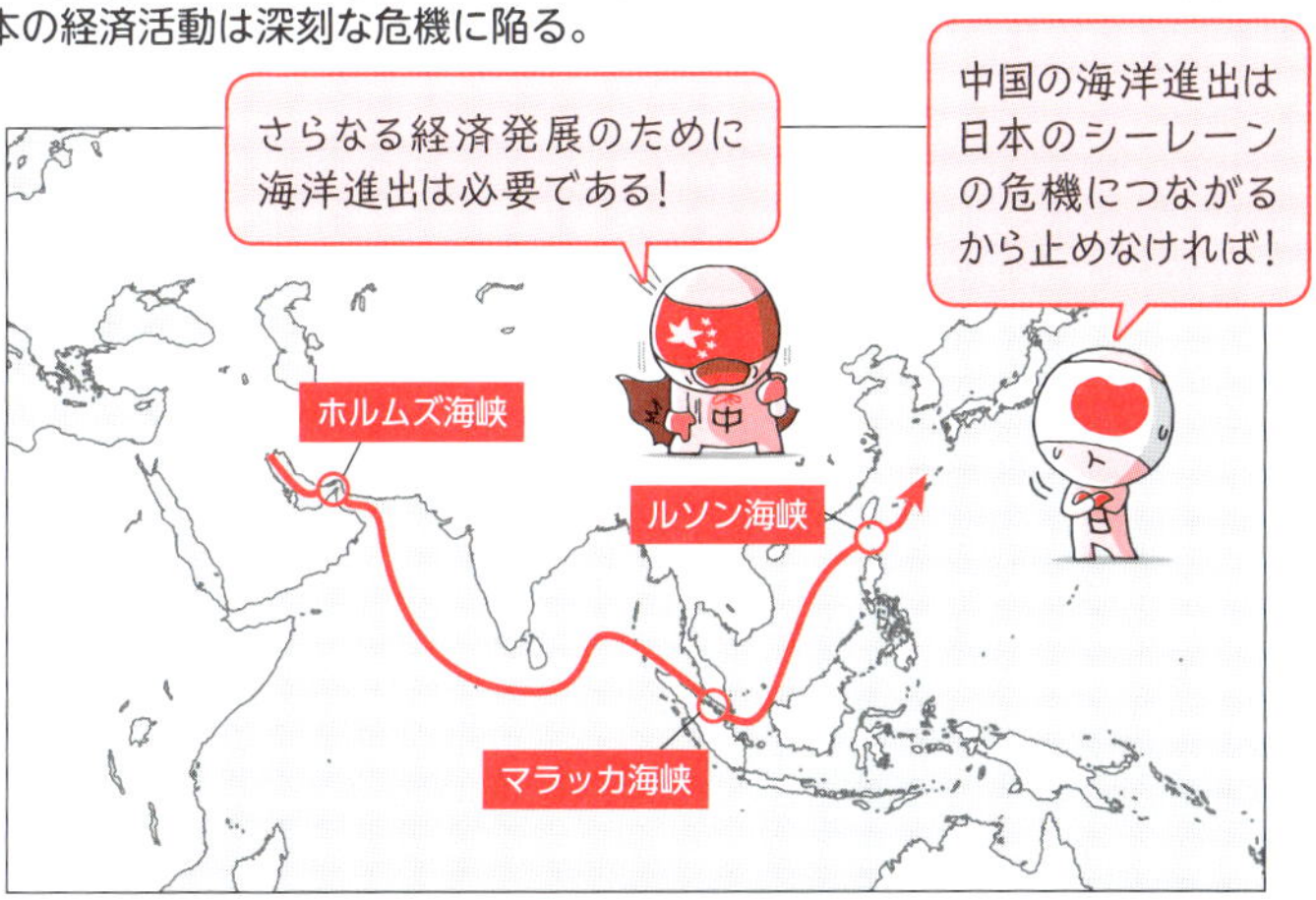
さらなる経済発展のために海洋進出は必要である！
中国の海洋進出は日本のシーレーンの危機につながるから止めなければ！
中
ホルムズ海峡
ルソン海峡
マラッカ海峡

日本の石油購入上位の国

日本の石油購入量の８割を占める中東からの海上ルートは、すべてホルムズ海峡を通過する。日本は集団的自衛権によって、有事の際の自衛隊派遣によりそのルートの確保も視野に入れている。

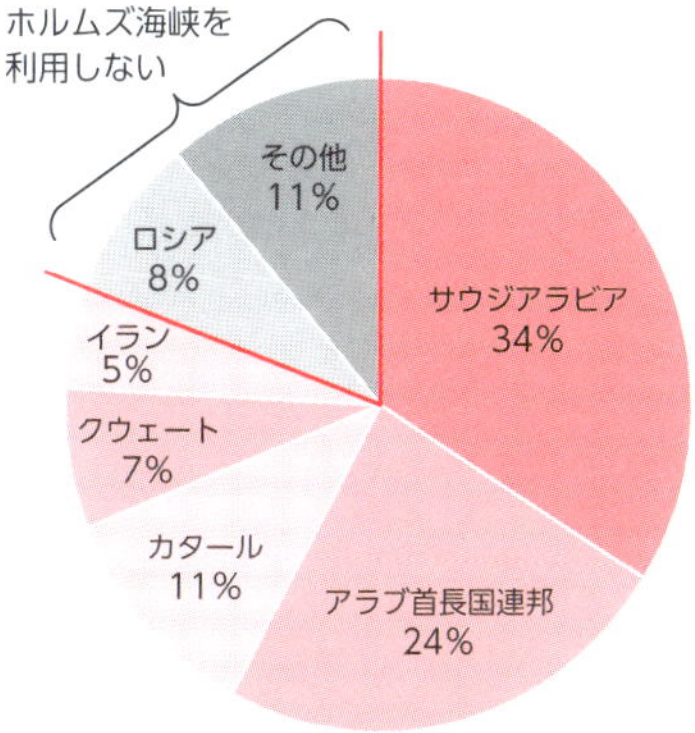
ホルムズ海峡を利用しない
その他 11%
ロシア 8%
イラン 5%
クウェート 7%
カタール 11%
アラブ首長国連邦 24%
サウジアラビア 34%

（アメリカエネルギー情報局のデータより／2014年）

我が国のシーレーンを守るためにも中国の海洋進出には注意しなければなりません

日本国首相
安倍晋三

KEY WORD 【ホルムズ海峡】ペルシア湾沿岸諸国で産出された石油を運ぶタンカーが通る海峡。イランの核開発問題発生以来、アメリカ軍が艦船を展開している。

現在の諸問題

地政学的視点で考える隣国・韓国との関係を改善するメリットとは？

朝鮮半島は日本の緩衝地帯

地政学に「緩衝《かんしょう》地帯」という用語があります。これは対立する国家と国家に挟まれたエリアのこと。もしある国が敵対する国と直接本土を接していたら、いつ攻め込まれるかわからないというリスクがあります。けれども敵対国との間に緩衝地帯があれば、そのリスクは低減します。

日本にとっては朝鮮半島が、中国やロシアの脅威を和らげるための緩衝地帯となってきました。戦後、朝鮮半島は北朝鮮と韓国に分断されましたが、現在は韓国が日本にとっての緩衝地帯になっています。例えば近年、北朝鮮によるミサイル開発が日本列島を脅かしています。この状況の中で、もし韓国という国が存在せず、海を挟んで直接日本と北朝鮮が国境を接していたらどうなっていたでしょうか。いつミサイルが飛んできて、武力衝突が起こるかわからないという緊張感は、現在の比ではないはずです。

韓国との連携強化は必要か

朝鮮半島は緩衝地帯であるがために、しばしば戦場になってきました［⇒P76］。日清戦争は日清両国にとっての緩衝地帯である朝鮮をめぐって争われたもの。また日露戦争は、朝鮮を狙って南下政策を取ったロシアと、これを脅威に感じた日本との間で起きた戦争です。さらに日韓併合は、日本が緩衝地帯である朝鮮を確実

韓国は
北朝鮮との緩衝地帯。
だから韓国との
関係はとても重要
だけど……

KEY WORD 【アジアインフラ投資銀行】略称はAIIB。中国が提唱・主導して設立された国際金融機関。アジア開発銀行では補いきれないアジアのインフラへ投資するために設立された。

に自国のものにするために行ったものでした。

日韓はこうした禍根《かこん》を引きずっています。同じ自由主義陣営に属しながら、信頼関係を築いているとは言い難いのが実状です［⇒P88］。

韓国は近年、日米と距離を置き、中国との関係を強化する動きもありました。中国と戦略的協力パートナー関係を結び、中国が設立したアジアインフラ投資銀行に、アメリカの反対を押し切って加入。ただしその後はアメリカ軍が韓国国内に地上配備型ミサイル迎撃システム「THAAD」を配備することを韓国が認めたことに中国が反発。中韓関係は冷え込んでいます。

韓国が日米よりも中国との関係を重視することは、地政学的に見て日本にとってリスクになります。過去の歴史をいかに乗り越え、韓国と連携を強化できるかが課題となっています。

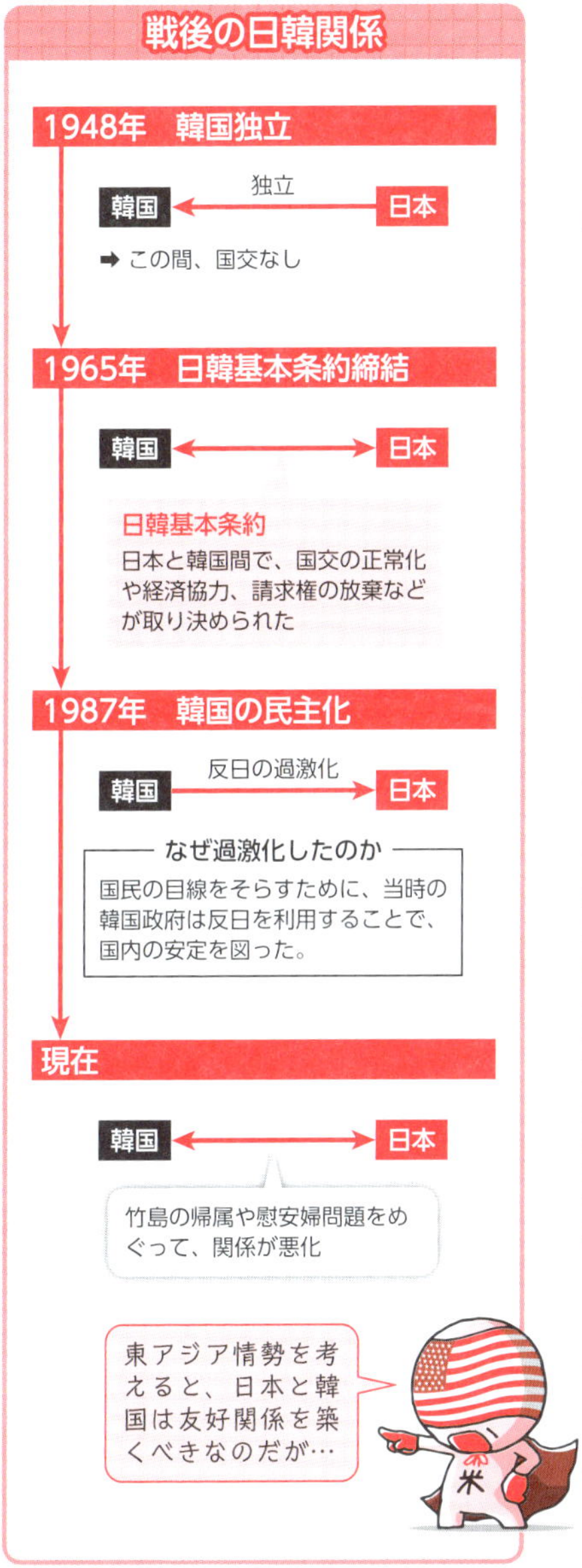
戦後の日韓関係
1948年　韓国独立
韓国
独立
日本
➡ この間、国交なし
1965年　日韓基本条約締結
韓国
日本
日韓基本条約
日本と韓国間で、国交の正常化や経済協力、請求権の放棄などが取り決められた
1987年　韓国の民主化
韓国
反日の過激化
日本
なぜ過激化したのか
国民の目線をそらすために、当時の韓国政府は反日を利用することで、国内の安定を図った。
現在
韓国
日本
竹島の帰属や慰安婦問題をめぐって、関係が悪化
東アジア情勢を考えると、日本と韓国は友好関係を築くべきなのだが…
米

KEY WORD 【THAAD】アメリカが開発した高高度迎撃ミサイルシステム。北朝鮮のミサイル開発に備えて、2017年に韓国に配備された。その配備をめぐって、中国が反発を示している。

現在の諸問題

北方領土返還への願いと返せないロシアの事情

北方領土を支配するロシア

第二次世界大戦末期に日本に宣戦布告をしたソ連は、8月14日に日本がポツダム宣言を受諾した後も9月5日まで軍事活動を継続。択捉《えとろふ》島、国後《くなしり》島、色丹《しこたん》島、歯舞《はぼまい》群島を占領し、現在も実効支配を続けています。これに対して日本は、北方四島は過去に外国の領土になったことがない日本固有の領土であり、これを占領することは「領土不拡大」という連合国側の戦後処理の方針にも反することから、旧ソ連、現ロシアに対して返還を求めてきました。一方ロシアは北方四島を、戦争によって勝ち取った正当な領土であると主張しています。

１９５６年に出された日ソ共同宣言では、平和条約締結後に、色丹島と歯舞群島の二島をソ連から日本に譲渡することが盛り込まれたこともありました。しかし１９６０年に日米安全保障条約が改定されたことに対して、ソ連が態度を硬化。ソ連側はアメリカ軍の日本からの撤退を二島譲渡の条件に付け加えてきたため、これも実現していません。

北方領土返還は難しい!?

日本政府は現在、あくまでも四島返還をロシアに対して求めています。しかしロシアにとって国後島や択捉島の返還は、冬季でも海が凍結せず、オホーツク海から太平洋へと抜けられる

ロシアにとって
北方領土は、
太平洋へ出る
重要な航路。
だから手放さない!

KEY WORD 【日ソ共同宣言】1956年に日本とソ連間で結ばれた条約。国交が回復し、関係の正常化も行われたが、平和条約の締結については継続交渉となった。

国後水道を失うことになり、地政学上ロシアがこれに応じることはまず考えられません。また国後島や択捉島にある石油や天然ガスなどの豊富な天然資源も、手放したくはないでしょう。

一方色丹島と歯舞群島の二島返還であれば、ロシアにとって地政学上のデメリットはさほどないため、まだ現実性があります。ただしロシアが懸念しているのは、この二島が日本のものになると、日米安保条約に基づいて、アメリカ軍がここに駐留するのではないかということです。「色丹と歯舞にはアメリカ軍を配置しない」ことを日本がロシアに対して約束しない限り、二島返還も困難であると考えられます。

非現実的であることは覚悟のうえで四島返還を求め続けるか、二島返還の可能性を探っていくか、日本の判断が求められます。

ロシアが北方四島を返せない理由

北方四島にアメリカ軍が配備されるなら、返せないな
露
カムチャッカ半島
北方領土
サハリン島
千島列島
択捉島
国後島
色丹島
歯舞群島
米
返還されたら、ロシアの太平洋進出を阻止するためにアメリカ軍を配備するぞ

北方領土の歴史

1854（安政元年）	**日露和親条約** →択捉島・ウルップ島間を国境とする
1875（明治8年）	**樺太・千島交換条約** →樺太がロシア領、千島列島が日本領と定められる
1905（明治38年）	**日露戦争→ポーツマス条約** →南樺太が日本領となる
1945（昭和20年）	**ヤルタ秘密協定** →アメリカがソ連に南樺太の返還と千島列島の引渡しを約束 ソ連が歯舞群島まで占領
1951（昭和26年）	**サンフランシスコ平和条約** →日本が南樺太・千島列島を放棄
1956（昭和31年）	**日ソ共同宣言** →ソ連が平和条約締結後の歯舞群島と色丹島の返還を約束
1993（平成5年）	**東京宣言** →日本・ロシア間で北方領土問題を四島の帰属問題であると明記
2016（平成28年）	**日露首脳会談** →北方四島における経済協力を約束も、大きな進展はなし

KEY WORD 【国後水道】国後島と択捉島の間の海峡。オホーツク海と太平洋を結ぶ通路の一つで、ロシアが太平洋に進出するために利用している。

現在の諸問題

アメリカの方針転換と日本の核武装の現実性

核の傘に守られてきた日本の平和

日本は世界で唯一の被爆国。そのため国民の多くが、核兵器の廃絶を願っています。また「核をもたず、つくらず、もちこませず」の非核三原則を戦後堅持してきました。

しかし現実には戦後の日本の安全保障は、アメリカと同盟関係を結び、その核の傘の下に入ることによって、維持されてきたという面は否定できません。もし敵国が日本に核攻撃を仕掛けようとしたとしても、日本に核の傘を提供しているアメリカの報復が想定されるため、敵国は日本への攻撃を躊躇《ちゅうちょ》し、未然に核戦争を防ぐことができます。これを核抑止力論といいます。

核の傘に守られてきた日本と韓国

アメリカが世界の警察から降りたことで、東アジアのパワーバランスに変化が起きようとしている。

中
核
朝
韓
日
米
安全保障を考える上で、核兵器の保有という選択肢は時代遅れだ！
核の傘は重いし、なんか疲れてきたなぁ
そろそろぼくらも、傘から外れたときのことを考えないと……

KEY WORD 【非核三原則】核兵器は保有しない、製造もしない、持ち込まないという核に対する三原則。1968年に当時の佐藤栄作首相が国会で表明した。

議論される日本の核武装

日本がアメリカの核の傘に入っているという状況は、今も変わりません。しかし東アジアをめぐる国際情勢は、冷戦期とは変貌しています。中国はアメリカに次ぐ世界2位に軍事費をかけて、軍事力増強を続けています。また核実験やミサイル発射実験を繰り返す北朝鮮も日本の脅威となっています。一方でアメリカは、オバマ政権時代に世界の警察の役割から降りることを宣言し、国防費を大幅に削減。アジア太平洋地域における影響力を大きく低下させました。以前とは違い「アメリカの核の傘の下にいるから安心」ではなくなってきたのです。

北朝鮮の核ミサイルの脅威にさらされているのは、韓国も同じです。そのため韓国では、アメリカ軍による韓国国内への核兵器の再配備や、韓国軍自身が核兵器を持つことの是非が盛んに議論されるようになっています。

これは文字通り日本も、対岸の火事では済まされません。もし北朝鮮の脅威が今よりも切迫したものになったときには、日本が核保有国になることの是非が議論の俎上《そじょう》に載ることがあり得ます。

しかし現実問題として、条約や外交上の問題もさることながら、国民感情の視点からも保有はほぼ不可能でしょう。核兵器は武力のみが無制限にモノを言った〝帝国主義時代の遺物〟であって、現代において核を保有する行為は、空母の時代に戦艦大和を建造する愚行に等しいといえます。

北朝鮮の核兵器があるなら、日本の核武装はアメリカにとって悪いことではない（大統領選中の発言）

アメリカ大統領
ドナルド・トランプ

KEY WORD 【韓国の核兵器】韓国では在韓米軍が配備した戦術核を1990年に撤去。しかし世論調査などを見ると、北朝鮮の軍事的圧力を受けて、半数近くの国民が核兵器保有に肯定的である。

Column

Vacation time

琉球王国の生き残り戦略

日本に併合される前の沖縄は、琉球王国として独立国家を維持していた。そんな琉球王国は周辺国とどのような関係を持ち、どのような歴史を歩んできたのだろうか。

1879年に日本に併合されるまで、琉球王国として独立を保っていた沖縄。小さな島国であった琉球は、強大な軍事力は持ちようがありません。そんな中で彼らが生き残る術として見出したのは、中国、日本という大国と絶妙な距離感を保ちながら、海洋国家であることを活かして海上交易に力を注ぐことでした。

琉球は地理的に日本、中国、朝鮮、東南アジアの中間点にあります。そこで14～16世紀の大交易時代といわれる時代、琉球は中国や東南アジアで仕入れた商品を日本で売り、逆に日本では朝貢《ちょうこう》－冊封《さくほう》関係にあった中国に持っていく朝貢品や交易品を購入。この中継貿易によって大いに栄えます。

状況が変わったのは、江戸時代に薩摩藩が琉球を侵略してからです。独立は維持されましたが、薩摩藩は琉球が行っていた中国との交易の実権を握り、これを管理。琉球の財政は逼迫《ひっぱく》しました。

そして日本に併合されてからは、沖縄は完全に独立性を失います。太平洋戦争では熾烈《しれつ》を極めた沖縄戦の舞台となり、戦後は長年にわたるアメリカによる統治、そして返還後も基地問題と、歴史の波に翻弄され続けています。

首里城の正殿

王城だった首里城は、日本と中国双方の建築様式の影響が見られ、両国と強い関係を持っていたことがわかる。

薩摩の侵攻や琉球処分、沖縄戦に基地問題…。どうしてぼくらがこんなに苦しまなきゃいけないんだ…

第2章

朝鮮半島から見た世界

日本の隣人である
韓国と北朝鮮。
日本はどうしても
朝鮮半島の動向に
左右されます

第2章
朝鮮半島から見た世界

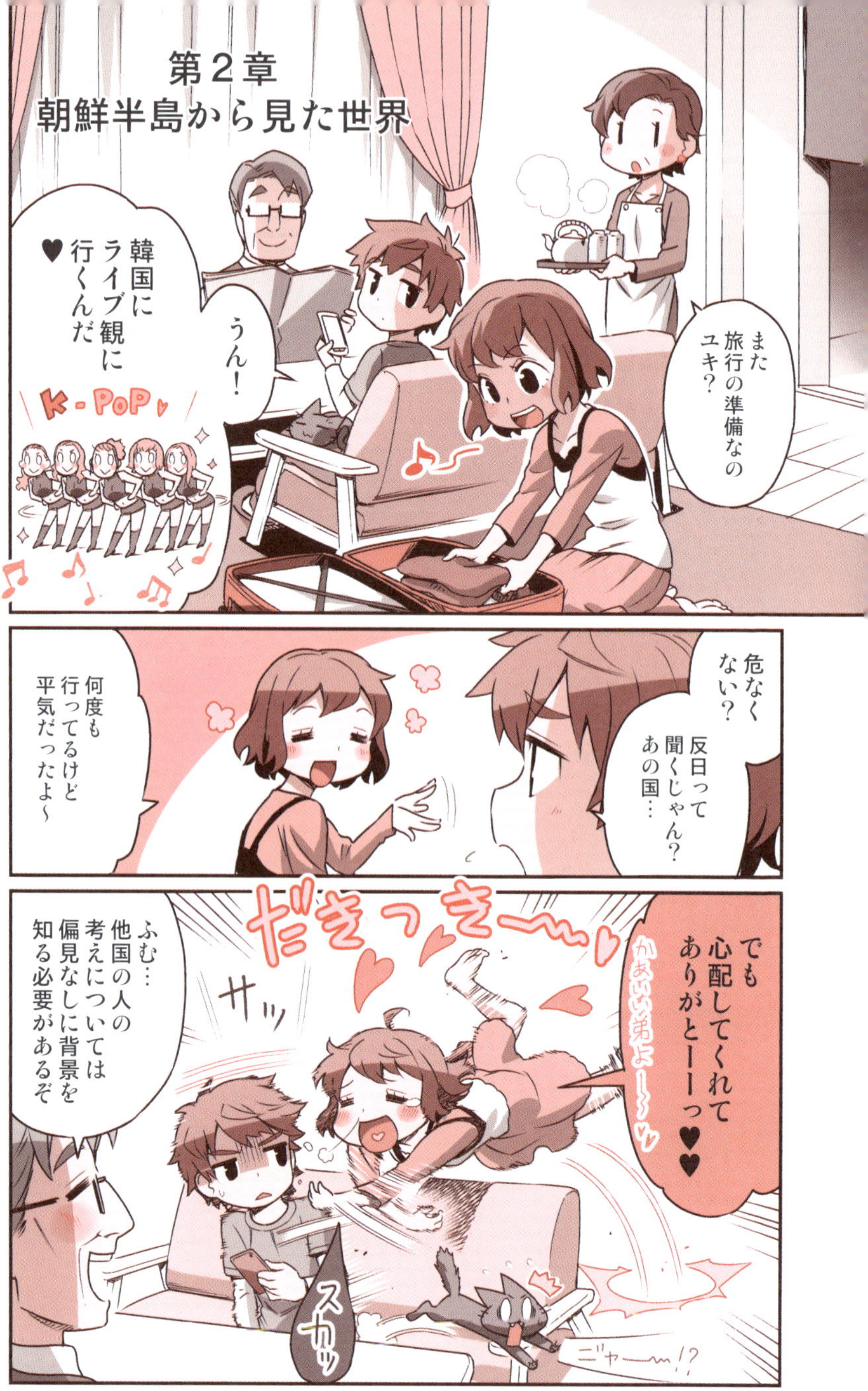

よし！神野先生に聞いてみようか…
はーーーい♥おまかせあれ！
ばーーん!!
ビクッ!?
では改めて朝鮮半島の立地条件を見てみようか
何か気づく事はあるかな？
中国
日本海
朝鮮半島
黄海
日本
キリッ
中国と陸続きになってる事かなぁ…
先生もお夕飯ご一緒にいかが？
今夜はキムチなべよ♥
わーーい♥
や！お言葉に甘えます～♪
ぐぅ～

だから昔から大国だった中国に常に圧迫を受けてたんだよね
ズーーン
そう！だから朝鮮は長い間中国歴代王朝に従属してきたんだ
半島だから陸から攻められると逃げ場も無いもんね…
中国
朝鮮
ヒィ〜
でも同時に朝鮮半島の国家は大国の中国に保護されていたから比較的平和だったとも言える
中国
朝鮮
日本
その為日本にとっても中国の文化やモノの通り道だったんだ
へーー！
じゃあ昔っからK-POPみたいに文化交流があったんだ！
K-POP ライブツアー
韓国 2泊3日の旅

ところが
日本が近代化すると
今度は日本の侵略を受け
1945年まで
植民地支配をされる
さらに戦後
北側がソ連
南側がアメリカに
占領され——
北朝鮮
そのままそれぞれ
北朝鮮・韓国という
二つの国ができて
しまった！
ビリッ
38
北緯
韓国
分割した線が
有名な
北緯38度線
かぁ…！

どうだい？
韓国や北朝鮮については
大国に翻弄され続けた
歴史を知っておかなくては
いけないんだよ
ん〜
美味〜ン♥
はふ
ほふ♥
韓国の歴史かぁ〜
ちゃんと勉強して
みようかな！

そんなわけで翌日——

さっそく好きな俳優が
出てる韓流歴史ドラマ
借りてきたヨ〜♥
ば〜〜〜ん
勉強て
それ…!?
てか 旅行は
どうしたの
……
レンタルDVD

地理的特徴

長い歴史上、周辺国に翻弄され続ける朝鮮半島の地理的条件

防御面で脆弱な朝鮮半島の立地

ユーラシア大陸の東端に位置する朝鮮半島は、大国の影響を必然的に受けやすい地理条件を備えていました。

朝鮮半島と中国の境目には鴨緑江《おうりょくこう》が流れていますが（現在も中国と北朝鮮の国境です）、冬季には凍結してしまうのであまり防御の役には立ちません。朝鮮半島と中国の間に広がる黄海も、陸地に囲まれた穏やかな海であるため、中国方面から渡ってくるのは容易です。

守りがもろいうえに、半島であるため逃げる先もありません。そのため、朝鮮半島は古代から漢民族や北方民族からの圧力を直に受けることになりました。

こうした困難な立地条件のもと朝鮮民族が生き残るため、「強い者に従属する」という処世術が生まれました。古代から、朝鮮半島を支配した国家は、基本的に中国の王朝の冊封《さくほう》体制に組み込まれるのが伝統となります。冊封とは、中国を主君として周辺国が貢ぎ物を差し出し、支配権を認めてもらう国際関係のことです。

大国に追従して生き残りを図る民族性

そのような大国の支配に対して、あまり抵抗することなく受け入れてきたというのも朝鮮民族の歴史の特徴です。13世紀の高麗《こうらい》の時代には、モンゴル帝国の侵攻を受けて軍事衝突もし

朝鮮半島は大陸の端。
しかも半島だから
逃げ場がないんだなぁ

KEY WORD 【冊封体制】中国の皇帝が周辺国の支配者と形成した外交体制。周辺国は、貢ぎ物を差し出すかわりに大国・中国の庇護下に入る目的で関係を結んだ。

周辺国と朝鮮半島の関係性

ユーラシア大陸の東端に位置する朝鮮半島の歴史は、常に大国の影響や支配、または恩恵を受けてきた。どのような関係を持っていたのか見てみよう。

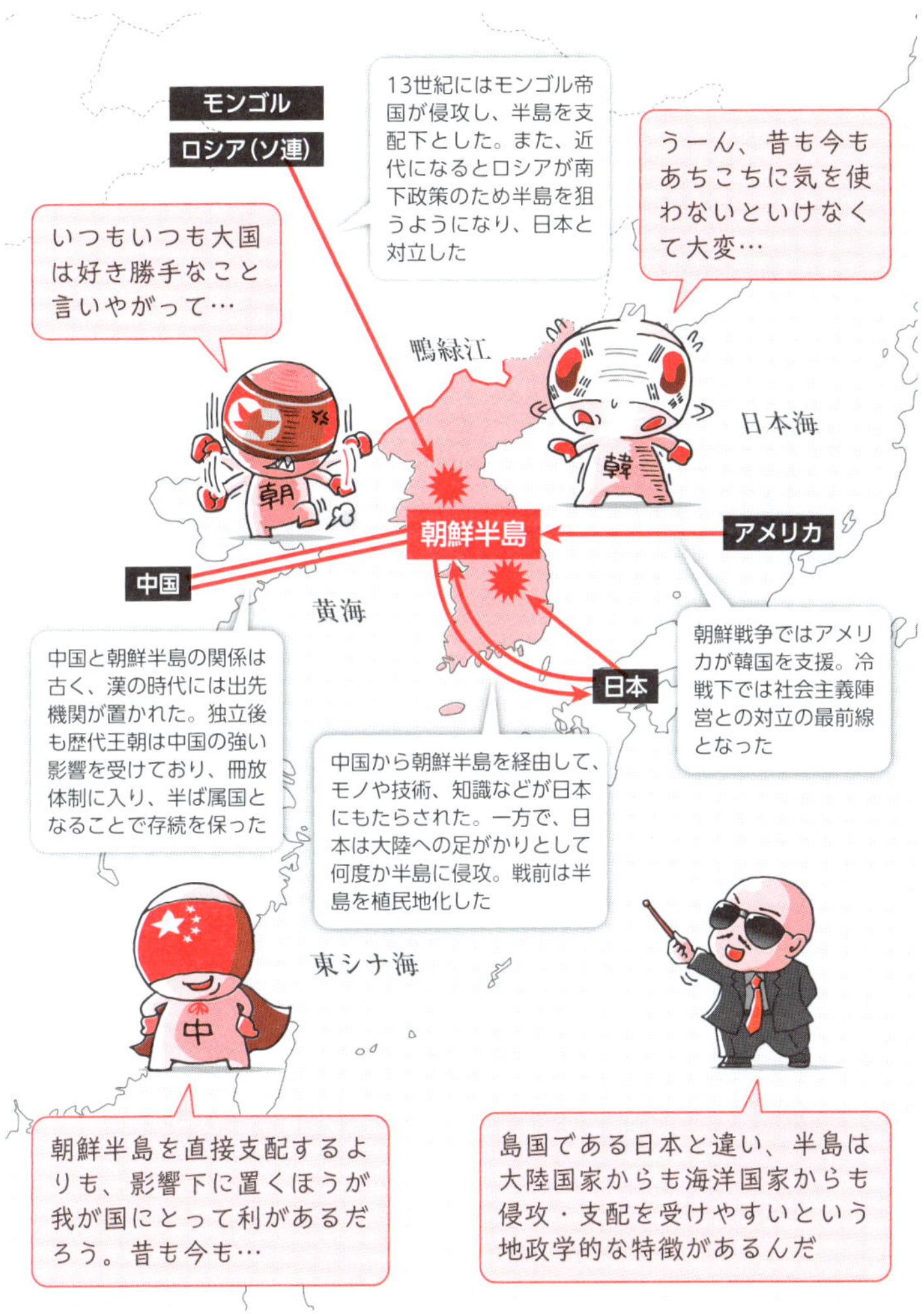

KEY WORD 【朝鮮民族】朝鮮語を母国語として話す民族で、現在、南北合わせて約7600万人が朝鮮半島に暮らす。高麗や李氏朝鮮などの王朝を築いたが、中国に対して従属的だった。

ましたが、高麗の朝廷は降伏派と抵抗派に分かれて、結局は従属の道を選びました。大国に追従して生き残りを図りつつ、大国に飲み込まれないために強者におもねり、その庇護下に入る。このような朝鮮半島に住む人々の国民性や外交姿勢は、背景となる歴史を知れば理解できるのです。

東のシーパワー国家・日本との関係

朝鮮半島の東側に位置する日本も、その歴史に深い影響を与えてきました。

朝鮮半島と九州の間の対馬《つしま》海峡（朝鮮海峡）の幅は約200キロメートルで、古代から多くの行き来がありました。漢字や仏教、儒教といった大陸の文化が朝鮮を経由して日本に伝わったこと、朝鮮半島から日本に移住した渡来人が、古代日本の政治・文化に大きく影響したことは広く知られています。

文化を共有する一方で、古代の日本は朝鮮半

戦後東アジアの年表（日本・韓国）

韓国		日本	
1948	大韓民国成立	1946	日本国憲法公布
1950	朝鮮戦争勃発		
1953	朝鮮戦争休戦協定	1956	国際連合に加盟
1960	四月革命→李承晩が失脚		
1961	軍事クーデター	1964	東京オリンピック開催
1965 日韓基本条約			
1972	南北共同声明	1972	日中共同声明→日中国交正常化
1973 金大中拉致事件			
1980	光州事件	1978	日中平和友好条約
1983	ラングーン事件		
1988	ソウルオリンピック開催		
1991	韓国と北朝鮮、国連に同時加盟		
2000	南北首脳会談	2002	日朝首脳会談
2002 日韓ワールドカップ開催			
2015 慰安婦問題日韓合意			

KEY WORD 【対馬海峡】九州と朝鮮半島の間の海峡で、日本海と東シナ海を結ぶチョークポイントの一つ。2017年には中国軍機が通過し、自衛隊機がスクランブル発進する事態も起こった。

島への介入も行っていました。4～5世紀頃、日本列島を広く支配する大和政権（ヤマト王権）が成立すると、朝鮮半島南部の伽耶《かや》（任《みま》那《な》）地域に進出するようになります。

その頃の朝鮮半島は、高句麗《こうくり》・百済《くだら》・新羅《しらぎ》の三国と、小国の分立した伽耶地域に分かれていました。663年、日本と百済の連合軍は、白村江《はくすきのえ》の戦いで新羅・唐の連合軍に惨敗。日本は朝鮮半島での権益を完全に失います。白村江の戦いは、朝鮮半島への影響力をめぐる中国と日本の争いであったといえます。シーパワーの日本は敗退し、以後の朝鮮半島は基本的にランドパワーの中国の支配下に入りました。

14世紀末からは李氏朝鮮が統一王朝となり、朝鮮半島は明・清の冊封体制下に入りました。鎖国的な外交政策が採用され、商業も抑圧されたため、経済状態は未熟なままでした。一方、明治維新を経て近代化に成功した日本は、朝鮮半島への野心を見せるようになります。

戦後東アジアの年表（北朝鮮・中国）

中国		北朝鮮	
1945	第二次国共内戦開始	1948	朝鮮民主主義人民共和国成立
1949	中華人民共和国成立	1950	**朝鮮戦争勃発**
	国民党が台湾へ逃れる	1953	**朝鮮戦争休戦協定**
1966	文化大革命開始	1961	ソ連・中国と友好協力相互援助条約
1971	中華人民共和国の国連加盟		
1972	日中共同宣言→日中国交正常化	1972	**南北共同声明**
1977	文化大革命終結宣言	1983	ラングーン事件
1978	日中平和友好条約	1991	**韓国と北朝鮮、国連に同時加盟**
		1994	金日成死去
1992	**韓国と国交樹立**	1997	金正日が党総書記に就任
		2000	**南北首脳会談**
		2002	日朝首脳会談
2008	北京オリンピック開催	2006	地下核実験実施。実験の成功を発表
		2011	金正日死去。金正恩が党第一書記に就任

COUNTRY 【李氏朝鮮】1392年に建国され、約500年間続いた王朝。長らく明や清の冊封体制下にあったが、近代に入り日本の介入を受けて冊封体制を脱し、大韓帝国へと名称を変えた。

近現代史

日本とロシアはなぜ朝鮮半島をめぐり争ったのか？

海に出たいロシアと
これを阻止したい日本。
二つの野心が
朝鮮半島で
ぶつかったんだ

朝鮮半島をめぐる日・清・露の三つ巴

近代になると、日本・中国（清）に加え、朝鮮半島に影響を与える大国が登場します。建国以来膨張を続け、極東に到達したロシアです。

1876年、日本の圧力によって日朝修好条規が結ばれ、朝鮮の鎖国状態は終焉。しかし、中国を頂点と考える華夷《かい》秩序にどっぷり漬かっていた朝鮮の近代化は進みませんでした。19世紀末の朝鮮国内では、日本・清のいずれに近づくかをめぐる内輪揉めが続いていたのです。

1894年、朝鮮半島の支配をめぐる対立から、日清戦争が勃発しました。勝利した日本は、朝鮮が清から独立することを認めさせます。

日本の植民地化と同化政策

日本の進出を警戒した大韓帝国皇帝の高宗《こうそう》は、今度はロシアに接近。日本列島の間近にある朝鮮半島が大国ロシアの支配下に入ることは、日本にとって容認できないことでした。

日露の対立は、1904年の日露戦争に発展します。勝利した日本は、大韓帝国を保護国とし、1910年には大韓帝国を併合しました。朝鮮半島は近代になって初めて、日本というシーパワー国家の支配下に入ったのです。

日本は遅れていた朝鮮のインフラを整備すると同時に、朝鮮の文化を否定し、日本人に同化させる「同化政策」を実施しました。

KEY WORD 【日朝修好条規】1876年に締結。挑発行為をした日本軍艦を朝鮮が砲撃した江華島事件をきっかけに、日本が朝鮮に対して開国を求めて締結させた条約。

朝鮮をめぐる「魚釣り遊び」

日清戦争直前のアジア情勢を描いた風刺画。魚で描かれた朝鮮半島を釣ろうと日本と中国が競っており、ロシアがその横取りを狙っている。

朝鮮半島をめぐる三つ巴（20世紀前半）

近代化政策を推し進めた日本は、朝鮮半島の支配をめぐる戦争で清に勝利。しかし、同じく朝鮮半島への進出を狙うロシアとの衝突が迫っていた。

ロシア

より多くの不凍港を得るために、朝鮮半島に進出すべし！

露清密約（1896）
1896年に結ばれたロシアと清の相互防衛条約。清はロシアの満州における権益を大幅に認めさせられた。

日露戦争（1904）
朝鮮半島や中国東北部の支配をめぐる日本とロシアの戦争。日本の勝利に終わり、朝鮮半島や中国東北部の権益を獲得した。

日清戦争（1894）
朝鮮支配をめぐる日本と清の戦争。日本が勝利し、朝鮮の独立や遼東半島の割譲を清に認めさせた。しかし、ロシア・ドイツ・フランスの三国干渉により、日本は遼東半島を手放した。

中国

自分たちが得ていた朝鮮半島の支配権が日本やロシアに奪われていく…

日本

朝鮮半島がロシアの支配下になるのは困る……なら先に朝鮮半島を得てしまおう

KEY WORD 【同化政策】支配民族が非支配民族の文化を圧殺し、自分たちの文化を受け入れるように強いる政策。戦時中の日本は、当時支配下にあった朝鮮や台湾に対してこれを行った。

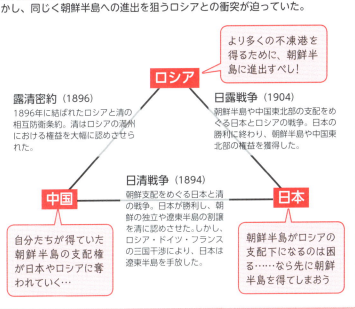

近現代史

米・ソの事情で決まった朝鮮半島の分離独立

戦後に始まったアメリカとソ連の介入

1945年、日本が第二次世界大戦に敗れたことで、日本による朝鮮半島支配は終焉を迎えました。しかし、朝鮮民族による統一国家ができることはありませんでした。

朝鮮人たちの悲願を阻んだのは、第二次世界大戦の終結とともに表面化したアメリカ・ソ連の対立でした。資本主義のアメリカと社会主義のソ連の対立は、「冷戦」として世界を分断することになりました。

日本から解放された朝鮮半島も、北緯38度を境として北がソ連、南がアメリカに占領されることになりました。

アメリカとソ連の都合で分断国家に

米・ソ両国は、当初は朝鮮を単一国家として独立させる方針でした。しかし、互いに勢力圏拡大を望む両国の交渉は難航。1947年、国連は南北で統一総選挙を実施することを可決しましたが、ソ連は協力を拒みました。

1948年5月、南朝鮮だけで選挙が行われ、8月に李承晩《イスンマン》を大統領とした大韓民国が成立します。同年9月、これに対抗して金日成《キムイルソン》を首相として朝鮮民主主義人民共和国（北朝鮮）が建国されました。南北朝鮮の政府は、双方が「自分が朝鮮の正統な政府である」と主張し、朝鮮戦争につながっていきました。

当時、勢力拡大を
狙っていた米・ソの
妥協点が今の
朝鮮半島の状態だね

WHO'S WHO 【李承晩】1875－1965。韓国の成立時に初代大統領に就任。反共親米政策を進めたが、1960年に反独裁を掲げて学生や市民が起こした四月革命により失脚した。

朝鮮独立をめぐるアメリカとソ連の対立

日本の敗戦によって単一国家としての独立が望まれたが、戦後は北緯38度線を境に、アメリカとソ連によって分割占領されることとなった。

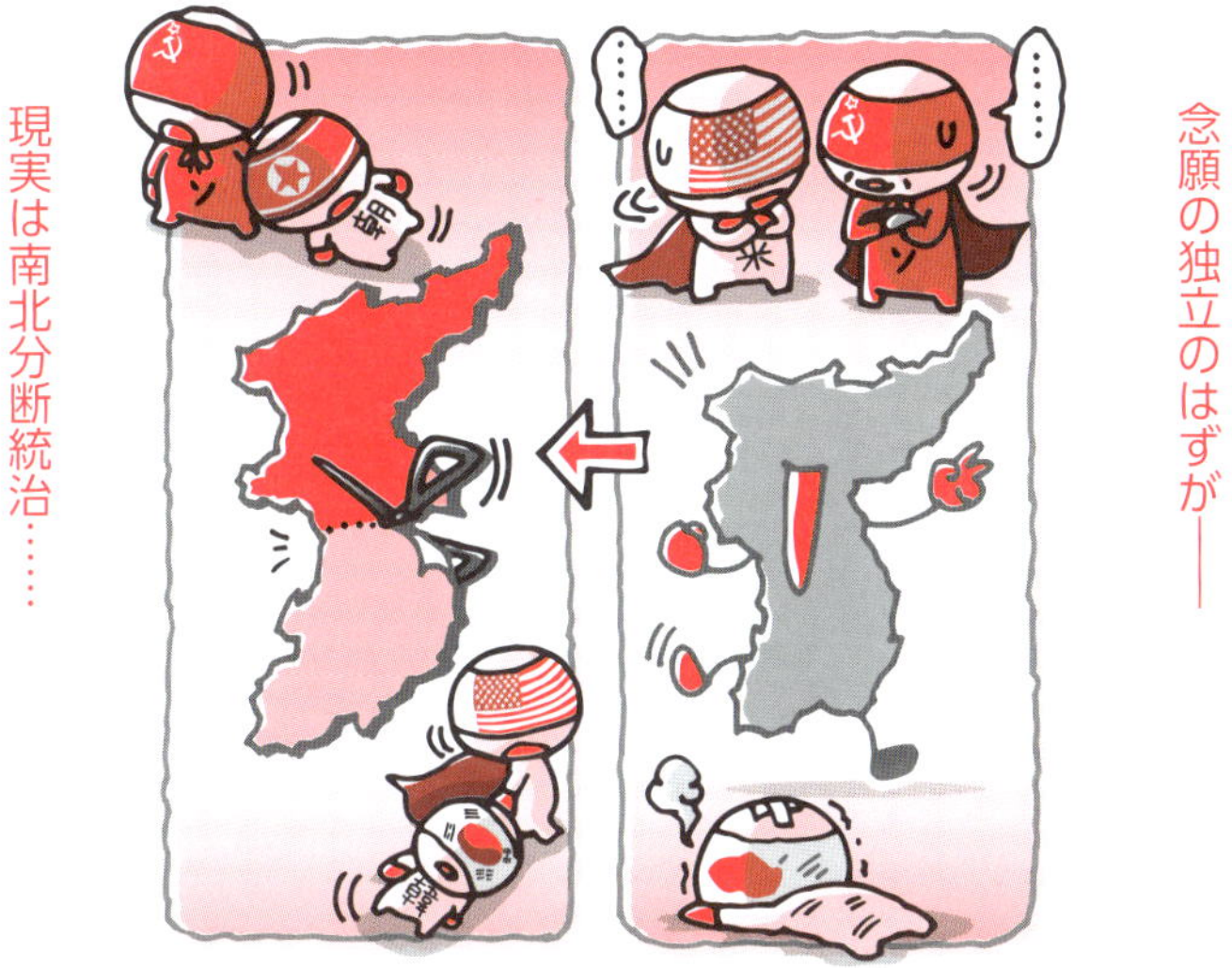
念願の独立のはずが――
現実は南北分断統治……

韓国が引いた李承晩ラインとは？

韓国の初代大統領・李承晩は国内統治のために反日感情を利用。その一環として大陸棚の主権を一方的に宣言し、外国船の取り締まりを行った。

李承晩ライン
北朝鮮
竹島
韓国

領有をめぐって争う竹島

1905年に島根県に編入された離島。韓国名は独島。日韓の間で領有権をめぐって問題となっている。1952年に設定された李承晩ライン以降は、韓国が警備隊を常駐させ、実効支配している。

WHO'S WHO【金日成】1912－1994。戦時中は抗日武装闘争を指導し、戦後はソ連の支持の下、北朝鮮を建国し、初代首相（72年からは国家主席）に就任した。

近現代史

朝鮮半島で衝突したアメリカと中国の勢力拡大

アメリカが韓国に固執した理由

1950年6月25日、武力による南北統一を目指す北朝鮮は、突如として北緯38度線を越え、韓国に侵攻しました。攻撃を予期していなかった韓国軍は敗退を重ね、朝鮮半島南部の釜《プ》山《サン》にまで追いやられます。

この前年、中国では共産党が内戦に勝利し、中華人民共和国が建国されています。韓国が北朝鮮に併呑《へいどん》されると、アメリカの東アジアの大陸における西側の拠点が失われてしまいます。

意地でも韓国を奪われたくないアメリカは、国連軍を組織して反撃に出ます。戦局は逆転し、今度は北朝鮮軍が後退していきます。

互いに譲らなかった東西の大国

1950年10月、北朝鮮軍は逆に中国との国境付近にまで押し戻されました。これに刺激されたのが中国です。朝鮮半島が韓国主導で統一されると、中国はアメリカ軍の駐留する韓国と接してしまい、防衛上の問題を抱えます。

10月下旬、中国人民義勇軍がソ連の支援のもと参戦し、再び形勢は逆転しました。両軍は一進一退を繰り返し、戦線は38度線付近で膠着《こうちゃく》します。1953年7月に板門店で朝鮮戦争休戦協定が結ばれ、南北朝鮮の分断が固定化しました。現在まで続く南北分断は、東西の両陣営が互いに一歩も引かなかった結果なのです。

朝鮮半島は
冷戦対立の最前線！
だからお互いに
奪われるわけには
いかなかった

KEY WORD 【38度線】 朝鮮戦争以前からの南北の国境線であり、朝鮮戦争後もこのラインに境界線が引かれた。境界線上は幅４kmの非武装地帯になっており、多くの地雷が敷設されている。

朝鮮戦争と大国の思惑

1950年6月、突如北朝鮮が国境を越え、韓国を侵攻し、朝鮮戦争が勃発した。

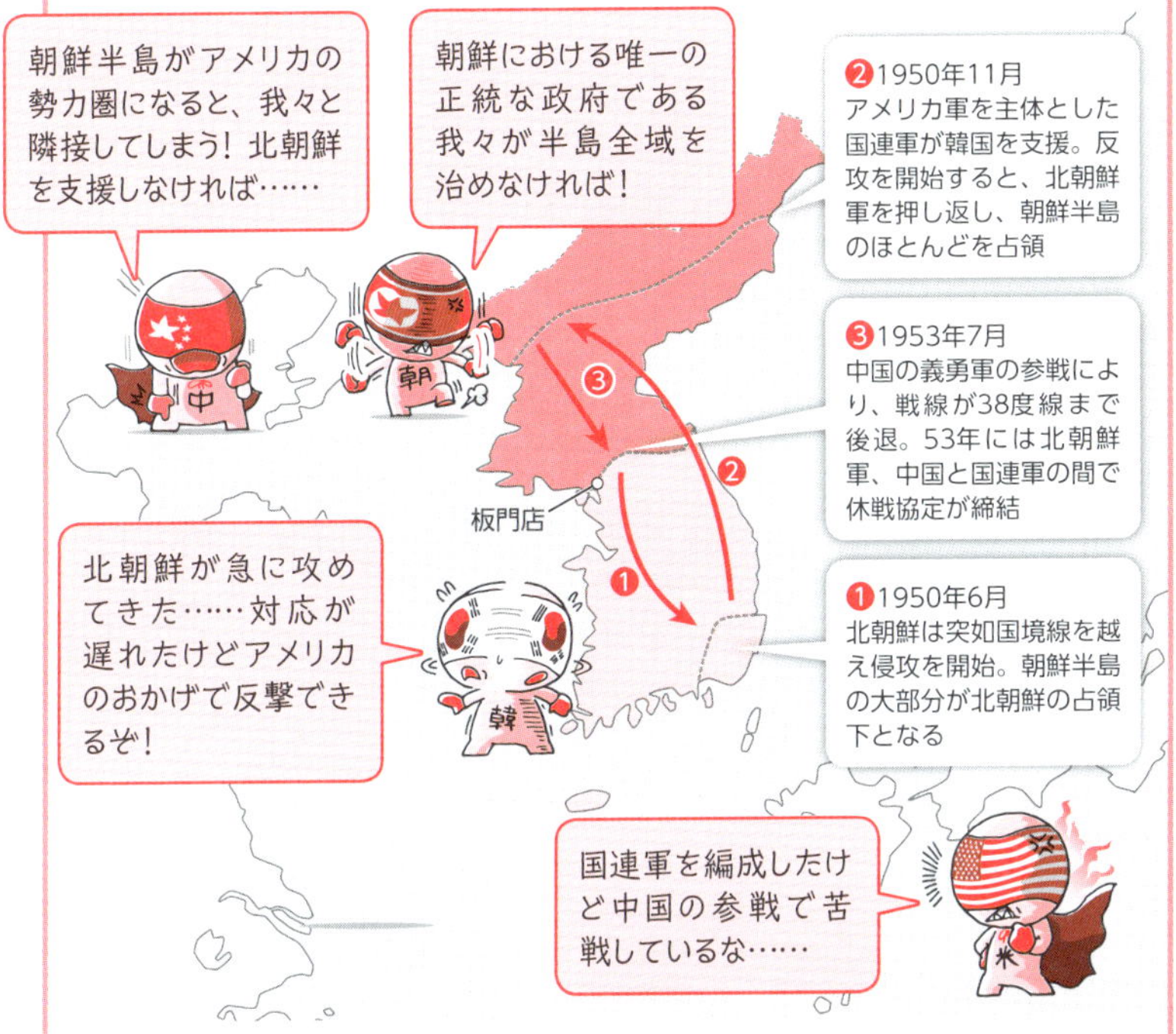
朝鮮半島がアメリカの勢力圏になると、我々と隣接してしまう! 北朝鮮を支援しなければ……
朝鮮における唯一の正統な政府である我々が半島全域を治めなければ!
中
朝
❷1950年11月 アメリカ軍を主体とした国連軍が韓国を支援。反攻を開始すると、北朝鮮軍を押し返し、朝鮮半島のほとんどを占領
❸1953年7月 中国の義勇軍の参戦により、戦線が38度線まで後退。53年には北朝鮮軍、中国と国連軍の間で休戦協定が締結
板門店
北朝鮮が急に攻めてきた……対応が遅れたけどアメリカのおかげで反撃できるぞ!
韓
❶1950年6月 北朝鮮は突如国境線を越え侵攻を開始。朝鮮半島の大部分が北朝鮮の占領下となる
国連軍を編成したけど中国の参戦で苦戦しているな……
米

休戦協定

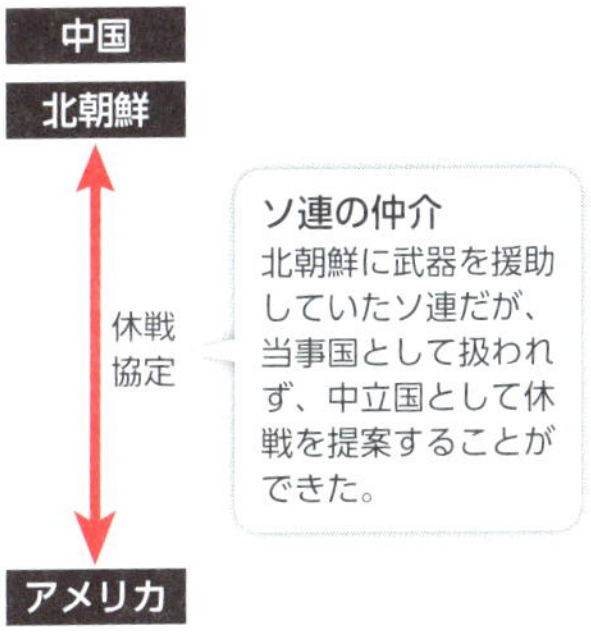
中国
北朝鮮
休戦協定
アメリカ
ソ連の仲介
北朝鮮に武器を援助していたソ連だが、当事国として扱われず、中立国として休戦を提案することができた。

軍事境界線上の板門店

休戦協定が結ばれた板門店。朝鮮戦争はあくまで休戦状態であり、現在でも韓国軍と北朝鮮軍が国境を越えないように警備している。

KEY WORD 【板門店】38度線付近の軍事境界線にある地区で、朝鮮戦争の休戦協定が結ばれた。2018年1月には板門店にある韓国と北朝鮮間を結ぶ直通電話が約2年ぶりに再開された。

近現代史

経済成長と民主化は韓国をどう変えたのか？

アメリカが支えた韓国の立ち位置

現在では信じられないことですが、建国当時は韓国よりも北朝鮮の方が経済的に進んでいました。朝鮮半島は北部の方が鉱産資源に恵まれており、日本の植民地時代に多くの工場が建てられていたからです。

一方の韓国は、東アジアにおける冷戦の最前線となりました。アメリカは、韓国が自陣営から離れないよう、体制維持のための支援を惜しみませんでした。アメリカを後ろ盾として、韓国では国内運動を抑圧する独裁政権が続きます。１９６１年には、朴正熙《パクチョンヒ》がクーデターによって実権を握ります。

冷戦期に実現した奇跡の経済成長

朴正熙は、独裁的な権力を行使しながら、積極的な経済政策を推し進めました。急速な工業化により、朝鮮戦争で荒廃した韓国の経済は復興し、「漢江《ハンガン》の奇跡」と呼ばれました。こうして強権的な手法で国内の経済を成長させるやり方を、「開発独裁」といいます。

１９８０年代になると、学生や労働者による民主化の要求を無視できなくなっていきます。冷戦が終結する間近の１９８７年、国民の直接選挙による大統領選が実現しました。一連の経済発展と民主化は、韓国の国際的な地位を高めることにつながっていきました。

韓国の独裁政権は
アメリカを後ろ盾
として維持されたんだ

WHO'S WHO 【朴正熙】1917－1979。韓国大統領を16年間務める。1965年に日韓基本条約を締結させ、開発独裁によって韓国での高度経済成長を実現させた。前大統領・朴槿恵の父。

韓国の経済発展とベトナム戦争の関係

朝鮮戦争により国内経済が壊滅した韓国だったが、ベトナム戦争参戦によってもたらされたアメリカの経済援助と、日韓基本条約を元にした日本からの資金援助によって、経済発展を遂げた。

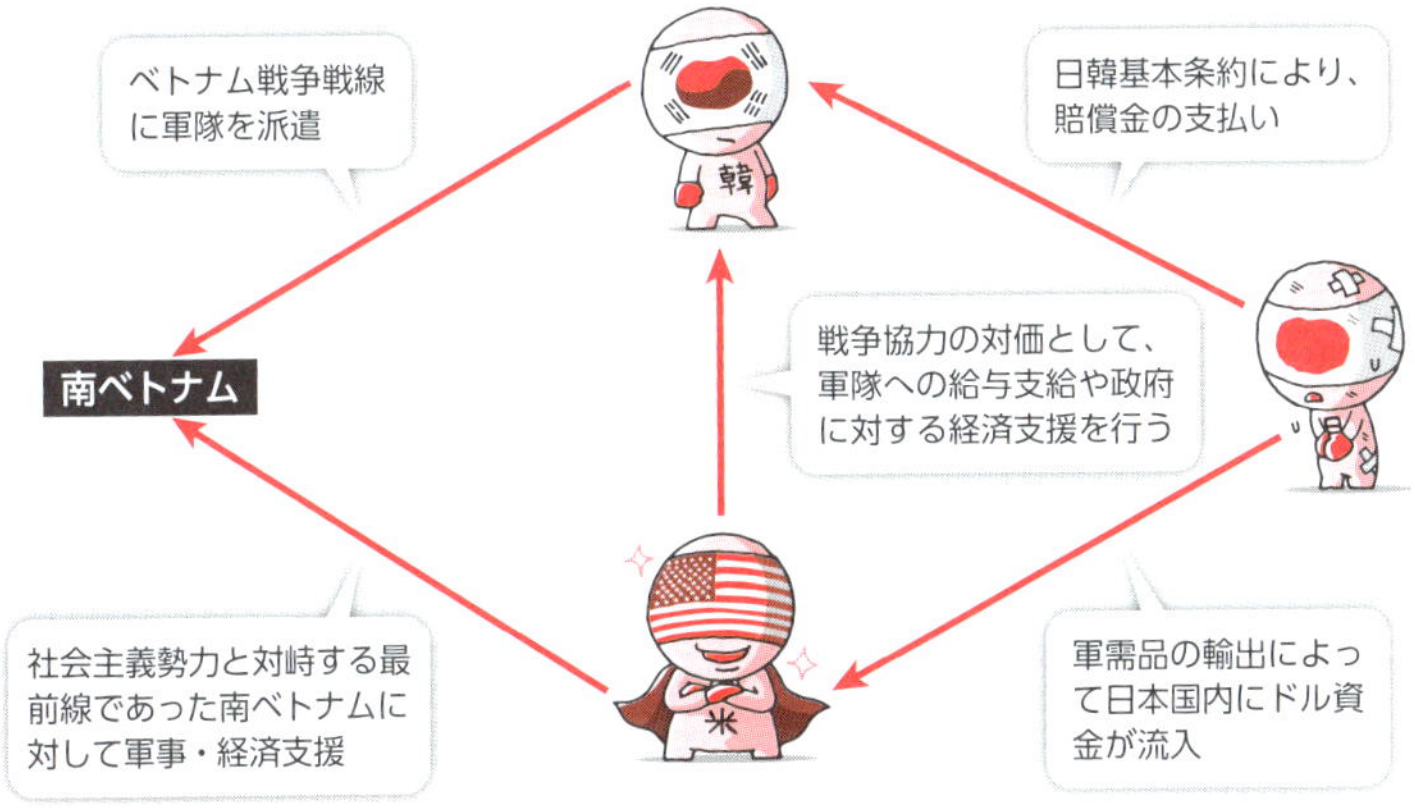

朝鮮半島の経済格差

1970年まで一人当たりのGDPは北朝鮮が上だったが、現在では両国の格差は40倍まで膨らんでいる。

韓国・北朝鮮の1人当たりGDPの推移

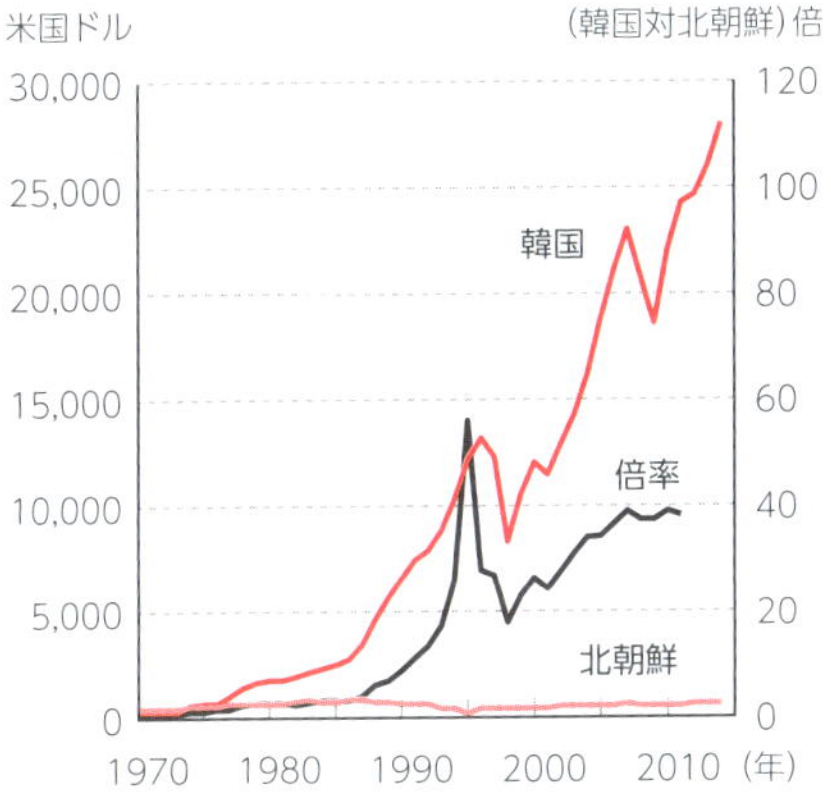

(UN National Accounts Main Aggregates Databaseより)

KEY WORD 【開発独裁】発展途上国において、政府が国民の政治参加に対して強硬策をとり、経済発展を押し進めようとする体制のこと。

現在の諸問題

植民地支配の恨みだけじゃない？反日に隠された背景を知る

困ったことに韓国にとって、反日こそ国をまとめるアイデンティティなんだ…

建国の経緯からたどる反日感情

２０１７年に就任した韓国の文在寅《ムンジェイン》大統領。彼は、従軍慰安婦問題を「最終かつ不可逆的に」解決するとした日韓合意（２０１５年）の履行に難色を示しています。日本では反発も広がっていますが、韓国ではなぜこのような反日的な政策がまかり通るのでしょうか？

韓国人の反日感情の根底には、１９４５年までの日本の植民地支配への恨みがあることは言うまでもありませんが、他の要因もあります。

韓国の反日運動のルーツは、初代大統領の李承晩まで遡ることができます。彼は、もともと日本からの独立運動家でした。

反日でまとまる必要がある

アメリカに亡命した李は、日本の敗戦後、アメリカの後ろ盾のもと大韓民国を建国します。建国の経緯から、韓国は徹底した反共・親米政策を取らなければ生き残れませんでした。

こうした状況下で、李は日本への敵対意識によって国内をまとめようとしました。李が日本海に「李承晩ライン」を引き、竹島を一方的に韓国領としたのもこの頃（１９５２年）です。

今日では、韓国と反日で「共闘」し、アメリカの同盟国の足並みを乱そうという中国の意図も無視できません。韓国の反日感情には、大国に囲まれた立地が大きく関係しているのです。

WHO'S WHO 【文在寅】1953年生まれ。韓国の第19代大統領。2017年に朴槿恵前大統領の罷免に伴う大統領選挙で当選。北朝鮮との融和や日韓合意の是非などを訴えている。

自由主義陣営と中国の狭間に立つ韓国

韓国が行う反日行為には歴史的背景の他に、中国の思惑が働いている。中国の狙いについて考えてみよう。

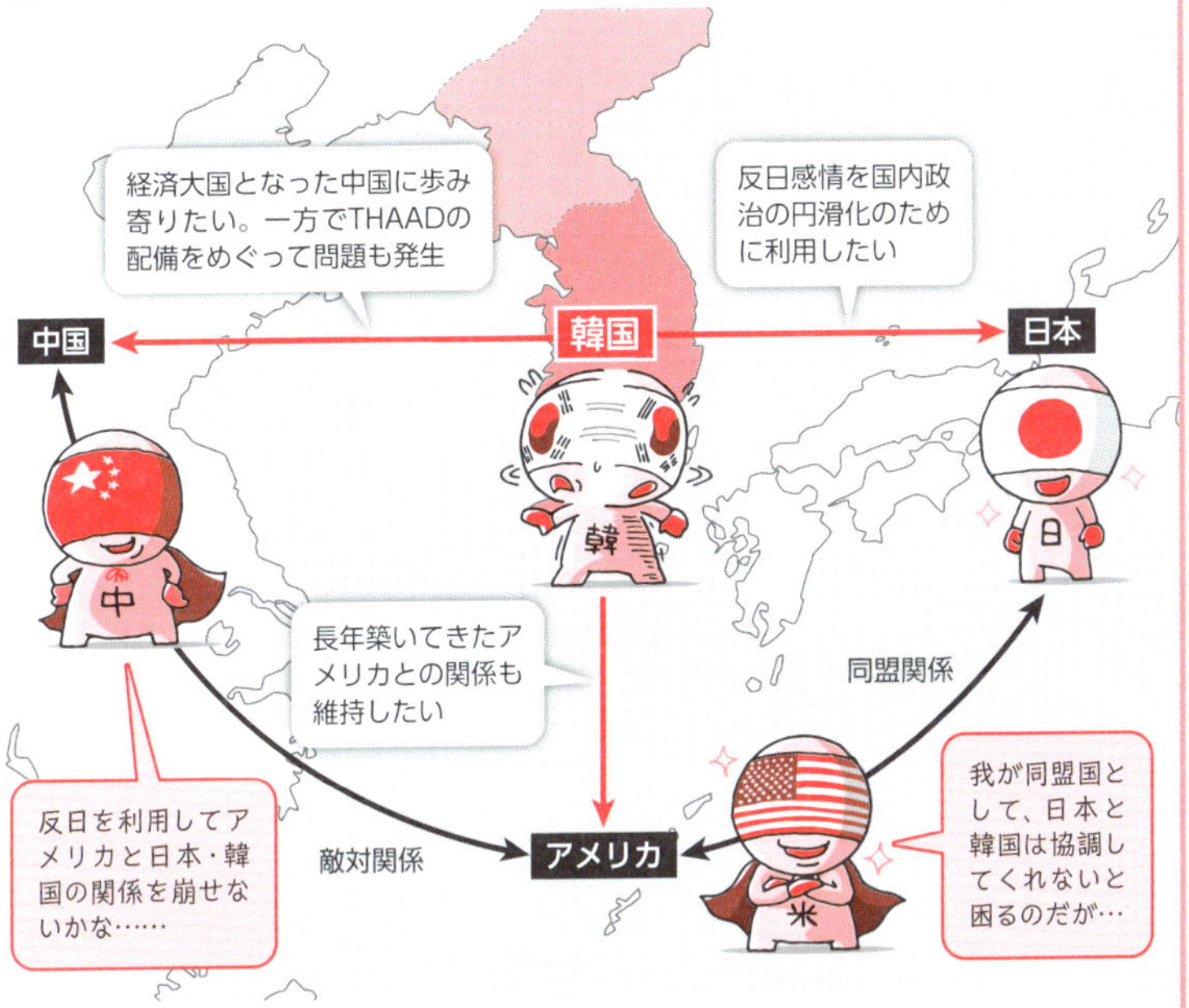

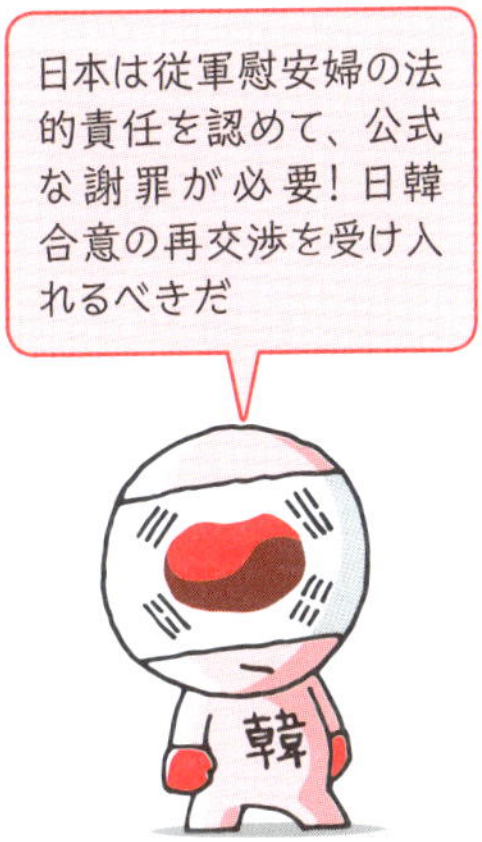

日韓関係を揺るがす慰安婦像

戦時中に旧日本軍の性の相手を強いられた女性を模した像。韓国をはじめ、オーストラリアやアメリカなどに設置され、国際問題となっている。

KEY WORD 【従軍慰安婦問題】戦争中に日本軍の性の相手を強いられた女性をめぐる問題。2015年の日韓合意で解決とされたが、文政権は合意に否定的で、日本の自発的な謝罪を要求。

韓国と北朝鮮 両国の格差が生んだ テロ行為と瀬戸際外交

立場を逆転させた韓国と北朝鮮

北朝鮮では、初代金日成《キムイルソン》（1994年死去）、2代目金正日《キムジョンイル》（2011年死去）、3代目金正《キムジョン》恩《ウン》と、3世代にわたって独裁者の地位が世襲されています。冷戦時代にソ連という強力な後ろ盾を得たことで、硬直的な体制が確立しました。

北朝鮮では、社会主義による計画経済が敷かれており、かつては韓国よりも経済力が上でした。しかし、韓国は1960年代以降「漢江の奇跡」とよばれる高度成長を達成。一方の北朝鮮は、無理な工業化や軍事費の増大などで経済を疲弊させていきます。焦った北朝鮮は、金日成への権力集中と個人崇拝の強化を加速させました。

国家テロと瀬戸際外交

1980年代になると、北朝鮮は韓国へのテロ攻撃を繰り返すようになりました。韓国の要人が爆弾テロで襲われたラングーン事件（1983）、大韓航空機爆破事件（1987）のほか、日本人拉致事件もこの頃に発生しています。日本人の拉致は、テロを行う工作員に日本語などを教えさせる目的があったとされます。

80年代以降には天災による食糧不足が深刻化。1991年にはソ連が崩壊し、有力な後ろ盾を失いました。こうした中、金正日は核兵器による威嚇をちらつかせて、大国の譲歩を引き出す「瀬戸際外交」へと踏み込んでいきました。

経済格差も
韓国と北朝鮮の
統一を難しくしている
問題の一つだね

KEY WORD 【計画経済】政府の計画に基づいて資源が配分される経済体制。社会主義国家やナチスドイツのような全体主義国家、開発独裁政権下で採用されることが多い。

朝鮮半島の危機メーター

	低 ←— 朝鮮半島の緊張 —→ 高	
1948年9月	朝鮮民主主義人民共和国建国	金日成
1950年6月	朝鮮戦争勃発	
1953年7月	朝鮮戦争休戦協定締結	
1968年1月	プエブロ号事件（米情報艦が北朝鮮に拿捕された事件）	
1972年7月	韓国と平和的な統一に関する「南北共同声明」を発表	
1977年9月	日本人の拉致事件が発生	
1983年10月	ラングーン事件	
1987年11月	大韓航空機爆破事件	
1991年9月	国連に韓国と同時加盟	
12月	相互の不可侵をうたった「南北基本合意書」に署名	
1993年3月	核拡散防止条約（NPT）からの脱退を宣言	
1994年	金日成死去。米朝枠組み合意	金正日
1998年8月	弾道ミサイルテポドンを発射	
2000年6月	初の南北首脳会談が開催	
2002年9月	初の日朝首脳会談が開催	
2003年1月	NPT脱退を再び表明	
8月	米・朝・中・日・韓・露による6カ国協議が開催	
2005年2月	北朝鮮、核の保有を宣言	
2006年7月	7発の弾道ミサイルを発射	
10月	初の核実験	
2009年5月	2回目の核実験	
2011年12月	金正日死去。金正恩が後継	
2012年4月	長距離弾道ミサイルを発射するも失敗	金正恩
2013年2月	3回目の核実験	
2013年12月	金正日の妹婿・張成沢が死刑→粛清が開始	
2016年1月	4回目の核実験→水爆実験を成功と発表	
2016年9月	5回目の核実験	
2017年2月	金正男暗殺事件	
2017年9月	6回目の核実験	
2018年2月	韓国で開催された平昌オリンピックに参加	

我々が生きるためには核兵器は必要だ。核を持つことで他の国から侵略されることはなくなるはずだ……
北朝鮮第2代最高指導者
金正日

WHO'S WHO 【金正日】1942−2011。北朝鮮の前最高指導者。弾道ミサイルや核開発など、軍事政策を進め、国際的に孤立することになった。

現在の諸問題

北朝鮮はなぜ核兵器開発を続けるのか？

北朝鮮にとって
核兵器は、大国から
譲歩を引き出す
外交カードに
なっているね

外交手段としての核やミサイル

2017年8月29日、北朝鮮が弾道ミサイル発射実験を行い、日本の上空を通過して太平洋に落下しました。北朝鮮は、なぜ国際的に孤立してまで挑発を繰り返すのでしょうか？

北朝鮮が核開発に手を染めた1990年代は、北朝鮮にとって困難が山積みでした。最大の庇護者だったソ連が崩壊し、改革開放路線を進めた中国もアメリカに接近していきます。国内では豪雨や干ばつによる食糧危機が深刻化。そこで金正日総書記は、核開発を外交カードにして、体制の維持を図りました。周辺諸国を恫《どう》喝《かつ》することで、大国の譲歩を引き出すのです。

大陸間の生き残り戦略

この瀬戸際外交は一定の成果を挙げており、「金王朝」存続に一役買っています。1994年の米朝枠組み合意では、北朝鮮は核開発の凍結と引き換えに、重油支援などを得ました。

また、北朝鮮の味方に見える中国やロシアに対しても、全幅の信頼はおけません。隣接する大国に防衛を依存すると、介入を受けて自立ができません。だからこそ、北朝鮮は自前の核にこだわり、完全な服従を拒むのです。

北朝鮮の核開発は、「狂気の独裁者の暴走」というより、自国の外交を優位にする目論見があってのことなのです。

KEY WORD 【弾道ミサイル】ロケットによって大気圏の内外を通って相手国に達するミサイル。大気圏から地球の重力によって高速度で飛行するため、発見や迎撃するのが難しい。

北朝鮮のミサイルの射程範囲

北朝鮮が次々に開発している大陸間弾道ミサイル。最新の「火星14」の射程範囲にはアメリカ本土のロサンゼルスが含まれている。

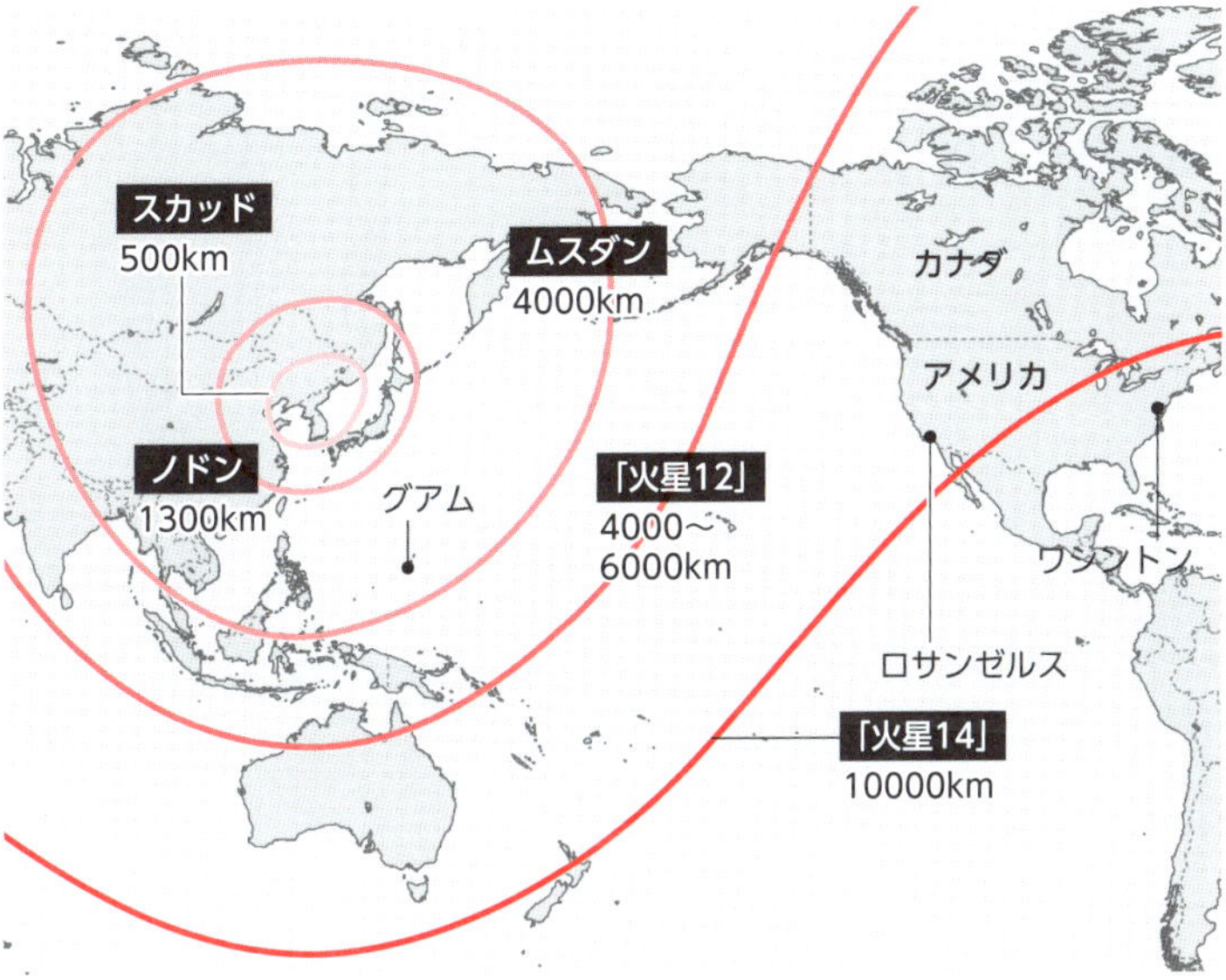
スカッド
500km
ムスダン
4000km
ノドン
1300km
グアム
「火星12」
4000～
6000km
カナダ
アメリカ
ワシントン
ロサンゼルス
「火星14」
10000km

北朝鮮のミサイル発射数（2006年以降）

アメリカに届くミサイルを開発すれば、アメリカと対等な立場に立てる！

北朝鮮第3代最高指導者
金正恩

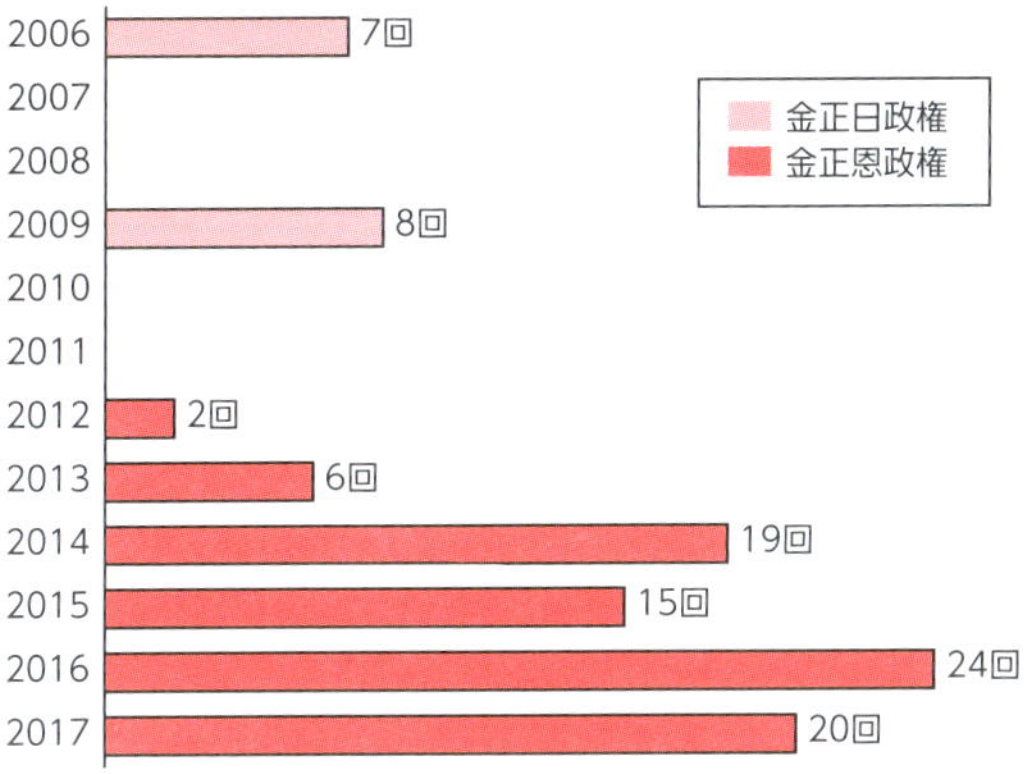
2006
7回
2007
2008
2009
8回
2010
2011
2012
2回
2013
6回
2014
19回
2015
15回
2016
24回
2017
20回
金正日政権
金正恩政権

（戦略国際問題研究所（CSIS）のデータをもとに作成）

WHO'S WHO 【金正恩】1984年生まれとされるが詳細不明。2011年に最高指導者に就任後、相次ぐ側近の粛清やミサイル実験により国際関係を悪化させる。平昌五輪に妹の金与正を派遣。

現在の諸問題

北朝鮮の現状維持で一致する米・中・露の狙い

それでも潰れない独裁体制

拉致問題・ミサイル開発と、北朝鮮情勢は混迷の度合いを深めています。朝鮮半島に関わる各国は、どんな思惑を抱いているのでしょうか。

北朝鮮の位置には、大国間の緩衝地帯としての性格が色濃くあります。例えば北朝鮮にアメリカが介入した場合、中国やロシアの領土と接する地域に米軍が展開することになります。

これは中・露両国にとって大きな脅威であり、容認できるはずがありません。アメリカも、中・露をわざわざ敵に回すリスクを取ることはありません。従って、北朝鮮情勢については、利害のある大国の間では「現状維持がベスト」で一致することになります。

このことは、北朝鮮自身が最もよく理解しています。軍事力挑発を繰り返しながらも、どこかと決定的に衝突することは望みません。日本相手でさえ、一時は拉致問題再調査を約束する（２０１４年）など、余地を残しています。

裏で牽制し合う大国たち

北朝鮮問題を掘り下げると、米・中間のせめぎあいも垣間見えます。アメリカは中国に対し、北朝鮮を抑える役割を期待しています。しかし、中国の意向に従わない北朝鮮に対し、中国が抱く不信感は年々強まっています。

２０１６年、アメリカは北朝鮮のミサイル対

北朝鮮は
大国の緩衝地帯。
だから大国にとっては
現状維持がベスト！

KEY WORD 【拉致問題】北朝鮮の工作員により、多くの日本人が連れ去られた問題。2002年に一部の被害者が帰国を果たしたが、未だに多くが北朝鮮での生活を余儀なくされている。

現在の朝鮮半島をめぐる関係国の思惑

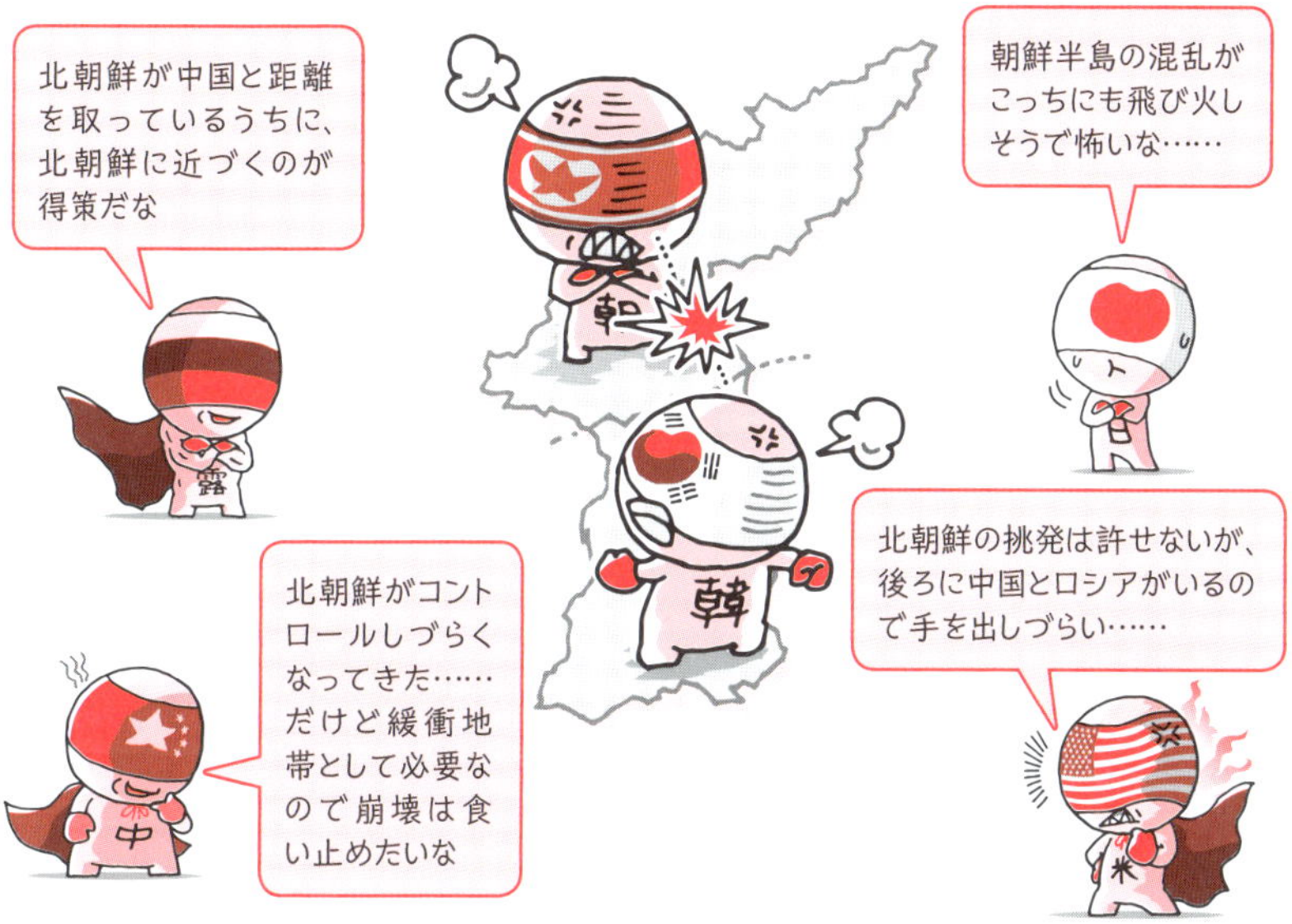
北朝鮮が中国と距離を取っているうちに、北朝鮮に近づくのが得策だな
露
朝鮮半島の混乱がこっちにも飛び火しそうで怖いな……
朝
韓
北朝鮮がコントロールしづらくなってきた……だけど緩衝地帯として必要なので崩壊は食い止めたいな
中
北朝鮮の挑発は許せないが、後ろに中国とロシアがいるので手を出しづらい……
米

策として、韓国に高高度ミサイル防衛システム「THAAD」を配備。対中戦略を見据えているとも取れ、中国はその配備に猛反発しました。今後もアメリカは、「中国への牽制」を念頭に北朝鮮問題に関わってくるでしょう。

北朝鮮と中国の国境線

中朝間の国境沿いでは経済活動も盛んに行われてきたが、核実験を繰り返す北朝鮮に対して、中国も次第に経済制裁を行うようになっている。

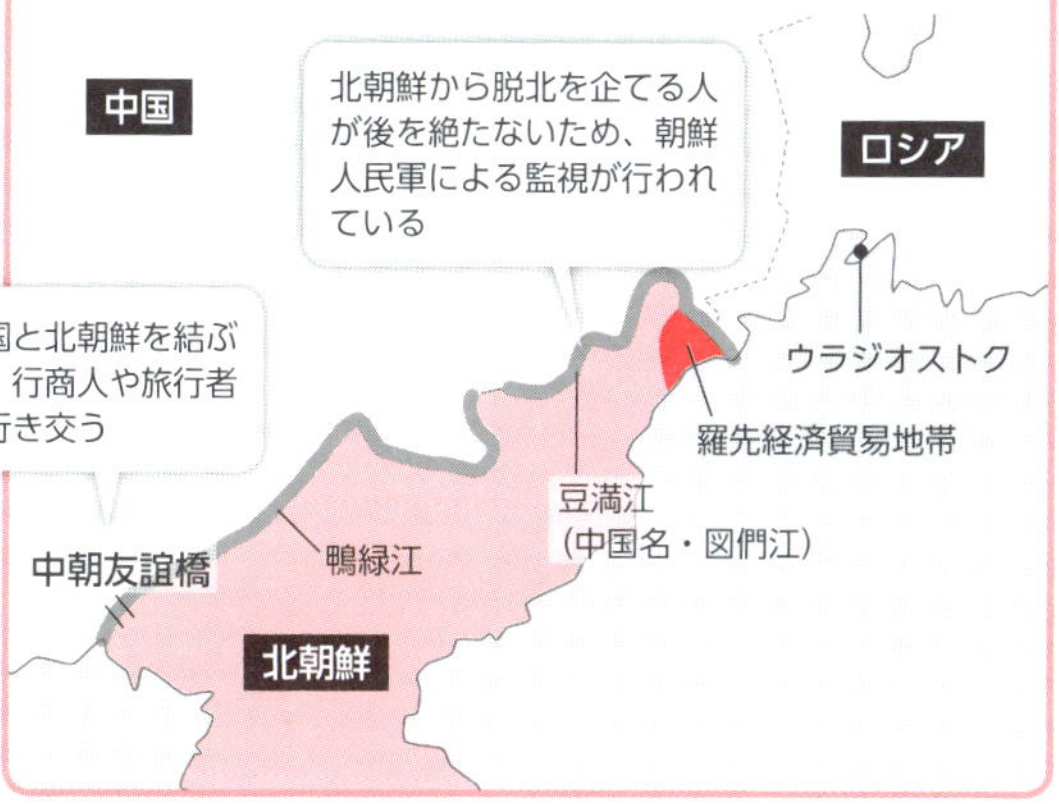
中国
北朝鮮から脱北を企てる人が後を絶たないため、朝鮮人民軍による監視が行われている
ロシア
ウラジオストク
中国と北朝鮮を結ぶ橋。行商人や旅行者が行き交う
羅先経済貿易地帯
豆満江
(中国名・図們江)
鴨緑江
中朝友誼橋
北朝鮮

KEY WORD 【羅先経済貿易地帯】海外資本に開かれた北朝鮮国内の経済特区。中国やロシアに対して、港の租借権を付与している。現在、中国企業の撤退が相次ぎ、経済活動は停滞気味。

Column

Vacation time

「日本海」と「東海」、呼称問題の背景

韓国や北朝鮮は1992年に問題を提起して以来、国際連合地名標準化会議などで、「日本海」の名称訂正を主張している。日本海を「東海」と呼ばせることにどういう狙いがあるのだろうか。

韓国は、竹島を「独島《トクト》」、日本海を「東海《トンヘ》」と表記するよう国際社会で活発に主張しています。日本の外務省は、2017年6月付で、日本の立場に反する地図や刊行物の情報提供を呼びかけ始めました。

韓国が自国領と主張する竹島について、独自の呼称を主張するのはわかりますが、なぜ日本海の呼称にまでこだわるのでしょうか。

韓国の主張は、「日本海の表記は、日本が帝国主義をとった19世紀後半以降に広まったもの」というもの。日本政府は、「欧米の古地図などを見ても、19世紀後半よりも前から日本海の呼称は国際的に定着していた」と反論しています。

韓国が「東海」表記を主張し始めたのは1992年のことです。この頃、排他的経済水域を定めた国連海洋法条約の発効を1994年に控えており、竹島の帰属問題が改めて注目されていました。

竹島が「日本海」にある地図を見ると、無関係の国は「竹島は日本のもの」との印象を受けるでしょう。竹島の支配を既成事実化するため、「日本」という要素を排除したいのだと見られています。

呼称問題を、「名前だけの問題」と軽視していると、日本はやがて大きなつけを払うことになるでしょう。

「東海」は2000年以上使用している！これからも「東海」への名称訂正を求めて、訴え続けていくぞ！
韓
信憑性の高い古地図の調査を行って確認している。併記は国際海上交通上に問題を発生させるので反対！

第3章

シーパワーを目指す中国

中国はなぜ日本に対して
いつもケンカ腰なのか？
その理由を地政学で
考えてみよう

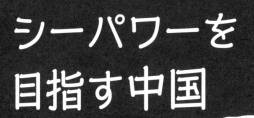

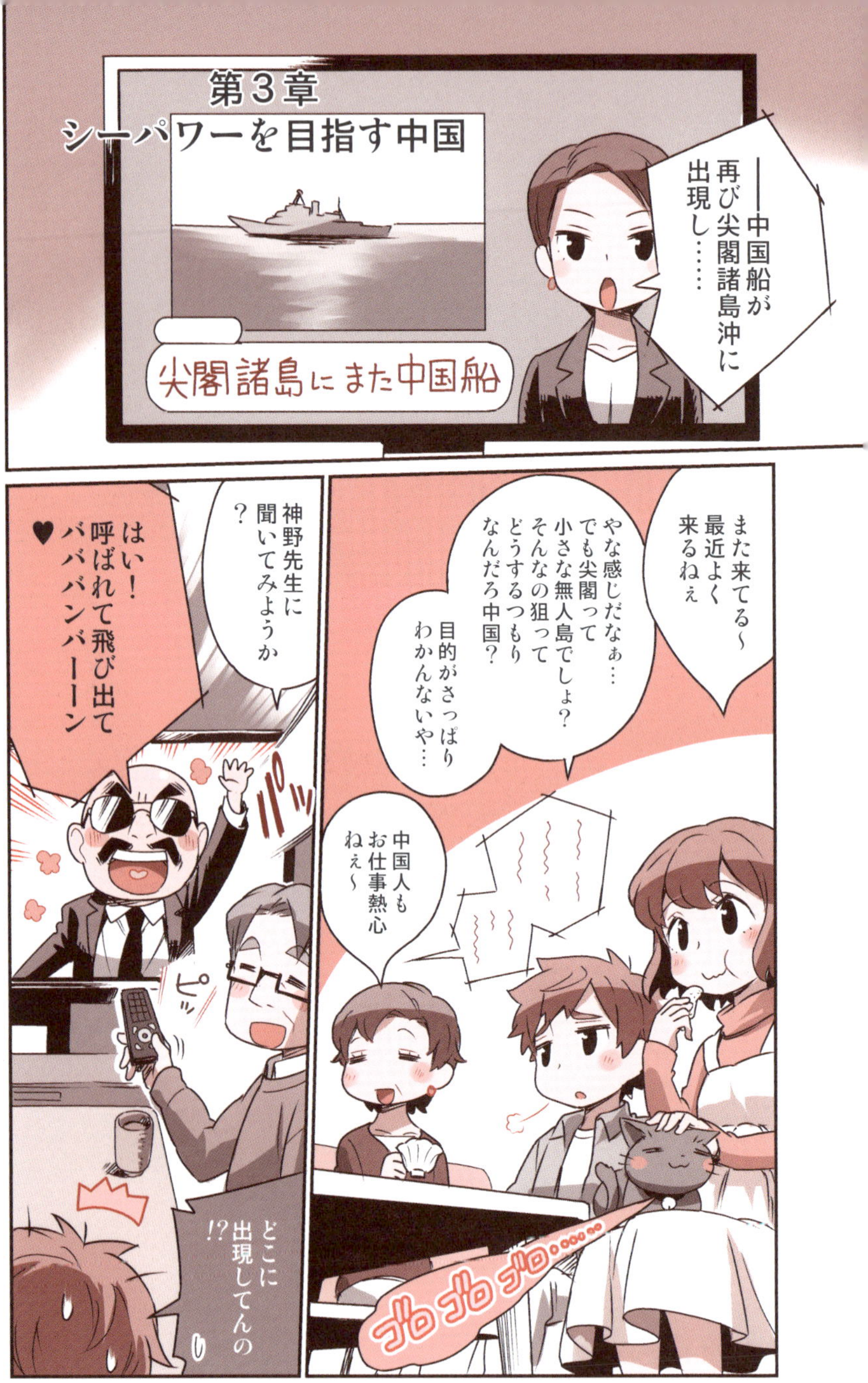
第３章
シーパワーを目指す中国
尖閣諸島にまた中国船
──中国船が再び尖閣諸島沖に出現し……
また来てる～最近よく来るねぇ
やな感じだなぁ…でも尖閣って小さな無人島でしょ？そんなの狙ってどうするつもりなんだろ中国？
目的がさっぱりわかんないや…
神野先生に聞いてみようか？
はい！呼ばれて飛び出てババババーーン♥
パッ
ピッ
中国人もお仕事熱心ねぇ～
ゴロゴロゴロ……
どこに出現してんの!?

中国
北朝鮮
韓国
日本
台湾
尖閣諸島
ベトナム
フィリピン
インドネシア
まずは尖閣諸島を含む南西諸島の地政学的な意味を理解しよう
この地図からわかることはあるかな～？
島がいっぱいあるね～！
バカンスに行きたい～♥
う～ん…日本列島の下の方に連なってる印象しかないなぁ
ナ゛ー～～…
そうッ!! それがまさに固定観念だッ!!
!?

ではっ！
ぐ
地図の見方を変えてみよう！
るんっ
??
何が違うの…?
…あ
日本列島が蓋になって中国におおいかぶさってるみたいじゃない？
ドーン
…あ！
中国
YES！イイ視点ですよお母さん！
意外に鋭い…!?

太平洋
軍事大国化した中国は今世界覇権を目指し太平洋に進出したがっている！
そっか！南西諸島まで日本領土だとすごく邪魔なんだ！
出られないし〜〜っ!!
中国
尖閣諸島を奪えれば太平洋へのルートを確保できるわけだ…
NO!
Goddanm!
やめて〜〜っ
そう！その重要性ゆえにアメリカは沖縄に基地を置いてるんだね
沖縄
尖閣いただき〜♥
なるほど〜別の角度からモノを見るのって大事だね〜
だね問題の背景が良く解ったよ
でしょ〜？
アキラはどの角度でも超キュートだけどね♥
だ抱きつくなよバカ姉《ねぇ》〜…！
ムぎゅ〜〜
おっユキちゃんブラコン〜〜？
ムホ
カ〜〜

ランドパワー国家・中国は海洋国家の夢を見るのか

「中華思想」では中国が世界の中心

中国は古来、漢民族を世界の中心、中国皇帝をヒエラルキーの最上位に位置づけ、周辺国を野蛮な民族（夷狄）と見なした。この中華思想にもとづく世界観は「華夷秩序」とも呼ばれる。周辺国は皇帝に対して貢ぎ物を献上する（朝貢）ことで、中華の末端に加わることができる。

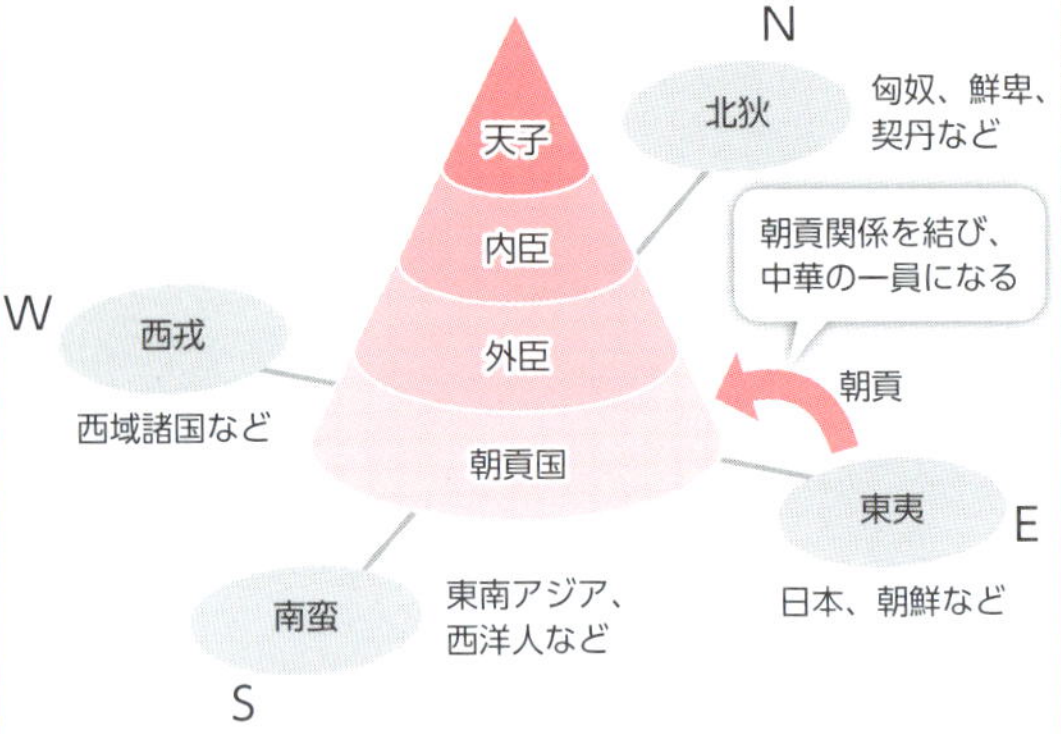
N
北狄
匈奴、鮮卑、契丹など
天子
内臣
外臣
朝貢国
朝貢関係を結び、中華の一員になる
朝貢
W
西戎
西域諸国など
東夷
E
日本、朝鮮など
南蛮
東南アジア、西洋人など
S

「昔からの中国＝今の中国」ではない！

ユーラシア大陸の東に、日本の約26倍という広大な面積の国土を持つ中国。古代から続くランドパワーの大国です。しかし、現在の中国は、むしろシーパワーを求めているようです。東シナ海や南シナ海に対するむき出しの野心がその証拠です。なぜ中国は、シーパワー国家（＝海洋国家）を目指しているのでしょうか？

歴史を紐解《ひもと》く前に、歴史的な『中国』という地名の定義をはっきりさせておきましょう。中国は多民族国家で、人口の大半を漢民族（漢人）が占めます。少数民族の住む地域として、内モンゴルや新疆《しんきょう》ウイグル、チベットの各自治区な

中国は歴史的にランドパワー国家でしたが近年、方向転換を図ろうとしているよ

KEY WORD 【中華民族】50以上もの民族からなる国家を束ねるため、国民の総称として用いている。ただし中華民族＝漢民族というイメージも強く、少数民族には抵抗感も少なくない。

唐の時代の対外政策

中国の朝貢体制は唐の時代に確立され、その後断続的に清代まで続いた。

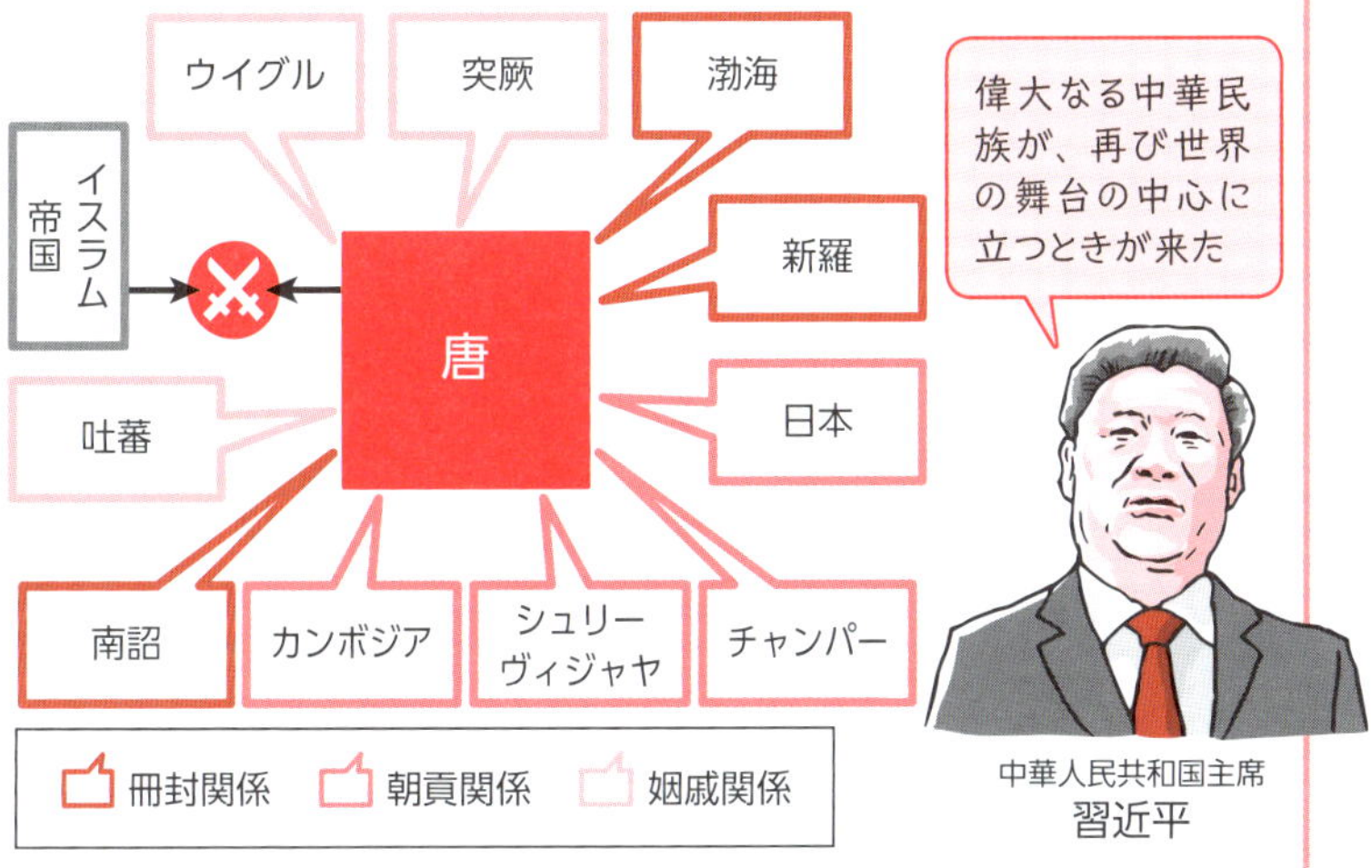
唐
ウイグル
突厥
渤海
新羅
日本
イスラム帝国
吐蕃
南詔
カンボジア
シュリーヴィジャヤ
チャンパー
冊封関係
朝貢関係
姻戚関係
偉大なる中華民族が、再び世界の舞台の中心に立つときが来た
中華人民共和国主席
習近平

どがあります。しかし、これらの領土は昔から『中国』に含まれていたわけではありません。

現在の中国は、多民族国家を束ねるため、漢民族のほかモンゴル族・ウイグル族・チベット族などをまとめて「中華民族」と呼んでいます。しかし、この呼称には「少数民族の独立運動を抑えたい」という共産党政府の政治的な意図が隠れています。中国史を理解するならば、伝統的な漢民族の居住地域を、ざっくりと歴史的な『中国』と考えるのが良いでしょう。

中国史の重要キーワードの一つ「中華思想」についても説明しておきましょう。漢民族は伝統的に、自らを世界の中心とし、周囲を蛮族《ばんぞく》とみなす「中華思想」を持っていました。興味深いことに、中華思想は漢民族の専売特許ではありません。歴史上、中国を征服した異民族（元や清など）も、次第に中国の文化・思考様式の中に取り込まれてしまい、中華思想を持つようになりました。

COUNTRY 【唐】618年に建国された中国の王朝。高句麗などの周辺諸国を滅ぼし、中央アジアまでの広域を支配した。朝貢体制の確立や律令制など、統治体制の整備も進めた。

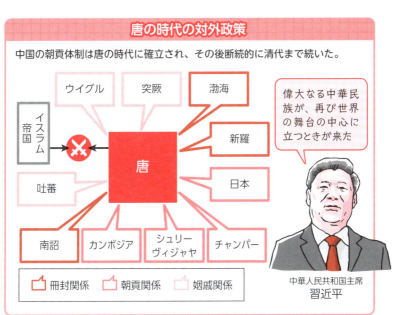

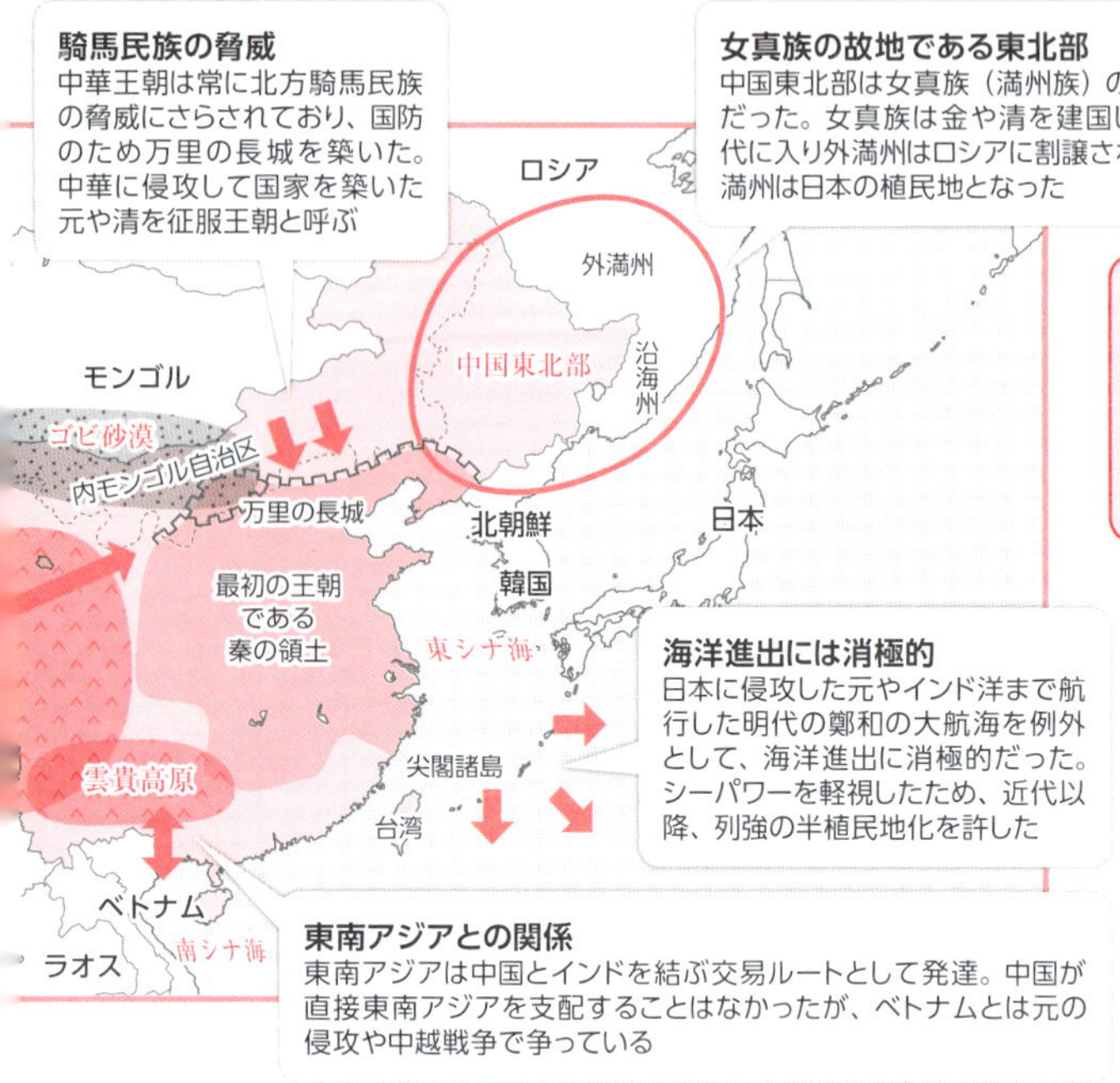

騎馬民族の脅威
中華王朝は常に北方騎馬民族の脅威にさらされており、国防のため万里の長城を築いた。中華に侵攻して国家を築いた元や清を征服王朝と呼ぶ
女真族の故地である東北部
中国東北部は女真族（満州族）の居住地だった。女真族は金や清を建国した。近代に入り外満州はロシアに割譲され、また満州は日本の植民地となった
ロシア
外満州
中国東北部
沿海州
モンゴル
ゴビ砂漠
内モンゴル自治区
万里の長城
北朝鮮
日本
韓国
最初の王朝である秦の領土
東シナ海
尖閣諸島
台湾
雲貴高原
ベトナム
ラオス
南シナ海
海洋進出には消極的
日本に侵攻した元やインド洋まで航行した明代の鄭和の大航海を例外として、海洋進出に消極的だった。シーパワーを軽視したため、近代以降、列強の半植民地化を許した
東南アジアとの関係
東南アジアは中国とインドを結ぶ交易ルートとして発達。中国が直接東南アジアを支配することはなかったが、ベトナムとは元の侵攻や中越戦争で争っている

海・砂漠・山脈で仕切られた中国の地理的条件が、中華という一体感を生み出しました

中国はなぜランドパワー国家になったか

さて、歴史的な『中国』を取りまく地理条件を見てみましょう。中国の南方はインドシナ半島と、南西方面はインドと陸続きです。しかし、雲貴《うんき》高原、チベット高原及びヒマラヤ山脈という険しい地形があるため、東南アジアやインド方面の国は中国の脅威にはなりませんでした。

一方、北にはゴビ砂漠とモンゴル高原が広がっています。北部にも山地はありますが、外敵の侵入を防ぐほどではありません。モンゴル高原は乾燥しており、農業に不向きな草原が広がります。ここでは、馬に乗って羊を追う遊牧民たちが、移動しながら暮らしていました。

巧みに馬を操り、機動力に優れている遊牧民たちは、しばしば中国に侵入し、漢民族を悩ませました。北方からの脅威にさらされ続けた中国人は、伝統的に陸軍力（＝ランドパワー）を志向することになります。

KEY WORD

【万里の長城】中国の国境に築かれた長大な城壁。春秋戦国時代に築かれ、秦の始皇帝により1500kmに渡る長さに拡張された。1987年に世界遺産に登録されている。

自然の要衝に守られた中国の地理的特徴

中国の国土は東は海、西は砂漠や高原に守られており、シーパワーではなくランドパワーの強みを持っている。また、歴代王朝は北方騎馬民族の侵攻にさらされてきたが、征服されても漢民族や中華文明が滅亡することはなかった。

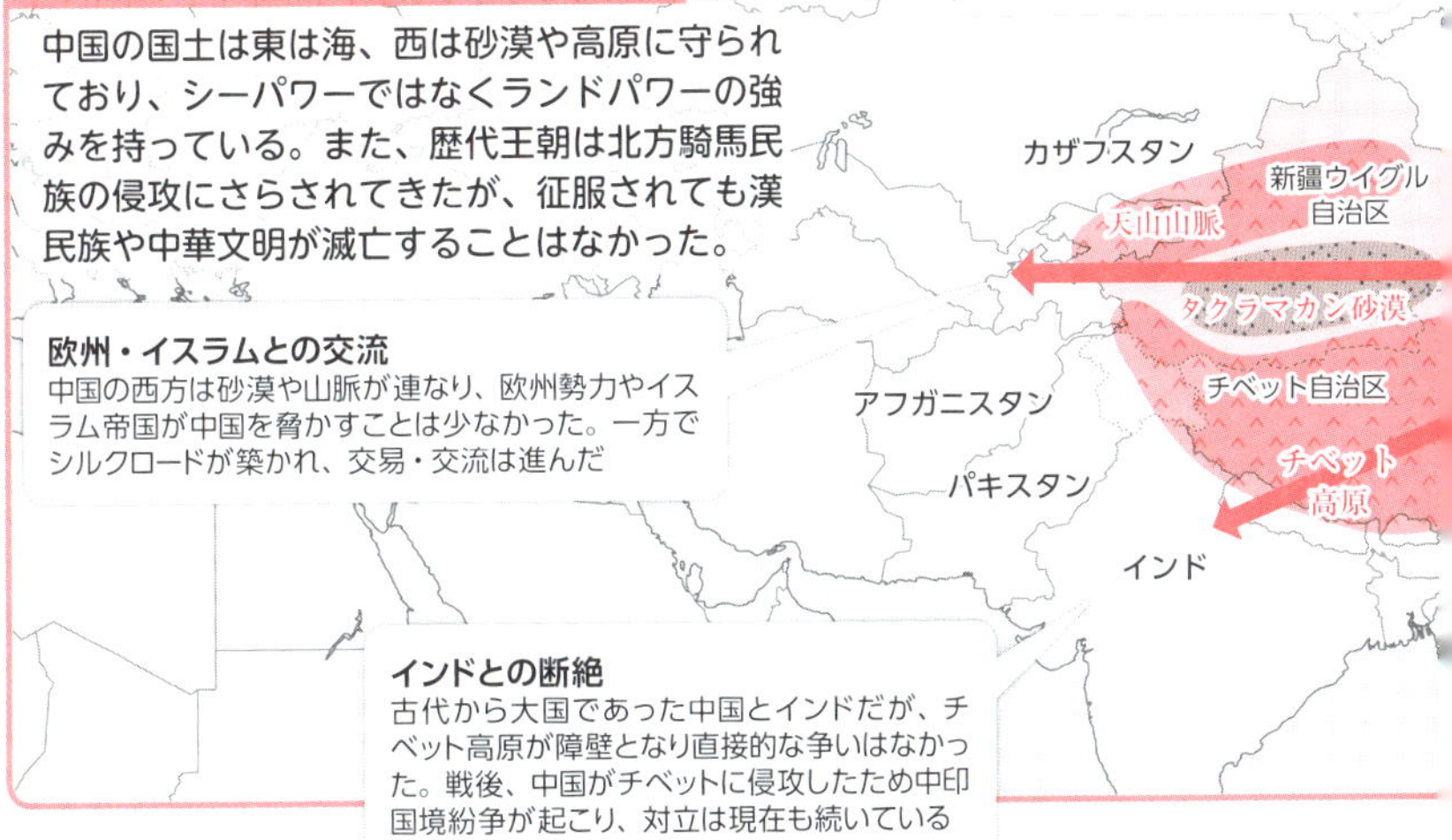
ロシアとの緩衝地帯
モンゴルには広大な草原ステップ、シベリアには針葉樹林が広がり、同じランドパワー国家であるロシアとの緩衝地帯となっている
カザフスタン
新疆ウイグル自治区
天山山脈
タクラマカン砂漠
チベット自治区
チベット高原
アフガニスタン
パキスタン
インド
欧州・イスラムとの交流
中国の西方は砂漠や山脈が連なり、欧州勢力やイスラム帝国が中国を脅かすことは少なかった。一方でシルクロードが築かれ、交易・交流は進んだ
インドとの断絶
古代から大国であった中国とインドだが、チベット高原が障壁となり直接的な争いはなかった。戦後、中国がチベットに侵攻したため中印国境紛争が起こり、対立は現在も続いている

海はあってもシーパワーは弱かった

中国は東方を海に面していますが、近代になるまで外国から海岸を脅かされることはなく、また自身も海への関心は薄いものでした。

例外的に、モンゴル族の元（1271～1368）のフビライ・ハンが日本の征服を試みています（蒙古襲来《もうこしゅうらい》）。遊牧民であるモンゴル人には水軍のノウハウが少なく、滅ぼした南宋《なんそう》（漢民族の王朝）や服属させた高麗《こうらい》（朝鮮の国）の水軍を取り込みましたが、失敗に終わり、中国は再び海洋進出に消極的になります。

明代（1368～1644）には、日本人を中心とする海賊・倭寇《わこう》が沿岸を荒らし回るようになります。初めてシーパワーの脅威に直面した中国は、倭寇対策として海上通航を制限する「海禁政策」を採用。海禁政策は清にも引き継がれ、中国は海へと乗り出す機会を逸することになりました。

KEY WORD 【倭寇】中世に中国大陸沿岸部などで活動した海賊・私貿易。必ずしも日本人だけではなく、後期は中国の海禁政策から逃れた商人たちの活動という側面もあった。

近現代史

西欧列強に分割された近代中国の苦難

シーパワーの欠如が招いた侵略

長い海岸線を持ちながら、ランドパワー寄りの政策をとってきた中国。そのつけは、清朝末期にまわってくることになります。

1840年、イギリスによる清へのアヘン密輸をきっかけとして、アヘン戦争が勃発しました。アヘン戦争の敗北を機に、清はイギリスなど列強と不平等条約を結ばされ、半植民地への道を歩み始めます。中国は近代になって初めて、シーパワーの本格的な侵略に屈したのです。

19世紀後半にはロシアの南下も始まり、清は北のランドパワー（ロシア）と南のシーパワー（イギリスなど）に挟撃されてしまいます。

新興シーパワー国家・日本に敗れる

清朝末期の危機に対処した政治家の李鴻章《りこうしょう》は、古い制度の改革だけでなく、シーパワーの重要性も認識していたようです。彼の尽力で、近代的な海軍である北洋艦隊が編成されました。

しかし、清朝内部には陸軍を優先すべしという勢力もあり、海軍力の向上は遅れました。1894年の日清戦争で、北洋艦隊は後発のシーパワー国家である日本に敗れ、壊滅します。日清戦争に敗北したことで、列強の中国分割は一層進みました。1911年、辛亥《しんがい》革命によって清朝は崩壊。シーパワーの欠如によって、中国は苦難の近代史を歩むことになったのです。

近代中国は
シーパワー国家に
次々と侵略される
ことになりました

KEY WORD 【アヘン戦争】中国がアヘンの輸入を禁止したことで、イギリスが中国を攻撃した戦争。中国は英の最新鋭の兵器に屈し、賠償金や香港割譲などを含む南京条約を締結した。

列島の侵略を受ける19世紀後半の中国

19世紀後半、欧米と日本の侵略を受けた中国の国土は半植民地化されていくことになった。

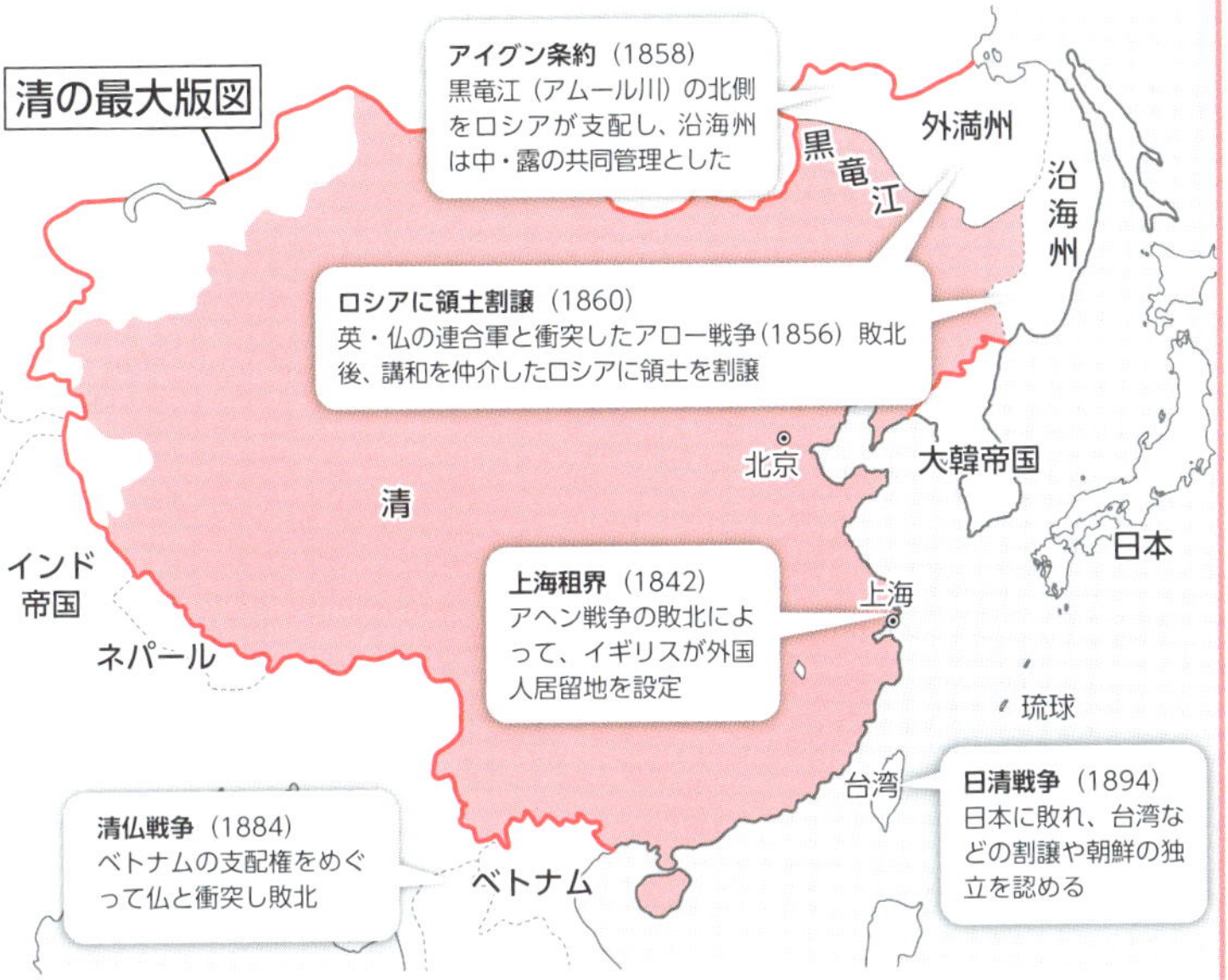

清の最大版図
アイグン条約（1858）
黒竜江（アムール川）の北側をロシアが支配し、沿海州は中・露の共同管理とした
外満州
黒竜江
沿海州
ロシアに領土割譲（1860）
英・仏の連合軍と衝突したアロー戦争（1856）敗北後、講和を仲介したロシアに領土を割譲
北京
大韓帝国
清
日本
インド帝国
上海
上海租界（1842）
アヘン戦争の敗北によって、イギリスが外国人居留地を設定
ネパール
琉球
台湾
日清戦争（1894）
日本に敗れ、台湾などの割譲や朝鮮の独立を認める
清仏戦争（1884）
ベトナムの支配権をめぐって仏と衝突し敗北
ベトナム

銀流出とアヘンに冒される清

三角貿易で流入したアヘンにより清では中毒者が蔓延し、アヘンを手に入れるために銀が流出。清がアヘンの輸入を禁止するとイギリスが清を攻撃し、敗北を喫した。

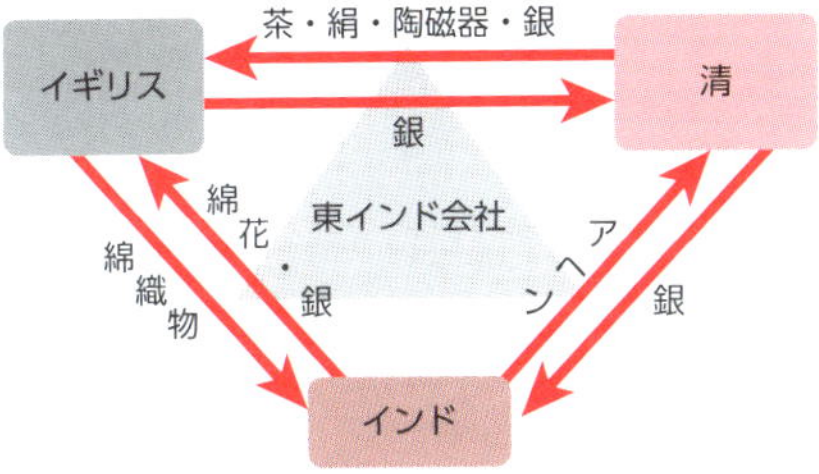

茶・絹・陶磁器・銀
イギリス
清
銀
東インド会社
綿花・銀
綿織物
アヘン
銀
インド

三角貿易のおかげでずいぶん豊かになりました。中国の苦しみ？知りませんよ、そんなもの
英

WHO'S WHO 【李鴻章】1823－1901。欧米や日本からの侵略が相次ぎ、清朝が崩壊していく時期に政治家を務めた。日清戦争の敗北後は清の全権大使として、下関条約の締結にあたった。

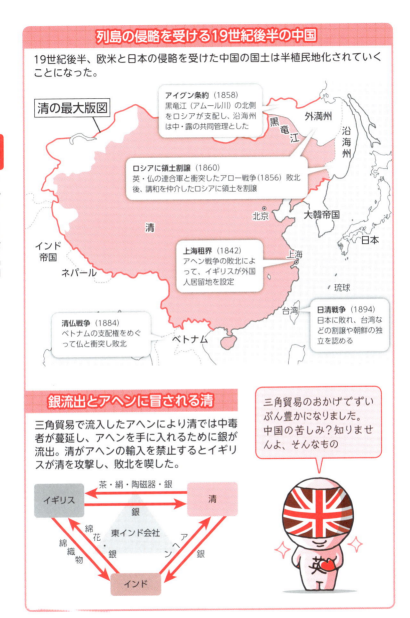

近現代史

長びく国共内戦と日本との戦い

「代理戦争」でもあった国共内戦

20世紀前半、中国では国民党と共産党の内戦が起きました。この内戦は、実は「ランドパワー対シーパワー」のせめぎあいでした。

清の滅亡後に成立した中華民国は支配力が弱く、内乱が続きます。そうした中、米英の支援を受けた蒋介石《しょうかいせき》（国民党）と、ソ連に支援された毛沢東《もうたくとう》（共産党）が台頭。前者はシーパワー、後者はランドパワーが後ろ盾だったのです。

また、この頃実質的に独立していたチベットは、イギリスの支援を受けていました。チベットは英領インドに接しているため、中国とイギリスの緩衝地帯の役割を期待されたのです。

中国に進出した日本の戦略ミスとは

時を同じくして、日本は大陸への進出を本格化させていきます。１９３１年には満州事変を起こし、満州を勢力下に入れました。１９３７年には日中全面戦争に突入します［→P52］。

日中戦争では、対立していた国民党・共産党は協力関係になります。日本はランドパワーとシーパワーに支援された勢力を一度に敵に回したわけで、負けるべくして負けたといえます。

戦後、国共内戦が再燃。農村部で支持を拡大した共産党が勝利し、１９４９年に中華人民共和国を建国しました。一方の国民党は台湾に逃れ、海峡を挟んで対峙することになりました。

中国の内乱を
地政学的な観点から
見てみよう!

WHO'S WHO 【毛沢東】1893－1976。国共内戦で支持を受け、中華人民共和国を建国。しかし以後は独裁色を強めていった。死ぬまで最高指導者を務めた。

代理戦争でもあった国共内戦

日本撤退後の国共内戦は、米・英とソ連の代理戦争でもあった。内戦の後半、ソ連の支援を受けた共産党が北から徐々に勢力を強め、勝利した。

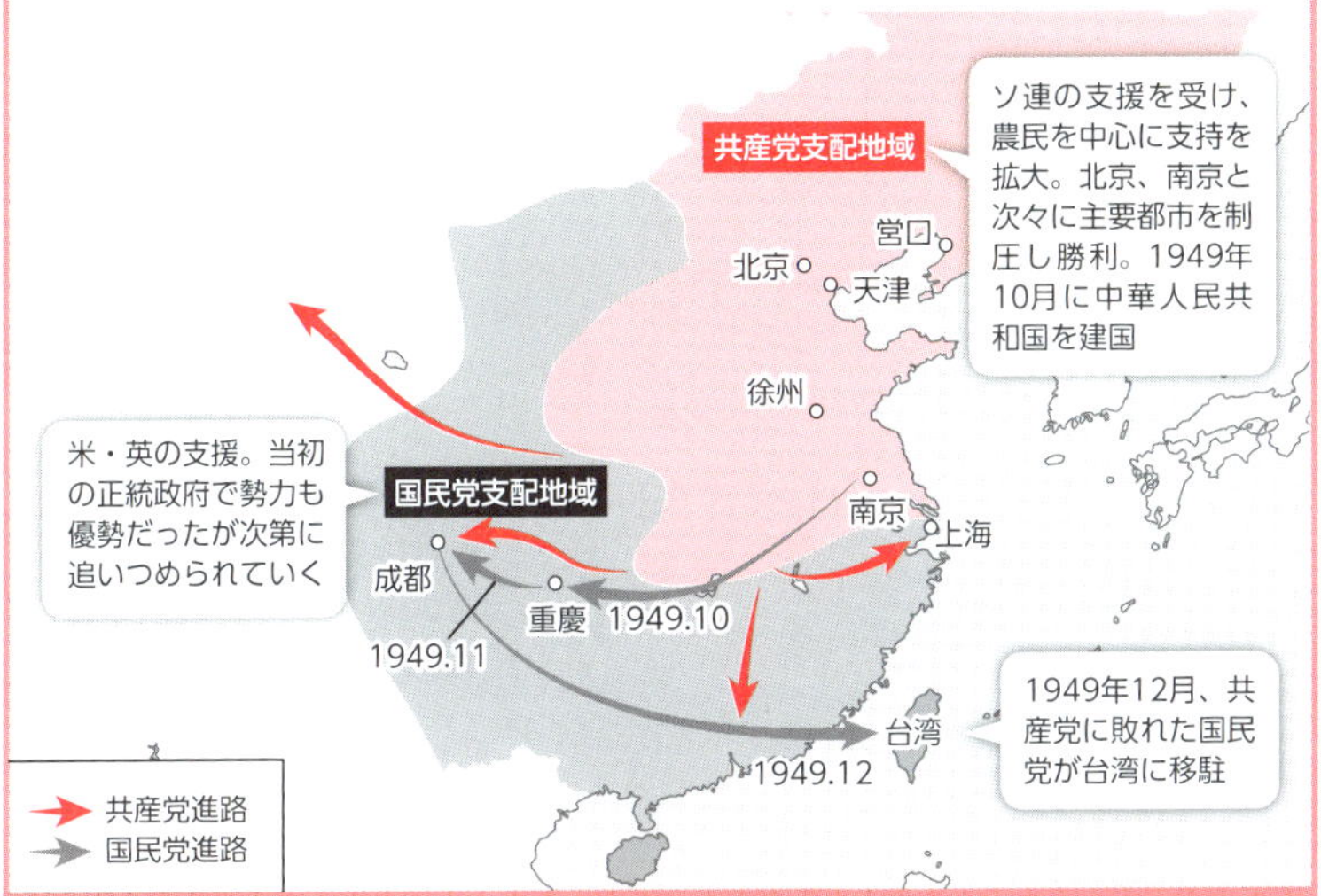

共産党と国民党を率いたカリスマ指導者

国共内戦は二人のカリスマが最高指導者となり争った。

共産党

戦況は厳しかったが、ソ連の協力を受けて逆転！ さぁ、人民国家の建設へ!!

毛沢東
中国共産党中央委員会主席

国民党

当初こそ米が支援してくれていたが、途中で打ち切られてからは劣勢に……

蒋介石
初代中華民国総統

COUNTRY 【台湾】歴史的にオランダや日本が介入し、支配者が変遷し続けた。国共内戦後に蒋介石率いる国民党が逃れ、中華民国を移駐し現在に至る。[⇒P116]

冷戦下の中国と険悪化する中・ソ関係

新疆とチベットの併合が持つ意味

中華人民共和国の成立で、ようやく中国大陸には統一政権が樹立されます。共産党政府がまず目指したのは、かつて清朝が支配した広大な領域の回復でした。

新疆にはイスラム教徒の多いウイグル族、チベットにはチベット仏教（ラマ教）を信仰するチベット族が住んでいます。清朝の支配下に入っていましたが、辛亥革命後の混乱によって自立していました。

建国直後の1949年、共産党政府は新疆を併合。さらに1951年にはチベットに軍事侵攻し、併合します。「チベット、ウイグルはもともと中国の領域で、それを回復したのである」というのが中国の言い分です。また、新疆はソ連、チベットはインドとの間の緩衝地帯であり、中国にとって必要な領土でした。これによって、中国は外モンゴルを除く清の最大版図を再現したことになります。

しかし、チベット族やウイグル族の文化や信仰を否定する政策は反発を招きました。現在でも、少数民族の独立運動は中国にとって悩みの種となっています。

大戦後の中国は周辺諸国やロシアとの対立に頭を悩ませることになるんだ

同じ東側でも中・ソ対立は不可避だった

東西冷戦中、アメリカは共産圏のソ連・中国への対策として、台湾・韓国・日本などに軍事

COUNTRY 【新疆ウイグル自治区】中央アジアと隣する中国の自治区の一つ。トルコ系住民のウイグル族が人口の多くを占め、共産党政権への反発から独立運動やテロが起きている。

ランドパワーを拡大する冷戦下の中国

冷戦下の中国は近隣諸国にさかんに攻撃をしかけ、領土拡大をもくろんだ。

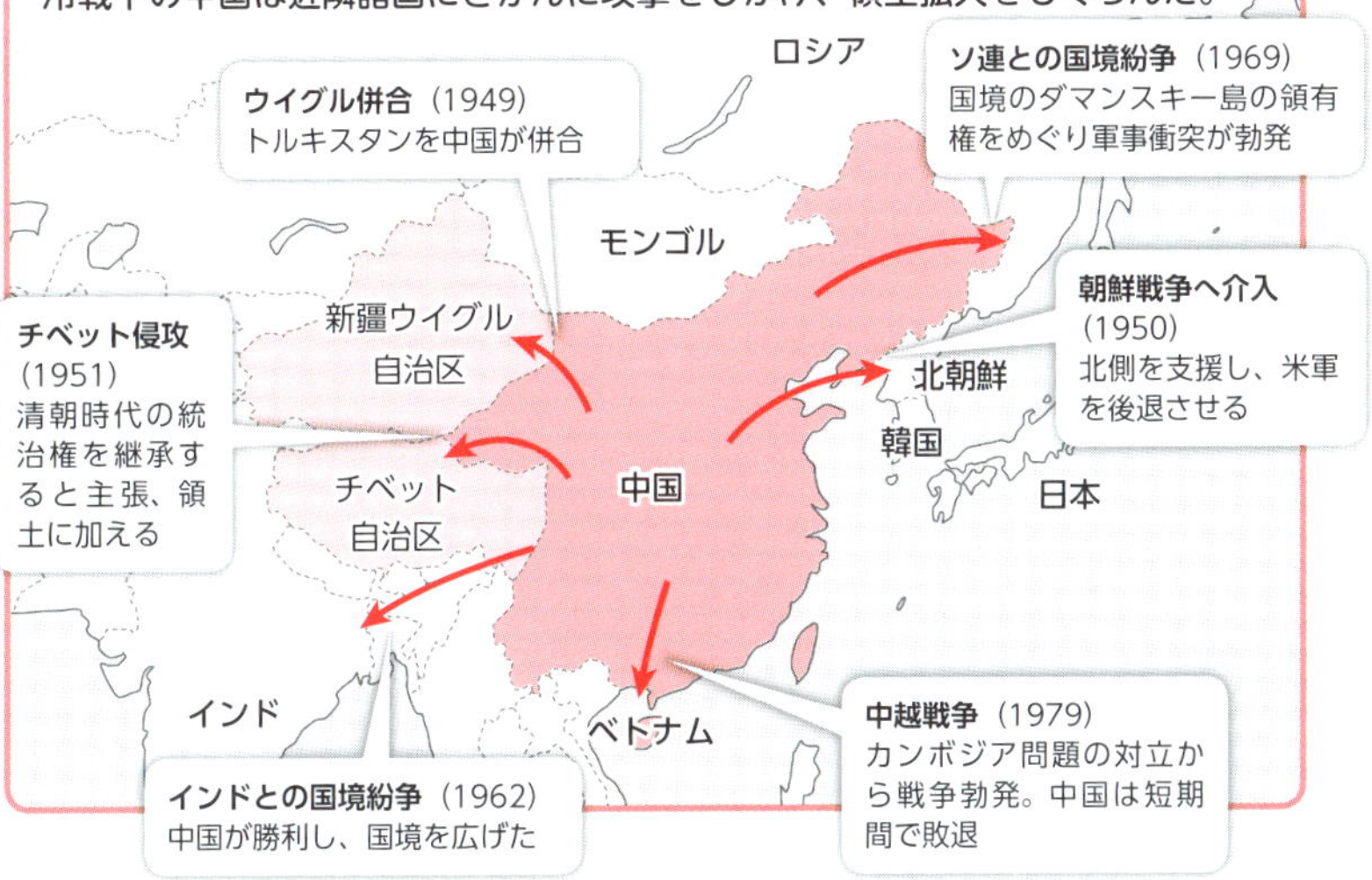
ロシア
ソ連との国境紛争（1969）
国境のダマンスキー島の領有権をめぐり軍事衝突が勃発
ウイグル併合（1949）
トルキスタンを中国が併合
モンゴル
新疆ウイグル自治区
チベット侵攻（1951）
清朝時代の統治権を継承すると主張、領土に加える
朝鮮戦争へ介入（1950）
北側を支援し、米軍を後退させる
北朝鮮
韓国
日本
チベット自治区
中国
インド
ベトナム
中越戦争（1979）
カンボジア問題の対立から戦争勃発。中国は短期間で敗退
インドとの国境紛争（1962）
中国が勝利し、国境を広げた

支援を行いました。こうして中国は、国土の東側でアメリカと対峙することになります。

一方で、同じ陣営であるソ連との対立も始まります。スターリン没後の1956年、ソ連のフルシチョフが「スターリン批判」を行うと、スターリン主義者の毛沢東がこれに反発。中ソ関係が険悪化し、60年代には国境紛争も勃発しました。

中国は、伝統的に北方からランドパワーの圧迫を受け続けてきました。**極東から中央アジアにかけて長い国境を接するソ連も、潜在的には中国の脅威だったのです。**

同時期、中国の南のベトナムでは、アメリカの軍事介入が本格化していました（ベトナム戦争［⇒P144］）。米軍は沖縄の基地を攻撃拠点とし、中国は北ではソ連、南ではアメリカの脅威にさらされることになりました。19世紀に清朝を悩ませた、ランドパワーとシーパワーによる挟撃《きょうげき》が再現されることになったのです。

KEY WORD 【スターリン批判】1956年のソ連共産党第20回大会で、フルシチョフ第一書記がスターリンを批判。それまでのスターリン体制からの脱却を目指す発言で、世界を驚かせた。

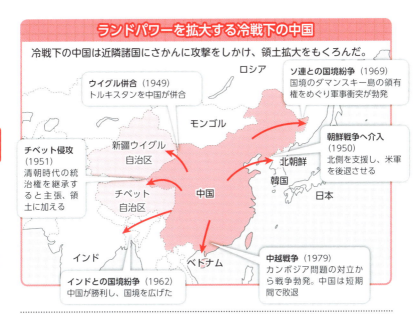

近現代史

西側への接近と経済大国への道

「敵の敵は味方」で米中が接近

１９６０年代後半、ソ連とアメリカに挟撃されるという地政学的危機を迎えた中国は、アメリカとの関係改善を模索します。ベトナム戦争で疲弊していたアメリカとの利害が一致した結果、１９７２年のニクソン大統領の電撃訪中が実現。続いて日本とも国交を回復します。

これで割を食ったのが台湾（国民党政府）です。東アジアにおける共産圏への最前線だった台湾は、米華相互防衛条約（１９５４年）を結び、アメリカの傘下に入っていました。また、国際連合に代表を派遣する権利も、台湾が持っていました。これは、日本を含む西側諸国が、「中国の正当な政府は台湾の政府で、共産党政府ではない」と認識していたためです。

ところが、アメリカは中国に接近するために、「共産党政府が正当な政府である」と認めざるを得なくなります。１９７１年には、中華人民共和国の国連加盟が認められ、代わりに台湾が代表権を失うことになりました。さらに日本やアメリカが中国と国交を開き、台湾は断交されてしまうのです［⇒P116］。

シーパワー派・鄧小平の構想とは

毛沢東が死去（１９７６年）した後、実権を握ったのが鄧《とう》小《しょう》平《へい》です。彼は、文化大革命（１９６６〜76。中国共産党内部の権力闘争）

急成長する
中国は日本を抜いて
GDP世界2位に。
その差は広がり
続けている

KEY WORD 【ニクソン訪中】1972年2月、ニクソンがアメリカ大統領として初めて中国を訪問し、毛沢東と会談。米中共同宣言を発表し、米中関係の改善に向け動きだす契機となった。

日本を引き離し成長を続ける中国

日本と中国の名目GDPの推移。鄧小平の経済改革以降も順調に上昇していた中国のGDPは、2008年の北京オリンピック以後さらに加速。2010年に日本を抜き、アメリカに次ぐ世界2位となった。

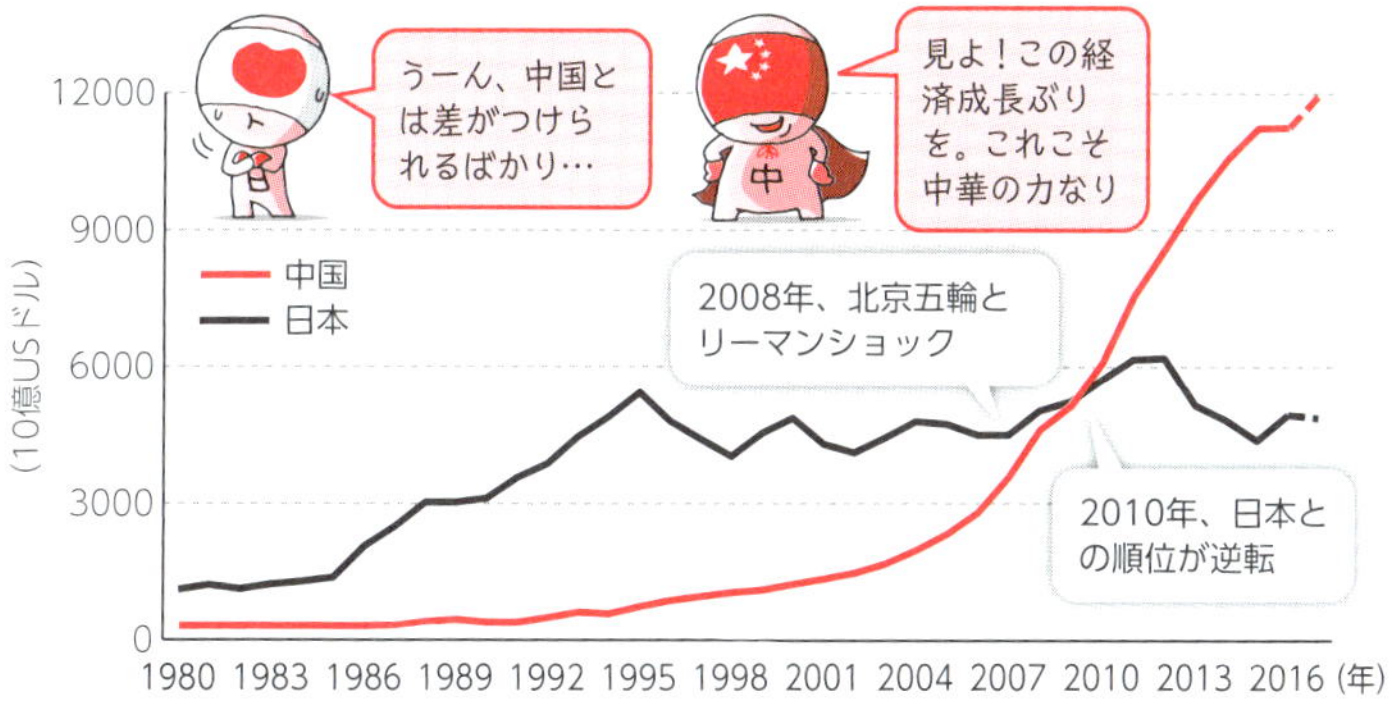

で混乱した経済を立て直すため、改革・開放路線を打ち出しました。

鄧は、政治的には社会主義を維持しつつ、経済は資本主義の原理を取り入れました。そして、**関係の改善した日米の資本を導入し、経済大国化への道筋をつけます**。安く豊富な労働力と巨大な市場を持つ中国は、魅力的な投資先となり、加速度的に成長していきました。国際的な経済成長を遂げたことで、鄧は完全に共産党内部で実権を握り、反対派は失脚します。

改革・開放によって経済力をつけた暁には、海軍力を増強してシーパワーを手に入れる——これが、鄧の持っていたビジョンでした。

1991年にソ連が崩壊すると、ロシアの経済は長い停滞期に入りました。中国は、長年悩まされてきた北方ランドパワーの圧力から解放されたのです。経済的にも自信をつけた中国は、この頃から東シナ海・南シナ海への野心をむき出しにし始めるのです。

WHO'S WHO 【鄧小平】1904－1997。毛沢東の死後、文化大革命によって疲弊した中国の建て直しに尽力。「改革開放」を掲げて経済改革を行い、中国の成長に大きく貢献した。

現在の諸問題

中国の海洋進出を妨げる日本列島と尖閣諸島

なぜ中国は尖閣諸島にこだわり続けるのでしょうか？

中国が見据える海上の「2本の線」

国際法上も日本への帰属が明白な尖閣諸島の領有を主張し、領海侵犯《りょうかいしんぱん》を繰り返す中国。この小さな島々が、中国にとってどんな意味があるのでしょうか。

現代中国のシーパワー志向を決定付けた鄧小平は、「第一列島線」「第二列島線」という概念を提唱しました。**第一列島線とは南西諸島～台湾～フィリピンを結ぶ線。第二列島線は、小笠原諸島～グアム・サイパンを結ぶ線のことです。**中国は、これらの線をおさえることで、**アメリカの強大なシーパワーに対する防衛線**にしようとしているのです。

尖閣諸島領有の先には何がある？

中国視点で地図を見てみましょう。日本・台湾・フィリピンと、アメリカの同盟国がおさえる第一列島線は、海洋進出を目指す中国にとって非常に邪魔だということがわかります。**中国が尖閣諸島を狙うのは、第一列島線を影響下に収める最初の一手**なのです［⇒P62］。

「２０１０年までに第一列島線、２０２０年までに第二列島線を掌握する」という当初の計画こそ遅れていますが、２０１２年に中国初の空母「遼寧《りょうねい》」が就役《しゅうえき》、２０１７年現在も2隻目の空母を建造中です。中国は野望の実現に向け、着実に海軍力を高めているのです。

KEY WORD 【第一・第二列島線】1982年に鄧小平の意向を受けて中国海軍が打ち出した軍事概念。経済成長を遂げた中国の仮想敵国が露から米に変わる中で重要視されるようになった。

中国が目指す「第一列島線」と「第二列島線」

1990年代に中国海軍トップが2040年までの国防計画を出した。現時点で第一列島線内部の制海権は確立されていないが、シーパワーは確実に増している。

1990年代に中国海軍が掲げた計画

2000年まで	［再建期］沿岸海域の防衛体制を整備
2010年まで	［躍進前期］第一列島線内部の制海権確保
2020年まで	［躍進後期］第二列島線内部の制海権確保
2040年まで	［完成期］米海軍と対等な太平洋・インド洋の支配確保

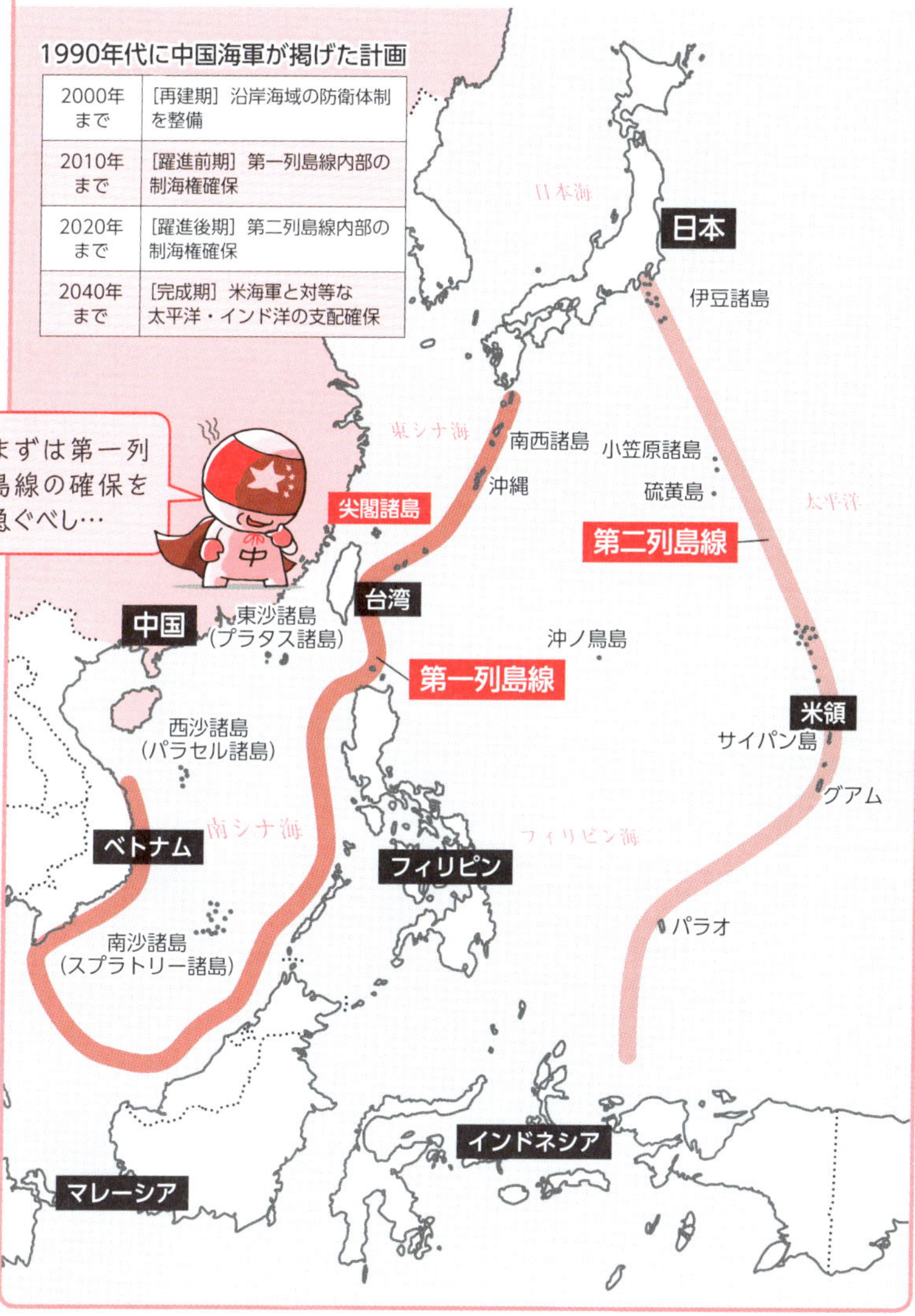

KEY WORD 【尖閣諸島】東シナ海の南西部にある島嶼群。中国名は釣魚群島。明治政府が調査し日本領としたが、中国も領有権を主張。2012年に民間人から買い取り国有となった。

現在の諸問題

第一列島線上に位置する台湾の危機感

台湾は「国」ではなく「地域」

前ページで第一列島線と第二列島線の地図を紹介しましたが、第一列島線上にあり、日本列島と同様に太平洋に出たい中国の〝フタ〟になっている島があります。そう、台湾です。

台湾は国なのでしょうか? それを知るために、少し歴史を紐解いてみましょう。

台湾が近代化を遂げるのは、日清戦争で日本に敗れた清が、台湾を日本に割譲して以降のこと。日本語教育など植民地政策がとられ、日本経済の一部として産業発展を遂げました。

日本の敗戦によって再び中国領となり、1949年に国共内戦に敗れた国民党の蒋介石が落ちのび、台湾を支配します。ここに、本土の中華人民共和国と台湾の中華民国が誕生しました［⇒P108］。

ただし、台湾は国として認められていません。オリンピックなどで「○○の国と地域」と表現するとき、台湾は「地域」に入ります。1971年に国連が中国（中華人民共和国）を正統な政府と認め、台湾（中華民国）を国連から脱退させたためです。日本政府も国と認めていません。

とはいえ、これまで中国に吸収されなかったのは、アメリカの支援があったためです。冷戦下、社会主義封じ込めの一環として、台湾に軍事・経済援助を続けてきました。

独立国として認められたい台湾。一方、中国は絶対にそれを許さない!

WHO'S WHO 【蒋介石】1887－1975。中華民国を建国した孫文の後継者。北伐を敢行して一度は中国を統一するも日中戦争に突入。戦後は毛沢東の共産党に敗れて台湾に逃れ、初代総統になる。

台湾から周辺地域への距離感

台湾は東シナ海と南シナ海を結ぶ海の要衝に位置する。

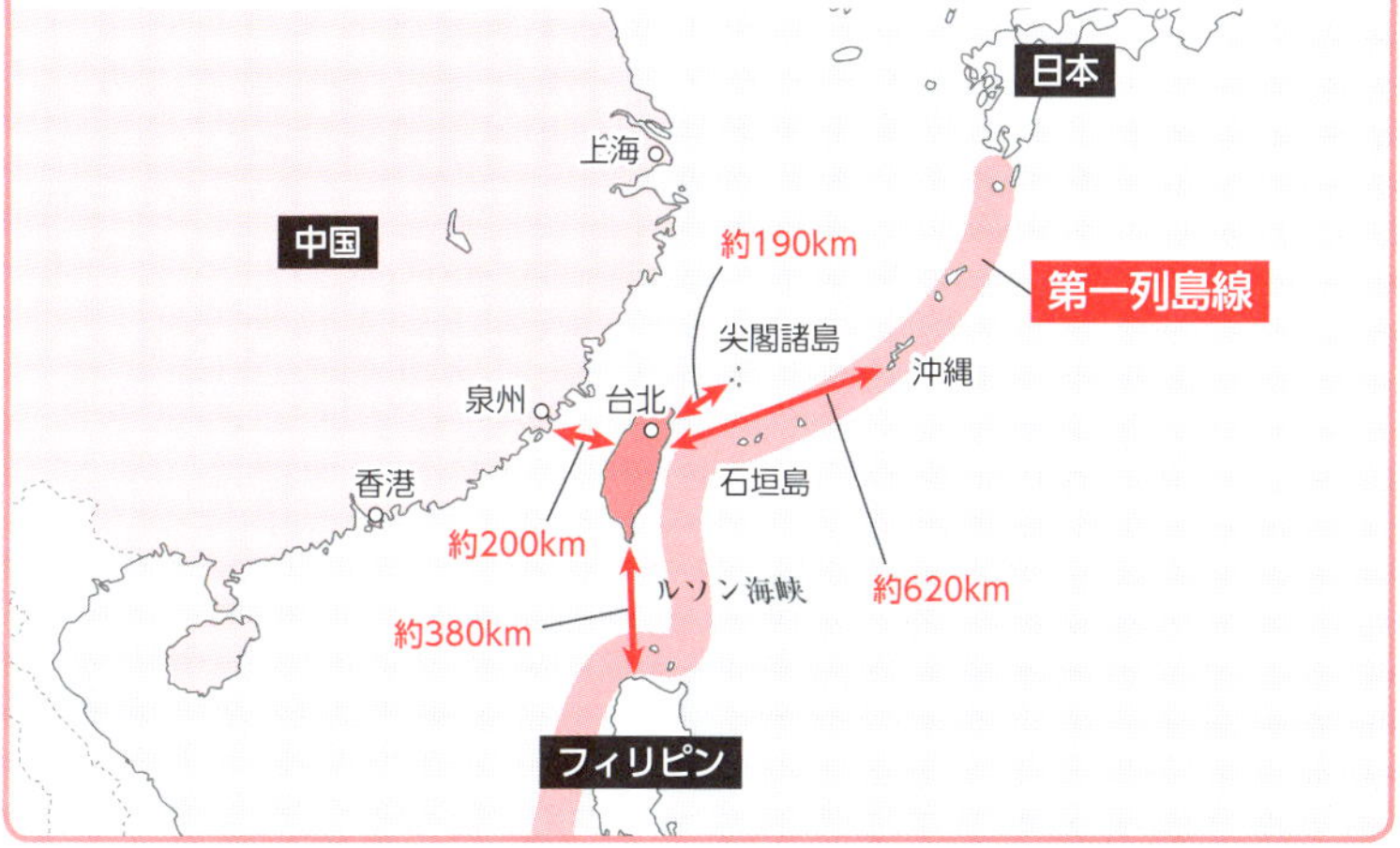

「一つの中国」は起こりうるのか？

中国にとって、そんな台湾は目の上のたんこぶ。「一つの中国」を掲げて台湾を「台湾省」と位置づけ、主権国家としての存在を否定しています。また、台湾が経済発展を遂げた1990年代半ばには、台湾海峡でミサイル発射訓練を行うなど、武力で威嚇《いかく》しました。このとき、アメリカは空母を派遣して中国を牽制《けんせい》しましたが、一方で台湾の独立を支持しないことを表明しました。

中国の海洋進出の圧力が高まるなか、台湾の危機感は高まっています。それは日本にとって対岸の火事ではありません。台湾有事の際は、沖縄駐留の米軍が出動するからです。現在、中国と台湾の経済交流は活発化していますが、軍事行動がないとは限りません。台湾は東アジアの微妙なパワーバランスの上に置かれた危うい状態といえるでしょう。

KEY WORD 【台湾海峡危機】1950年代に2回、90年代に1回の計3回勃発。いずれも中国軍が中華民国軍に砲撃、またはミサイル発射訓練を行い、米軍が出動することで中国は矛を収めた。

なぜ、東南アジア諸国は中国の南シナ海進出に対し団結して抵抗しないのか？

中国は経済力にものをいわせて、南シナ海を実効支配しようとしているよ

南シナ海を「内海」と主張

海洋進出する中国の圧迫を受けているのは、日本だけではありません。南シナ海をめぐり、東南アジアの国々も脅威に直面しています。

東シナ海や南シナ海への野心は、第一列島線を確保するための布石と言えます。１９９２年、中国が制定した領海法には、「台湾・尖閣諸島・南沙諸島などは中国の領土であり、その周囲の海域は中国の内海である」と定められました。

南シナ海をぐるりと囲むように「九段線」を設けて領有を主張し、人口島建設など実効支配を進めています。２０１６年には国際仲裁裁判所で中国の領有を否定する判決がでましたが、中国は無視を決め込んでいます。

関係諸国は中国の脅威に連携できるか？

そうした中国の海洋進出に、東南アジアの国々はどのような反応なのでしょうか。

まず、中国と南沙諸島の領有権を争うフィリピン。太平洋と南シナ海をつなぐルソン海峡がある、地政学上の重要ポイントです。第一列島線の上にあるため中国と激しくせめぎあい、国際仲裁裁判所に訴えたのもフィリピンでした。

しかし、２０１６年には反米色の強いドゥテルテ大統領が当選［⇒P126］。彼は南シナ海問題を棚上げし、中国との関係を強めています。

KEY WORD 【九段線】1953年に中国が南シナ海に設定したライン。台湾以南の第一列島線と重なっている。中国が発行するパスポートには九段線が印刷されている。

南隣のベトナムも中国に抵抗しています。1974年、南シナ海を狙う中国は、ベトナム戦争に乗じて軍を派遣し、西沙諸島を力ずくで奪いました。過去にベトナムは侵攻してきた元を撃退したこともあり、侵略には立ち向かう国。そのため中国は経済援助などを餌にカンボジアやラオスに近づき、ベトナムといっしょに反中国化するのを防ぐ戦略をとっています。

マレーシアやインドネシア、シンガポールなどの国々も中国の軍事的姿勢に対しては抵抗していますが、一方で中国との経済的な結びつきは強くなる一方で、足並みはそろっていません。2017年11月に行われたASEAN首脳会議でも、軍事的脅威に対する「懸念」の声明は却下され、中国への配慮が優先されました。

中国の南シナ海進出は、日本のシーレーンを脅かす事態でもあります［→P62］。各国が一致して中国の脅威に対処できるか、今後も注目されます。

中国が一方的に主張する「九段線」

中国は地図上に9つのライン（九段線）を引き、中国領と主張。近年はこの地域に人口島の建設を進めており、軍事力による実行支配をもくろんでいる。

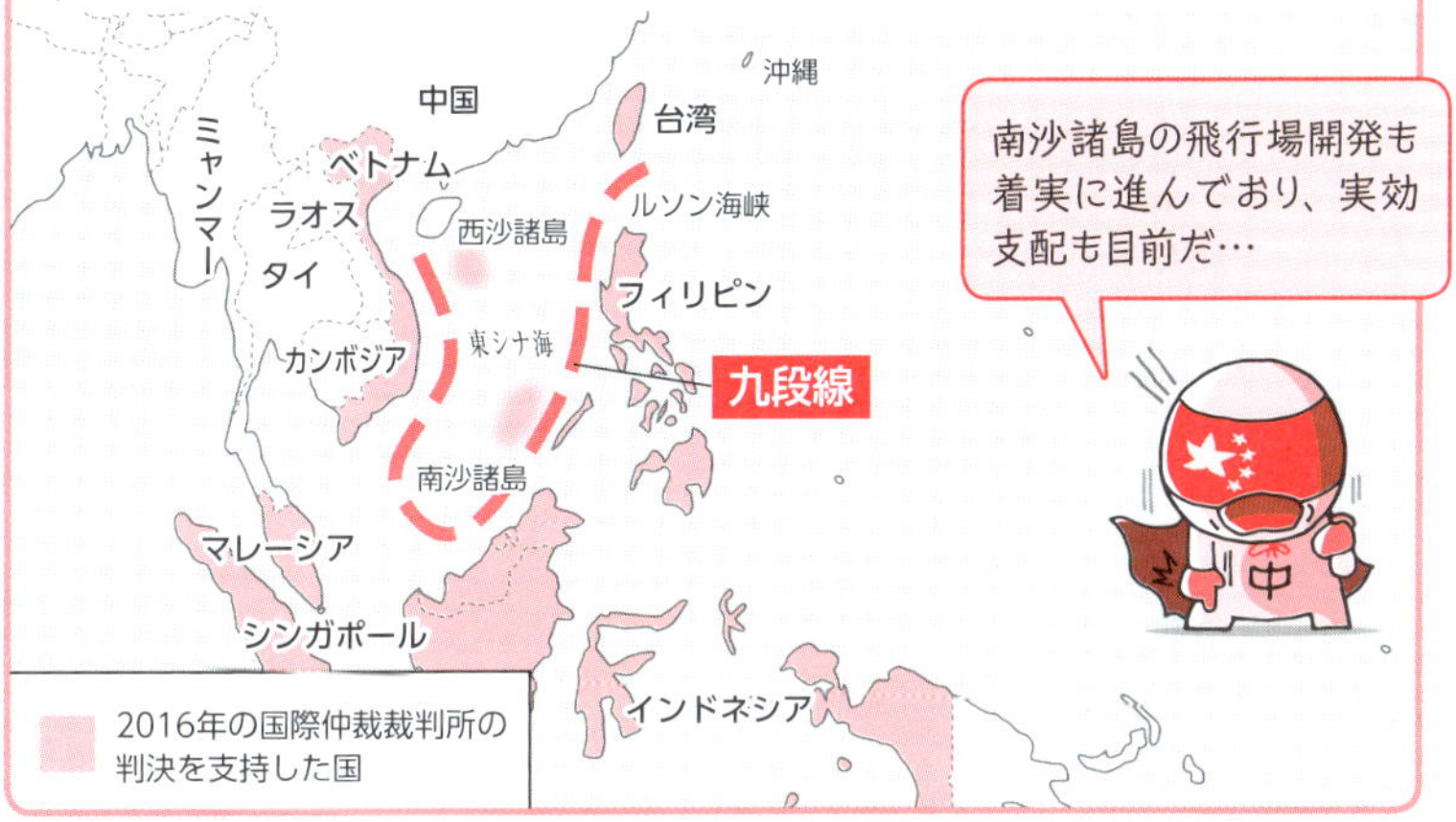
沖縄
中国
台湾
ミャンマー
ベトナム
ルソン海峡
ラオス
西沙諸島
タイ
フィリピン
東シナ海
カンボジア
九段線
南沙諸島
マレーシア
シンガポール
インドネシア
2016年の国際仲裁裁判所の判決を支持した国
南沙諸島の飛行場開発も着実に進んでおり、実効支配も目前だ…
中

KEY WORD【南沙諸島】島ではなく環礁地帯。中国・台湾・フィリピンなど6か国が領有を主張。中国が実効支配しており、滑走路のある人工島を建設中で、軍事基地化への懸念が強まる。

現在の諸問題

「一帯一路」で狙うユーラシア大陸経済網

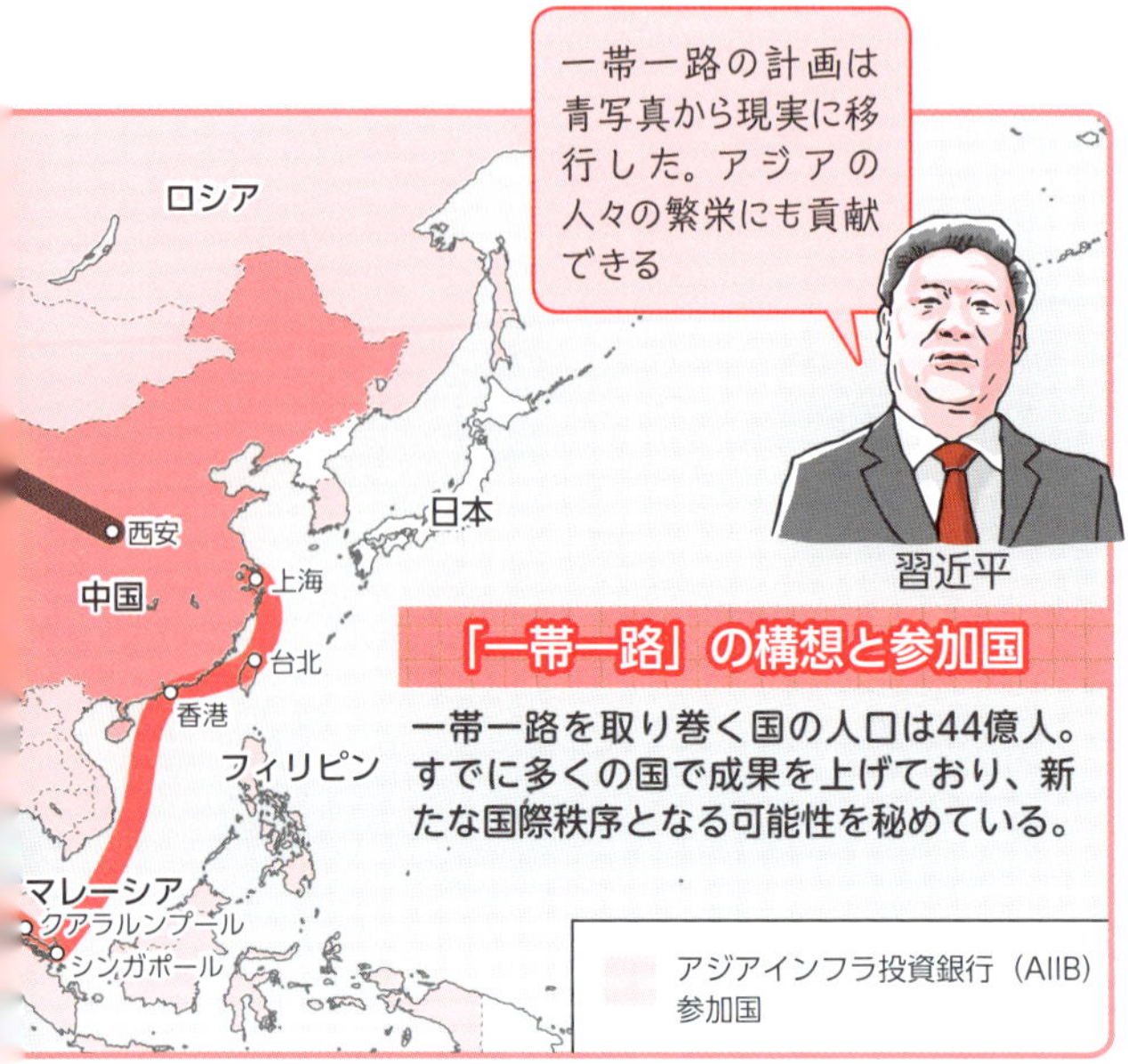
一帯一路の計画は青写真から現実に移行した。アジアの人々の繁栄にも貢献できる
習近平
ロシア
西安
中国
上海
台北
香港
日本
フィリピン
マレーシア
クアラルンプール
シンガポール
アジアインフラ投資銀行（AIIB）参加国

「一帯一路」の構想と参加国

一帯一路を取り巻く国の人口は44億人。すでに多くの国で成果を上げており、新たな国際秩序となる可能性を秘めている。

「一帯一路」＝現在のシルクロード

2014年、中国の主導により「アジアインフラ投資銀行（AIIB）」が発足しました。日本やアメリカは不参加ですが、創設時に57か国、2018年2月現在は84か国が加わっています。AIIB創設の背景には、中国が掲げる「一帯一路」という経済圏構想があります。

「一帯」とは「シルクロード経済ベルト」とも呼ばれ、中国〜中央アジア・ロシア〜ヨーロッパに至る地域です。「一路」は別名を「21世紀海上シルクロード」といい、南シナ海やインド洋に面した東南アジア〜中東〜北東アフリカ〜ヨーロッパまでの地域を指します。

中国は一帯一路でランドパワーとシーパワーの両方を牛耳ろうとしているんだ！

KEY WORD 【西安】古称は長安であり、漢や唐など歴代王朝の都。シルクロードの起点でもあり、国際都市として栄えた。近年経済成長著しく、「一帯」の起点とされる。

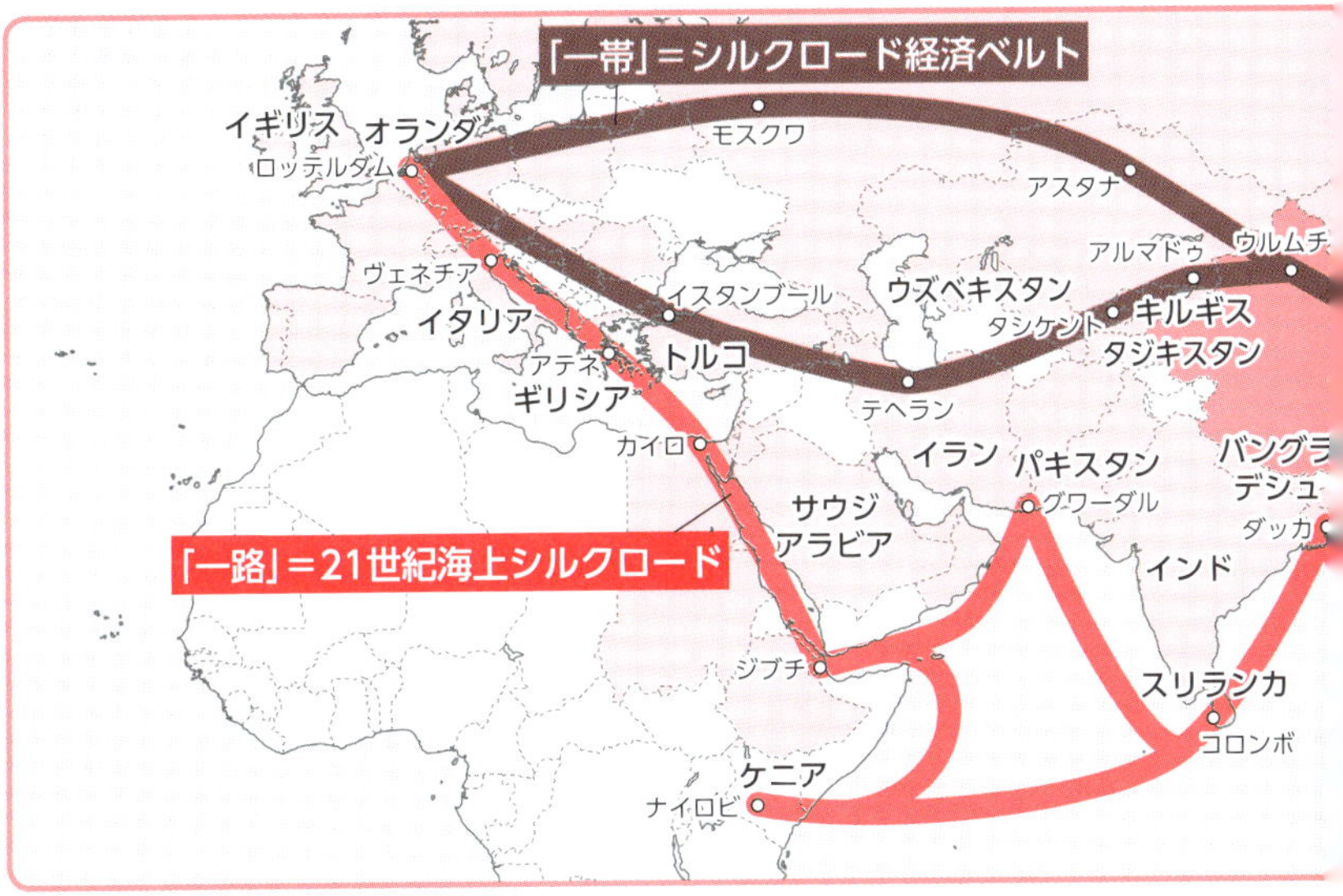

ユーラシアの覇権を目指す

「一帯一路」構想とは、上記の国や地域を陸路や海路で結び、一つの経済圏に組み込もうという壮大な計画です。2014年、アジア太平洋経済協力首脳会議で習近平が明らかにしました。2015年には、ロシアのプーチン大統領が構想していたユーラシア経済連合と連結させることが発表されました。

AIIBの目的は、アジア諸国のインフラ整備（鉄道や発電所など）のための資金を融資することです。中国は特に、中央アジアの経済発展を謳っています。日米が主導するアジア開発銀行（ADB）がありますが、参加国ではAIIBがすでに上回っています。

AIIBによる融資が本格化すれば、中国の国際金融における存在感は強まり、親中的な国も増えるでしょう。AIIBは、中国中心の経済圏をつくるための重要な布石と言えます。

KEY WORD 【アジア開発銀行（ADB）】1966年にアジア・太平洋地域の発展や経済協力を目的として誕生。本部はフィリピンだが、歴代総裁は日本人が務める。

中国、インド、パキスタン――三つ巴の南アジア情勢

チベットが侵略された地政学的理由

２０１６年、バングラデシュでテロ事件が起き、日本人も多数犠牲になりました。インドなど、南アジアとの関係は深まってきていますが、複雑な地域情勢への理解は必須です。

１９４７年、インドはイギリスからの独立を達成しました。しかし、ヒンドゥー教徒の多い地域はインド、イスラム教徒の多い地域はパキスタンに分かれてしまいます。独立時、国境のカシミール地方の帰属をめぐる紛争が発生し、現在も両国は対立しています。

インドの独立は、隣接するチベットの運命も変えました。イギリスがインドを支配していた頃、チベットは中国（中華民国）との間の緩衝地帯として、イギリスが後ろ盾になっていました。しかし、インド独立に伴い、イギリスは南アジアから撤退。これに乗じて、中国はチベットを併合しました（１９５１年）。

チベット併合に伴い、ダライ・ラマ14世はインドに亡命。それまで良好だった中印関係も悪化し、１９６２年には国境紛争に発展します。

核を持つ3つの大国のパワーゲーム

インドと対立するパキスタンは中国に接近し、インドは、東西から挟撃されるかたちになりました。パキスタンは、中央アジアからソ連がインド洋まで南下するのを防ぐ位置にあった

中国はチベットやカシミールを対インドの緩衝地帯にしたいのでしょう

KEY WORD 【カシミール地方】パキスタン北東部に広がる山岳地帯。イスラム系の住民が多く、それを理由にパキスタンは自領と主張している。00年代以降、テロも横行している。

南アジアを不安定化させる3国の関係性

インドを相手取り、中国とパキスタンが手を結んでいる。

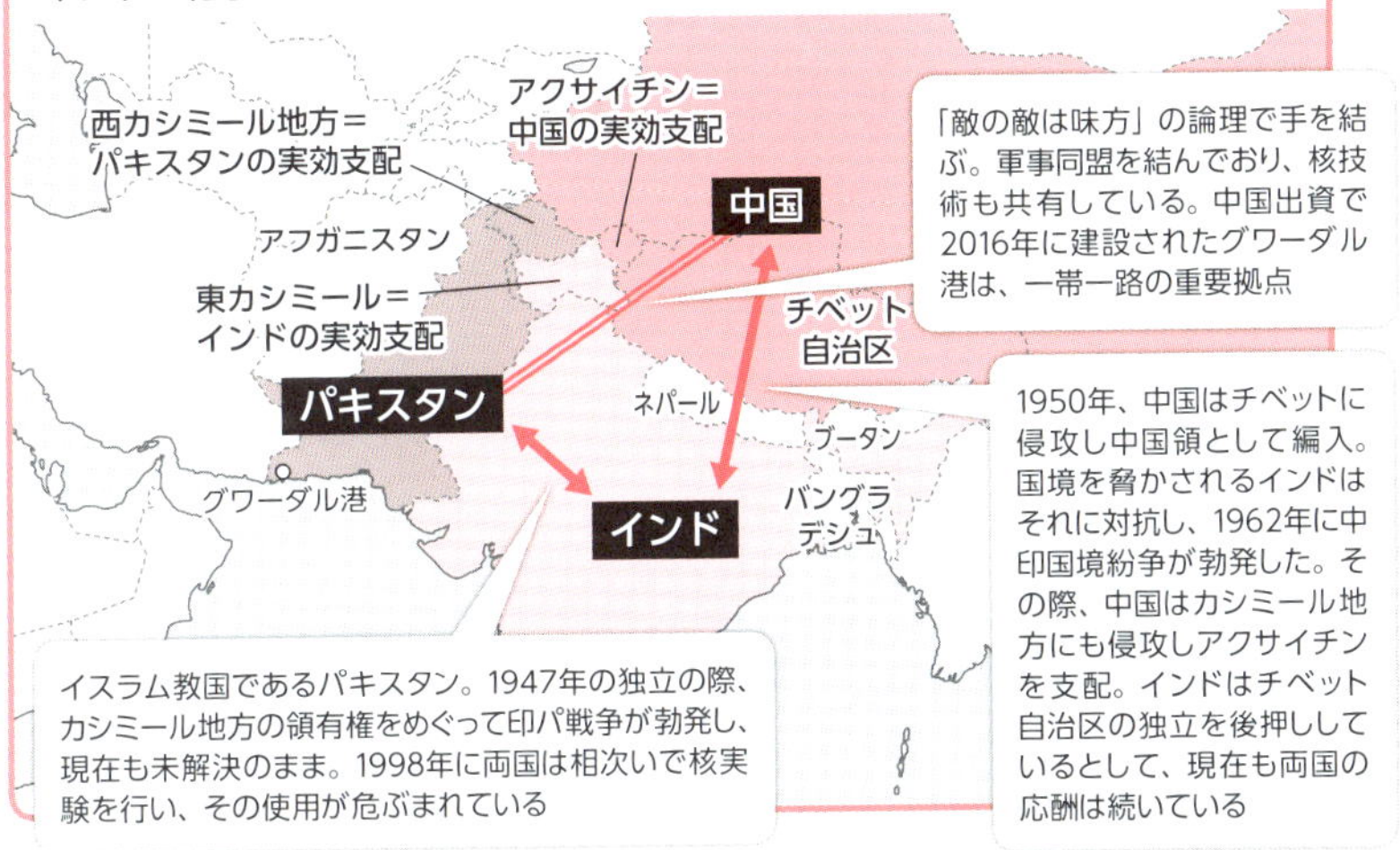
アクサイチン＝
中国の実効支配
西カシミール地方＝
パキスタンの実効支配
中国
アフガニスタン
東カシミール＝
インドの実効支配
チベット
自治区
パキスタン
ネパール
ブータン
グワーダル港
バングラ
デシュ
インド
「敵の敵は味方」の論理で手を結ぶ。軍事同盟を結んでおり、核技術も共有している。中国出資で2016年に建設されたグワーダル港は、一帯一路の重要拠点
1950年、中国はチベットに侵攻し中国領として編入。国境を脅かされるインドはそれに対抗し、1962年に中印国境紛争が勃発した。その際、中国はカシミール地方にも侵攻しアクサイチンを支配。インドはチベット自治区の独立を後押ししているとして、現在も両国の応酬は続いている
イスラム教国であるパキスタン。1947年の独立の際、カシミール地方の領有権をめぐって印パ戦争が勃発し、現在も未解決のまま。1998年に両国は相次いで核実験を行い、その使用が危ぶまれている

ので、アメリカとも同盟関係を結んでいます。

アメリカを当てにできないインドはソ連に接近し、1974年に核保有に踏み切りました。パキスタンも1998年、世界で7か国目、そしてイスラム圏唯一の核保有国になります。同年にはインドとパキスタンが相次いで核実験を行い、世界を震撼させました。中国のチベット併合を機に、アジアの力学が大きく変化したのです。

現在、南アジア情勢は中・印・パの3大国がせめぎ合って動いています。例えばネパールでは、伝統的にインドとつながりが強いですが、近年では中国への依存を強めつつあります。

近年はテロ事件が多発し、南アジア情勢を不透明にしています。パキスタンがイスラム過激派組織の温床になり、カースト制度が隠然とはびこるインドでも、貧困層や被差別者の支持を受けた過激派が活動を活発化。日本はテロとの戦いでも、各国との協力を迫られそうです。

KEY WORD 【ダライ・ラマ14世】1935年生まれ。ダライ・ラマとはチベット仏教の最高位であり、代々転生するとされる。14世は1959年にインドへ亡命。非暴力による解放闘争を続ける。

中国によるインド包囲網「真珠の首飾り」は成功するだろうか？

中国が画するインド包囲網

前ページでも解説したとおり、中国と長らく敵対関係にあるインド。中国の対インドの海洋戦略を「真珠の首飾り」といいます。

中国は、経済支援などを通じてミャンマー・バングラデシュ・スリランカ・パキスタンといった国々との関係を強化しています。資源国の中東までいたるインド洋の航路を確保するとともに、インドを友好国で包囲するわけです。

例えばミャンマーは、雲南《うんなん》省からインド洋に出る通路のため重要視されました。ミャンマーも、軍事政権時代に国際的に孤立したため、中国の後ろ盾を欲し、つながりを深めました。

インドも負けずに中国包囲網を形成

「真珠の首飾り」戦略を受けるインドも、対抗手段を打ち出しています。真珠の首飾りの外側を取り囲むように東南アジア～インド洋沿岸諸国と連携していく「ダイヤのネックレス」という戦略です。先ほどのミャンマーでは、2015年にアウンサンスーチーが選挙に勝利しました。中立路線のスーチーは従来の中国依存を改めており、逆にインドが近づいています。

中国のインド洋進出を危惧しているという点で、日本とインドの利害は一致しています。安倍政権は「セキュリティ・ダイヤモンド」という構想で中国の海洋進出を警戒しています。

地政学上重要な
インド洋をめぐり
中国とインドは激しく
火花を散らしている！

COUNTRY 【ミャンマー】旧国名はビルマ。戦後長らく軍政だったが、2015年の総選挙でアウンサンスーチー率いるNLDが圧勝。現在、ロヒンギャ弾圧が国際問題となっている。

「真珠の首飾り」VS「ダイヤのネックレス」

「真珠の首飾り」のルートは「一路」[⇒P118]と重なっている。インドは「ダイヤのネックレス」でその囲い込みを図るも、中国のリードを許している。

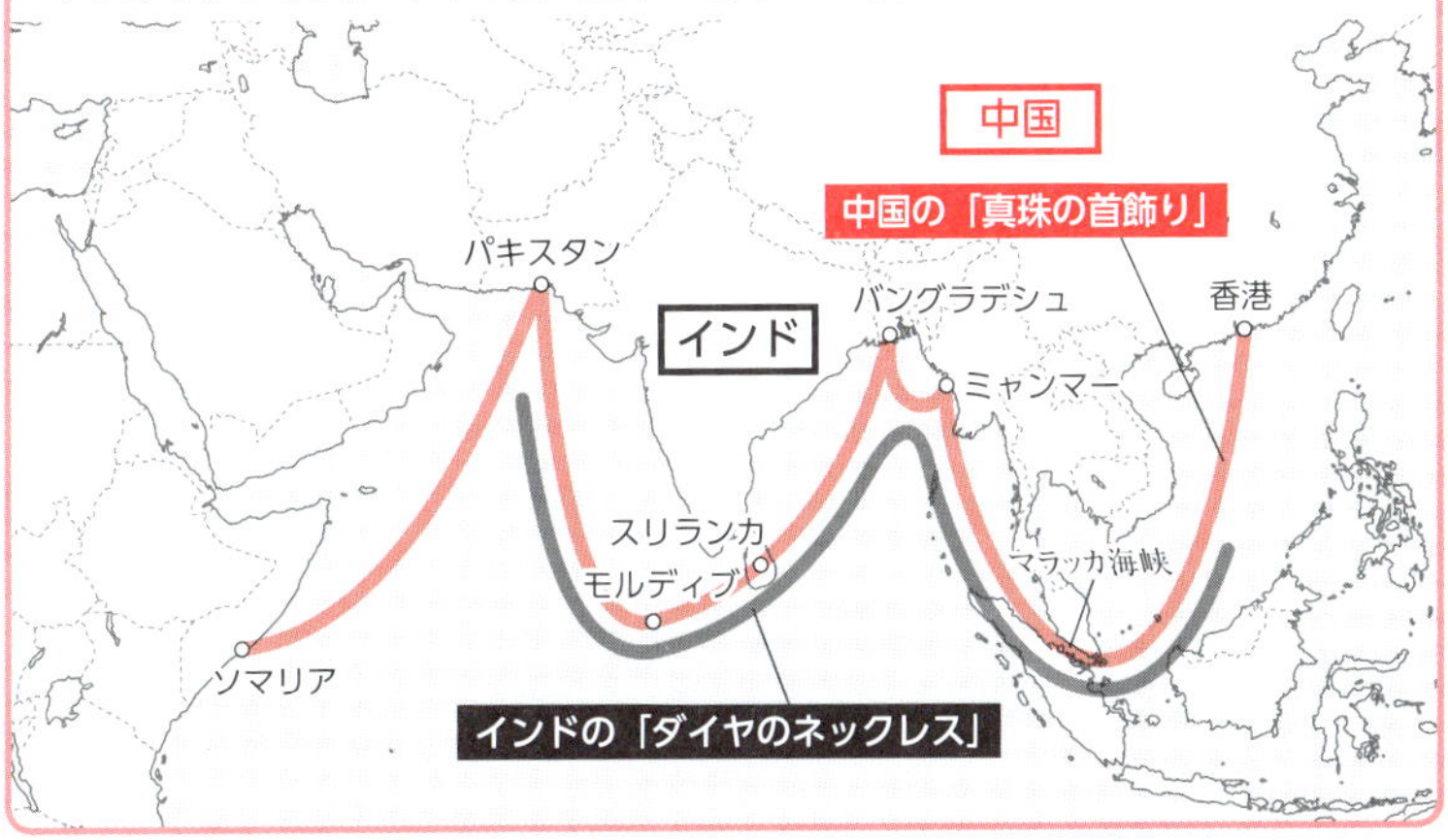

日本とインドが手をにぎる「セキュリティ・ダイヤモンド」

既存の防衛協定である「太平洋安全保障条約」「5か国防衛取極」の枠組みに日本とインドが加わり、太平洋・南シナ海への中国の進出に対抗する構想。

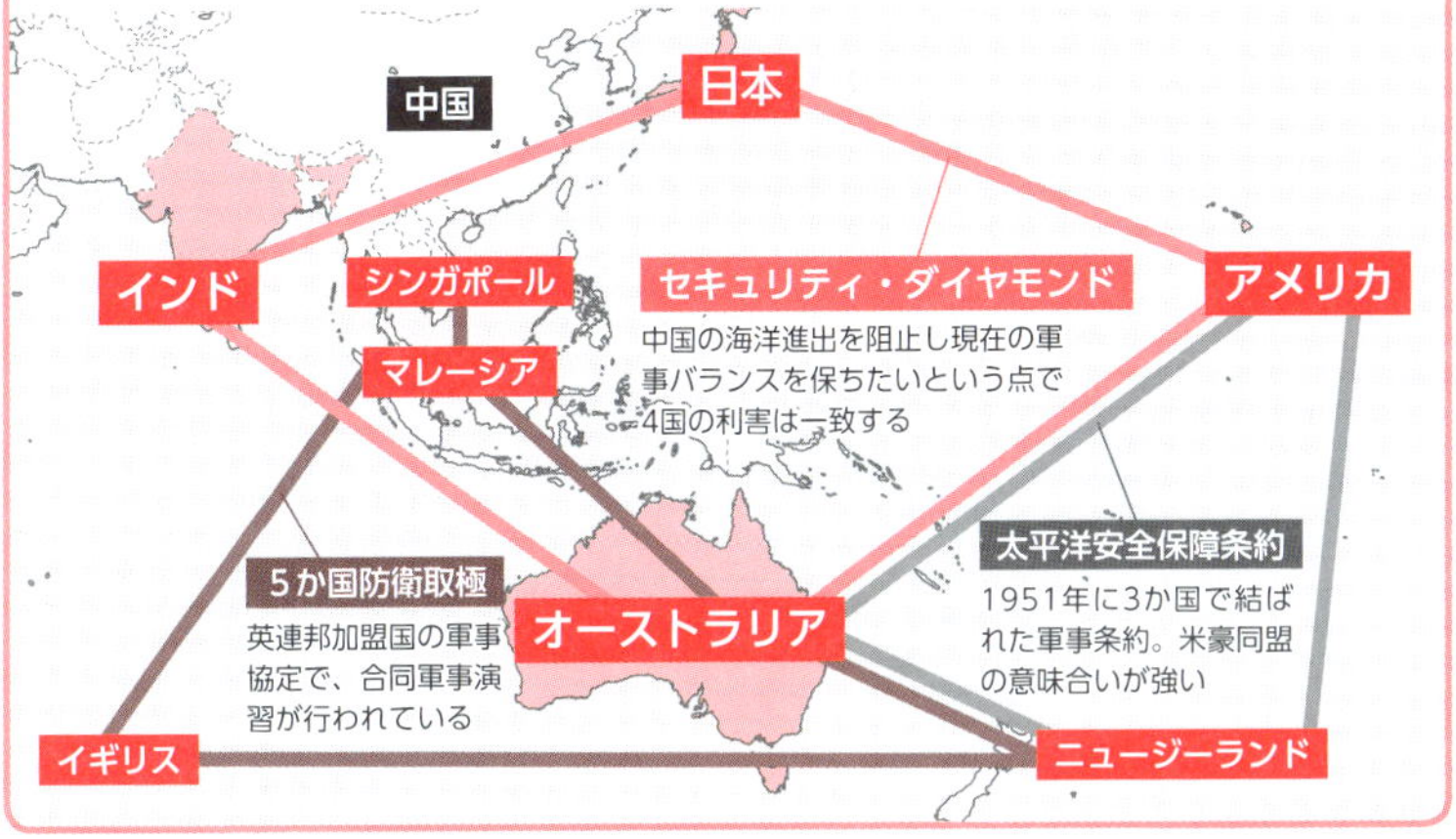

KEY WORD 【セキュリティ・ダイヤモンド】2012年に安倍首相が論文で発表。日本のシーレーンを脅かす中国への対抗的な安全保障戦略であり、3国とは良好な関係を維持。

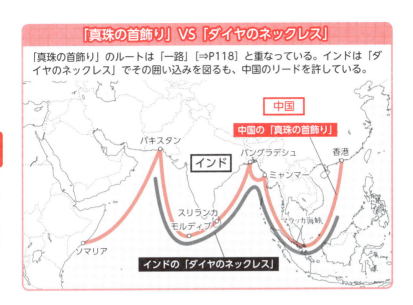

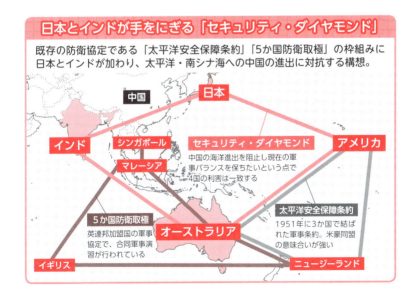

Column

Vacation time

ドゥテルテ就任で揺れるフィリピン

麻薬犯罪者の射殺を認めるなど、奇抜なキャラクターで耳目を集めているフィリピンのドゥテルテ大統領。フィリピンはもともと親米反中国の立場でしたが、彼の登場で風向きが変わってきています。

フィリピンのドゥテルテ大統領の動向を、日本やアメリカは注視しています。フィリピンは地政学的に重要な場所にあるからです。

フィリピンと台湾を結ぶルソン海峡（P117の地図参照）は、太平洋と南シナ海をつなぐチョークポイントで、日本に向かうタンカーもここを通ります。

冷戦時代のフィリピンは、共産圏である中国への最前線として、米軍基地が置かれていました。しかし、腐敗した親米独裁政権が続き、国民の間で反米感情が高まっていきます。フィリピンの民主化と冷戦終結を受け、1991年に米軍はフィリピンから撤退。南シナ海を狙う中国は、この軍事力の空白を見逃さず、南沙諸島の実効支配を強化しました。

2010年に就任したベニグノ・アキノ大統領（同名の父も有名な政治家）は、国際仲裁裁判所に中国を提訴するなどの強硬姿勢を見せ、アメリカや日本との安全保障上の連携を図りました。

ところが、2016年に就任したドゥテルテは、中国からの経済支援目当てに南シナ海問題を棚上げし、中国への傾斜を強めています。「第一列島線」の確保を目指す中国にとって、願ってもない状況なのです。

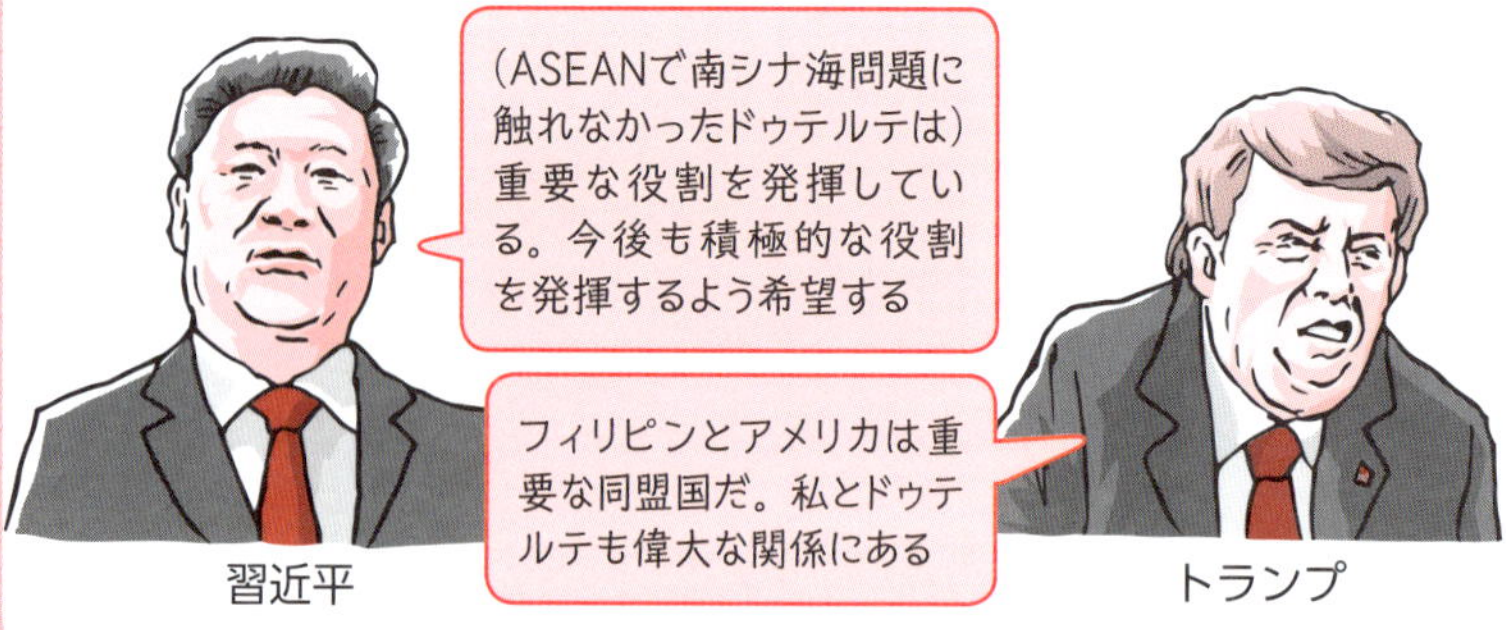
（ASEANで南シナ海問題に触れなかったドゥテルテは）重要な役割を発揮している。今後も積極的な役割を発揮するよう希望する
フィリピンとアメリカは重要な同盟国だ。私とドゥテルテも偉大な関係にある
習近平
トランプ

第4章

覇権国家アメリカの行方

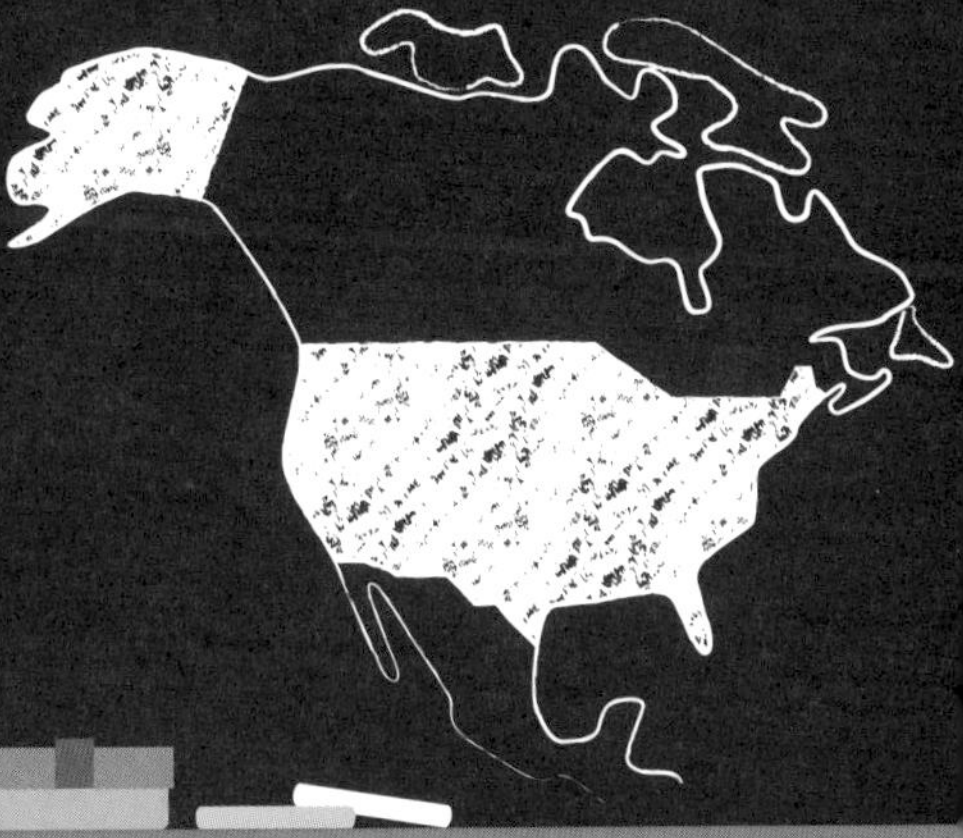

アメリカが超大国
になれたのにも
地政学的な理由が
あります！

第4章 覇権国家アメリカの行方

今のトランプ政権は
移民の制限を進めたり
差別発言が目立ったり
時代に逆行してるようで
どうもなぁ…
フウ…
フリ
フリ
お父さんの言う通り
今のアメリカは
昔の排他的な社会に
戻ろうとしてると
いえるかもしれないね
ニャーン
いたの
先生…!?
ゴビーン
でもトランプ大統領は
選挙で選ばれた
リーダーでしょ？
You're Fired!
トランプを
支持したのは
低所得層や
ブルーカラーが
中心なんだ
彼らは移民に
仕事を奪われたから
移民制限を政策とした
トランプを支持
しているんだよ
あとトランプ支持者は
『強いアメリカを
とりもどす』という
発言に惹かれたんだとも
僕は考えてる
USA!!
ナデ
ナデ
ゴロ ゴロ ゴロ
強い
アメリカ？

アキラ君 『パクス＝アメリカーナ』って 言葉を知ってるかい？
？
パク…？
『アメリカの平和』 という意味で 米国が世界の覇権を 握っていることを 示す言葉だよ
ゴロゴロゴロ…
でもアメリカって もともと ヨーロッパの 植民地だったん だよね？
そう！ でも独立後に みるみるうちに 経済大国になった
それはアメリカの 地理的条件が 関係してるんだよ
アメリカはそれ以前に 覇権を握っていた ヨーロッパからも 中国からも離れていた
だから周りに侵略 されずに 力を溜めることが できたんだ
ヨーロッパ
アフリカ

そっか
それで世界
ナンバー1の
国家になれたのかぁ
USA
ロシア
中国
そう！
さらにその後の冷戦では
西側陣営の盟主として
世界中に軍を駐留させて
『世界の警察』となった
んだよ！
でもそんな
アメリカの覇権に
かげりが見えて
きてるからトランプは
『強いアメリカ』を
強調してるんじゃないかな
なるほど
～…
アメリカが
どんな国なのか
グッと興味
わいてきたよ！
お♪
じゃあ勉強して
今度いっしょに
旅行に行くか！
僕も
ご一緒
しようかな♥

地理的特徴

「巨大な島」アメリカは地政学的にリスクが低かった

周囲に敵対国がおらず海に囲まれている。そんなアメリカの特徴を読み解いてみよう

アメリカは世界一の巨大な島

地政学ではアメリカを「巨大な島」とみなしています。アメリカは東を大西洋、西を太平洋に囲まれており、ユーラシア大陸から遠く離れています。そのため敵国から直接攻撃を受けるリスクが非常に低いのが特徴。事実アメリカ本土が直接攻撃されたのは、航空機が発達する20世紀初頭以前までは米英戦争のときだけです。20世紀以降、アメリカが世界の覇権を獲得できたのも、二度の世界大戦で国土が戦場となったために、西欧列強がすっかり消耗してしまったのに対して、本土がほぼ無傷だったからです。

またアメリカ大陸の中にも、合衆国を脅かす国は存在しません。常に周辺諸国と緊張関係にあったドイツやロシアのような大陸国家とは大きく違います。だから「巨大な島」なのです。

アメリカのお国柄は地政学で説明できる

ナポレオンは「一国の地理を把握すれば、その国の外交政策が理解できる」と言いましたが、アメリカ軍が大規模な海外展開を行える理由も、孤立主義と介入主義が両立している理由も、さらには民主主義が発達した理由も、すべて地政学で説明できます。

まずアメリカには陸続きの隣国に敵対国がいないため、本土防衛に必要な軍隊は最小限で済みます。そのためその余力を海外派兵に振り分

WHO'S WHO 【コロンブス】1451頃－1506。イタリア生まれの大航海時代を代表する航海者。はじめてアメリカ大陸の存在をヨーロッパに伝えたが、本人はそれをインドと信じていた。

「巨大な島」アメリカ

海洋に面し、周辺に脅威となる対立国がいないアメリカ。最小限の軍隊で国土を守れる地政学的優位性が、国外へ拡大していく要因となった。

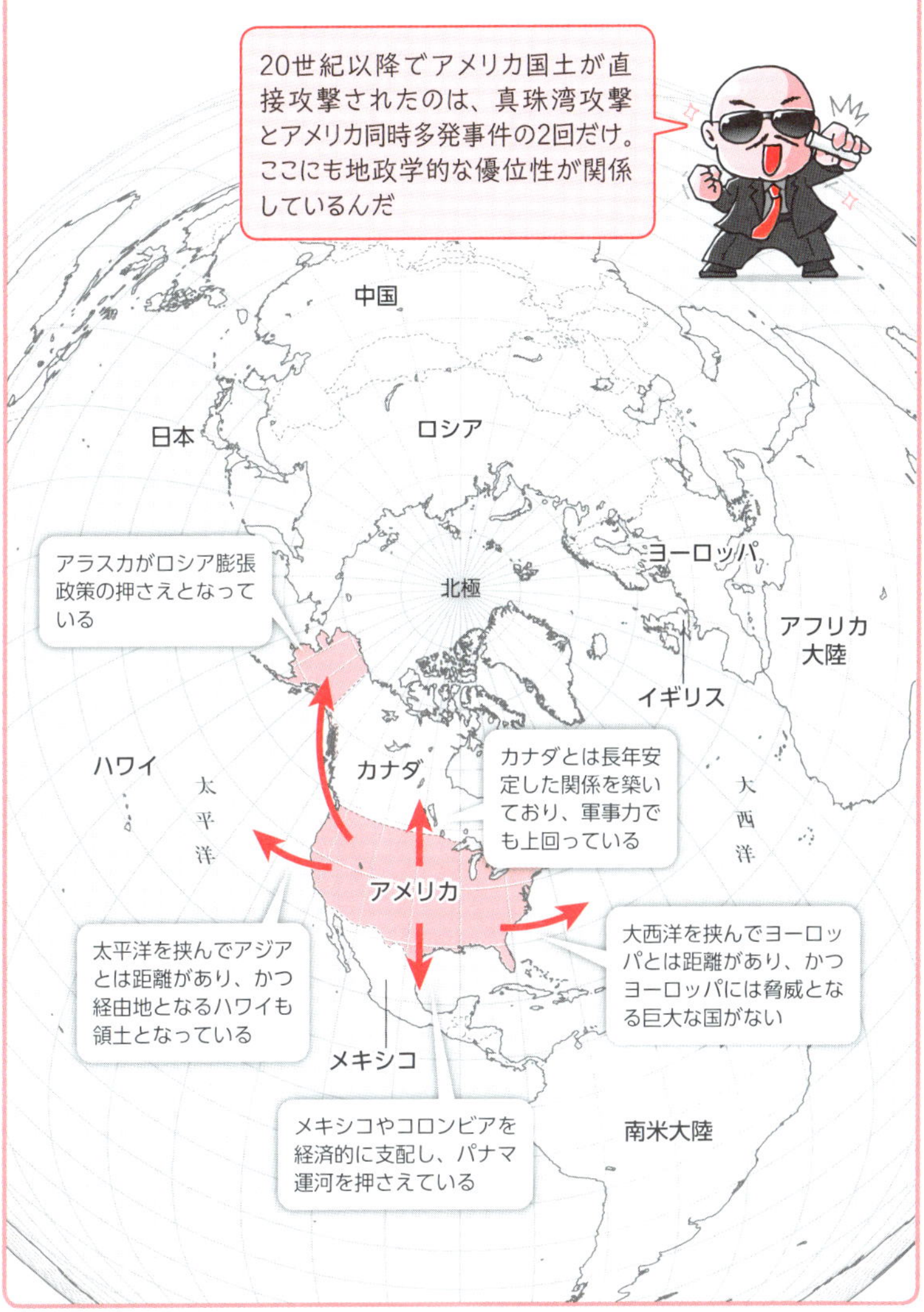

20世紀以降でアメリカ国土が直接攻撃されたのは、真珠湾攻撃とアメリカ同時多発事件の2回だけ。ここにも地政学的な優位性が関係しているんだ
中国
日本
ロシア
ヨーロッパ
北極
アフリカ大陸
イギリス
アラスカがロシア膨張政策の押さえとなっている
ハワイ
太平洋
カナダ
カナダとは長年安定した関係を築いており、軍事力でも上回っている
大西洋
アメリカ
太平洋を挟んでアジアとは距離があり、かつ経由地となるハワイも領土となっている
大西洋を挟んでヨーロッパとは距離があり、かつヨーロッパには脅威となる巨大な国がない
メキシコ
メキシコやコロンビアを経済的に支配し、パナマ運河を押さえている
南米大陸

KEY WORD 【ゴールドラッシュ】1848年にカリフォルニアで砂金が発見されたことをきっかけに、採掘者が殺到したこと。これにより西部開拓が急進した。

けることが可能です。

　また周りが海に囲まれた「島」であるということは、海を敵国からの侵入を防ぐ防波堤と捉えることもできますし、世界に打って出るための手段として捉えることもできます。前者の意識が強くなったときに表れるのが自分の国だけしっかり守ろうという孤立主義であり、後者が強くなったときに顕著になるのが露骨なまでの介入主義です。この二つは地政学的にはまったく矛盾しないのです。

　アメリカがイギリスと並んで民主主義がいち早く発達したのは、両国とも「島」だったからという理由もあります。対照的にドイツのような大陸国家は、常に他国からの侵略に脅かされる立地であったため、君主が絶対的な権力を持って国家をまとめる必要がありました。しかしアメリカもイギリスも周囲を海に囲まれているため、本土を脅かされる不安が少なく、民主主義を花開かせるだけの余裕があったのです。

「明白な天命」によって国土を拡大

　アメリカは建国時から「巨大な島」だったわけではありません。当初は東部13州だけの小さな国でしたが、イギリスやフランス、スペインからの土地の譲渡や買収、戦争によるメキシコからの強奪で領土を拡大していきました。

　当時アメリカには「明白な天命（マニフェスト・デスティニー）」というスローガンがありました。もともとアメリカは、イギリスから追われたプロテスタント・カルヴァン派のピューリタンが築いた国。彼らには「アメリカ大陸という新世界で理想国家をつくる」という目標がありました。その理想国家であるアメリカの国土を拡大していくのは、「神が与えてくれた天命であるから正しい」というのが、彼らの考え方だったのです。1890年には西部開拓は終了し、アメリカはフロンティアの消滅を宣言します。こうして「巨大な島」が完成しました。

KEY WORD 【明白な天命】領土を西へと開拓していくことを「神に与えられた使命」として正当化する考え方。マニフェスト・デスティニー。

地政学から見たアメリカの主なできごと

アメリカが台頭していくまでの背景には、地政学的な要因が多く関係している。

西暦	出来事	地政学的な見方	その頃の日本
1492	大航海時代。**コロンブスがカリブ海諸島に到達**	海に阻まれていたため発展した先住民の独自の文明が破壊され、征服される	室町
1620	イギリス人ピューリタンの北米移住	メキシコ人を排除しながら西部開拓を続ける	江戸初期
1775	**独立戦争**。北米の植民地がイギリスと衝突	独立を達成し、「明白な天命」に従い西部開拓を進める	江戸中期
1812	**米英戦争**	アメリカ本土が攻撃された最初の戦争	
1848	カリフォルニアで金鉱発見。**ゴールドラッシュ**	西部開拓がさらに盛んに。19世紀後半には国内の開拓が達成され、フロンティアが消滅	江戸後期、幕末
1861	**南北戦争**		幕末
1898	**米西戦争**	カリブ海を押さえ太平洋に進出、中国をもにらむ	明治
1914	**第一次世界大戦**	貿易上の観点から中立だったが、翌年にドイツから攻撃を受けたことを契機に連合国側に参加	大正
1941	**真珠湾攻撃** [⇒P138]	ハワイが日本から攻撃を受ける	昭和
1950	**朝鮮戦争** [⇒P84]	ソ連との代理戦争	
1962	**キューバ危機** [⇒P146]	ソ連との対立により、本土が核攻撃の危機に	
1965	**ベトナム戦争** [⇒P144]	朝鮮戦争同様、ソ連との代理戦争	
2001	**アメリカ同時多発テロ事件**	報復としてアフガニスタンを攻撃、イラク戦争へ	平成

東西冷戦時代にはソ連と代理戦争を繰り返したもんだ…

KEY WORD 【フロンティア】西部開拓時代の未開拓地域の最前線をさす。19世紀後半には開拓が完了し、このフロンティアが消滅。国外へ目を向ける契機となる。

近現代史

アメリカが世界有数のシーパワー国家になるまで

フィリピンやグアムを手に入れる

西部開拓の完了によって「巨大な島」を完成させたアメリカが、次に目を向けたのは「海」。カリブ海をアメリカの内海にすることを目指すとともに、太平洋への進出を図りました。

まずハワイ王国を滅亡に追い込んだアメリカは、1898年にハワイを50番目の州として併合します。またスペインに対しては同年に米西戦争を仕掛け、これに勝利。スペインが領有していたフィリピン、グアム、プエルトリコを手に入れました。さらに米西戦争でアメリカが勝利した結果、スペインから独立したキューバを実質上の保護国にしました。

棍棒外交でカリブ海諸国を支配下に

アメリカにとってハワイを併合し、フィリピンやグアムを植民地化したことは、東アジア市場に勢力を伸ばす足がかりとなりました。一方カリブ海では棍棒《こんぼう》外交と呼ばれる武力を背景とした外交政策によって、周辺諸国を政治的・経済的に支配下に収めます。1903年にはコロンビアからパナマを独立させ、パナマ運河の建設を推進。そして1914年に運河が完成したことで、太平洋と大西洋がつながりました。

こうしてアメリカは、短期間で世界有数のシーパワー国家になりました。世界に影響力を与えられる国になったのです。

アメリカが世界に勢力を広げる体制を次々に完成させていきます

KEY WORD 【カリブ海政策】アメリカがカリブ海を支配するための政策。アメリカは武力をちらつかせながら、カリブ海諸国の内政にたびたび介入した。

太平洋とカリブ海を手中に収めたアメリカ

ハワイ併合や米西戦争での勝利によって、アメリカは太平洋進出に成功した。

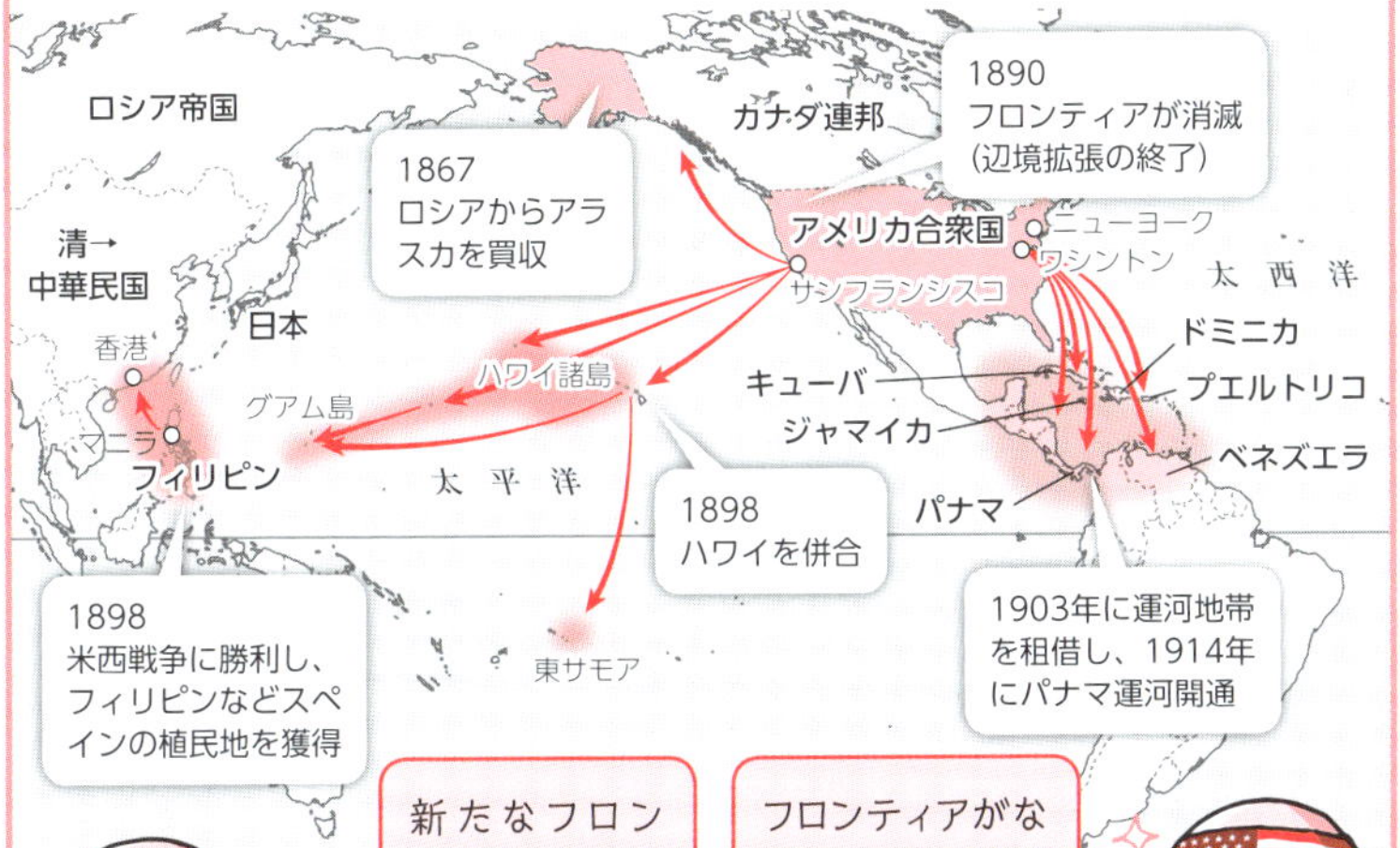

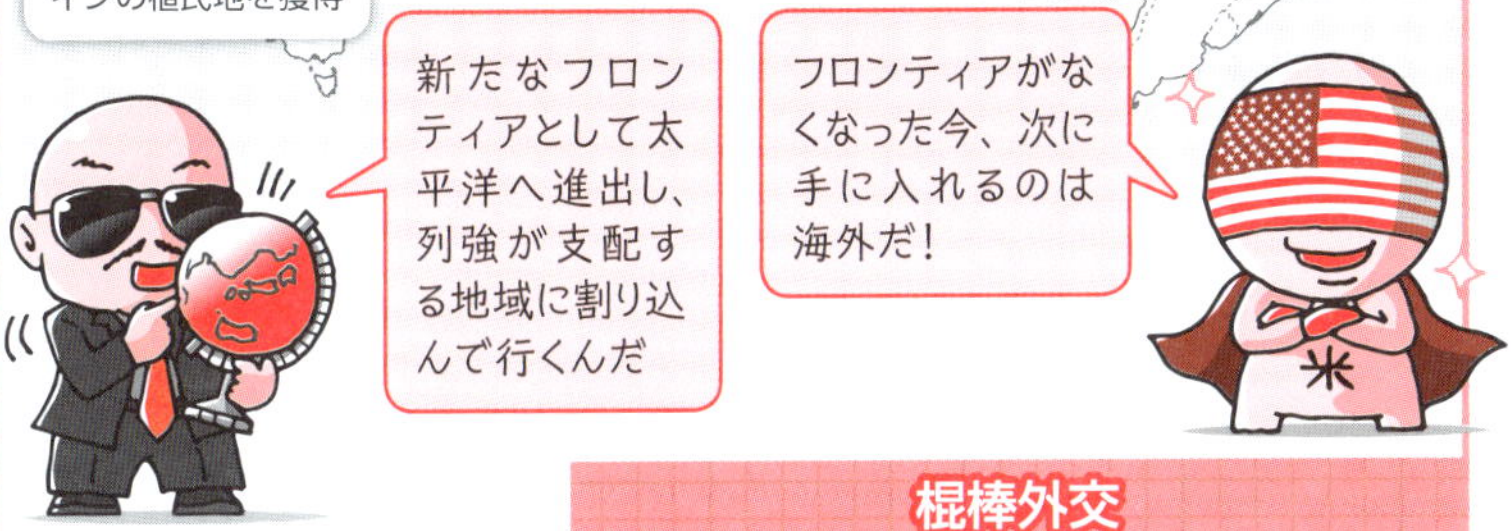

棍棒外交

20世紀初頭のアメリカ大統領セオドア=ローズヴェルトの外交政策を表した風刺画。「静かな態度で、武力をちらつかせて脅す」という、カリブ海政策の方針を端的に示している。

KEY WORD 【米西戦争】1898年にキューバをめぐりアメリカとスペインで起きた戦争。アメリカが勝利しキューバを事実上支配下に置き、フィリピンなどスペインの植民地を領有した。

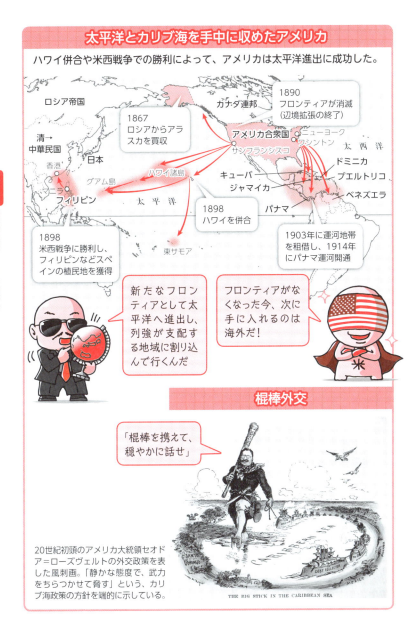

日・米が争った太平洋をめぐる戦争の行方

日本に危機感を覚えたアメリカ。次第に両国は対立を深めていき……

まずは外交で日本に勝利を収める

アメリカが太平洋へと勢力を伸ばしていた時期、アジアでは日本が台頭。両国の共通点は、第一次世界大戦の戦場になることを免れたため、十分な国力を維持していたことです。

日本に太平洋の制海権を脅かされることを恐れたアメリカは、外交政策で日本の勢いを削ごうとします。１９２１年から開催されたワシントン会議では、日・英・米・仏の４か国が、太平洋上の領土・権益を相互尊重することを定めた四か国条約を締結。またワシントン海軍軍縮条約で、日本の主力艦の排水量をアメリカの６割に抑えることを日本に認めさせました。

日本の軍部の台頭とともに対立が深まる

こうして外交によって日本の抑え込みに成功したアメリカでしたが、日本の軍部の台頭とともに状況は変わります。１９３４年、日本はワシントン海軍軍縮条約の破棄を各国に通告。再び海軍軍備拡張を始めます。さらに１９４０年、南シナ海に面するインドシナ北部に日本が進出したことで、日米の対立が決定的になりました。

１９４１年、日本軍による真珠湾攻撃によって太平洋戦争が開戦。この戦争は太平洋の制海権をめぐる日米の戦いでした。また航空戦力の登場によって、制空権をめぐる戦いにもなりました。結果はアメリカの勝利に終わります。

KEY WORD 【ワシントン会議】第一次世界大戦後に開かれた史上初の軍縮会議。アメリカ、日本など9か国が参加し、アメリカは太平洋問題や海軍軍縮について大きな成果を収めた。

ブロック経済による経済圏の分断

1929年に起きた世界恐慌後、植民地を持つ有力国は自国と植民地を中心としたブロック経済圏を形成し、そのブロック内での貿易を強めた。このブロック間での対立が深刻化し、第二次世界大戦の引き金となる。

ブロック経済は経済圏外に
高い関税をかけるなど閉鎖的で
植民地が主要国から
搾取されることも多かったんだ
ドル＝ブロック
スターリング＝ブロック
フラン＝ブロック
円ブロック
ドイツ支配下の為替管理地域
帰属が変動または不明な地域

真珠湾攻撃と太平洋戦争開戦

1941年12月8日、ハワイの真珠湾で日本軍がアメリカ軍に奇襲を仕掛けた。これを機に太平洋戦争が開始し、アメリカが第二次世界大戦に参戦した。

奇襲を受け、炎上する真珠湾の上空を飛ぶ日本軍の攻撃機。

我が国土に攻撃を
仕掛けてくるとは…
日本め、許さんぞ！
米

KEY WORD 【四か国条約】ワシントン会議で、米・英・仏・日の4か国で調印されたもの。太平洋諸島の現状維持や、日英同盟の解消などが決められた。

近現代史

マーシャル・プランを行った本当の狙いとは？

100億ドルを投じて復興を支援

　第二次世界大戦によってヨーロッパは焦土と化し、各国の経済は疲弊し尽くしていました。本土が無傷だったアメリカとは対照的でした。

　アメリカはそんなヨーロッパに対して1947年、ヨーロッパ経済復興援助計画（通称・マーシャル・プラン）を策定。**総額100億ドル以上の資金を投入して復興支援を行います。**そのうちの90億ドル以上は、返済の義務がないものでした。この政策をイギリスのベヴィン外相は、「溺《おぼ》れゆく者への命綱」と表現します。アメリカとヨーロッパの力関係が完全に逆転し、アメリカが戦後世界のリーダーになったことを象徴する政策でした。

　支援を受けたイギリス、フランス、西ドイツ、イタリアといった国々は急速に復興。特に敗戦国の西ドイツやイタリアは「奇跡の復興」と呼ばれるほどの経済成長を遂げました。**ただしアメリカは、人道的な見地から支援を行ったわけではありません。**

アメリカにとって一石二鳥の政策だった

　マーシャル・プランの一番の狙いは、多額の支援を通じてヨーロッパ諸国を自陣営に引き込み、ソ連に対抗することでした。これについては次項［⇒P142］で述べます。

　もう一つの狙いは、アメリカの国内産業の発

ヨーロッパに対するアメリカの支援は自分たちが得をするように計算されていたんだ

WHO'S WHO 【マーシャル】1880－1959。アメリカのトルーマン大統領政権下で国務長官を務めた。マーシャル・プランを発表し、冷戦構造を本格化させる契機となった。

マーシャル・プランの構造

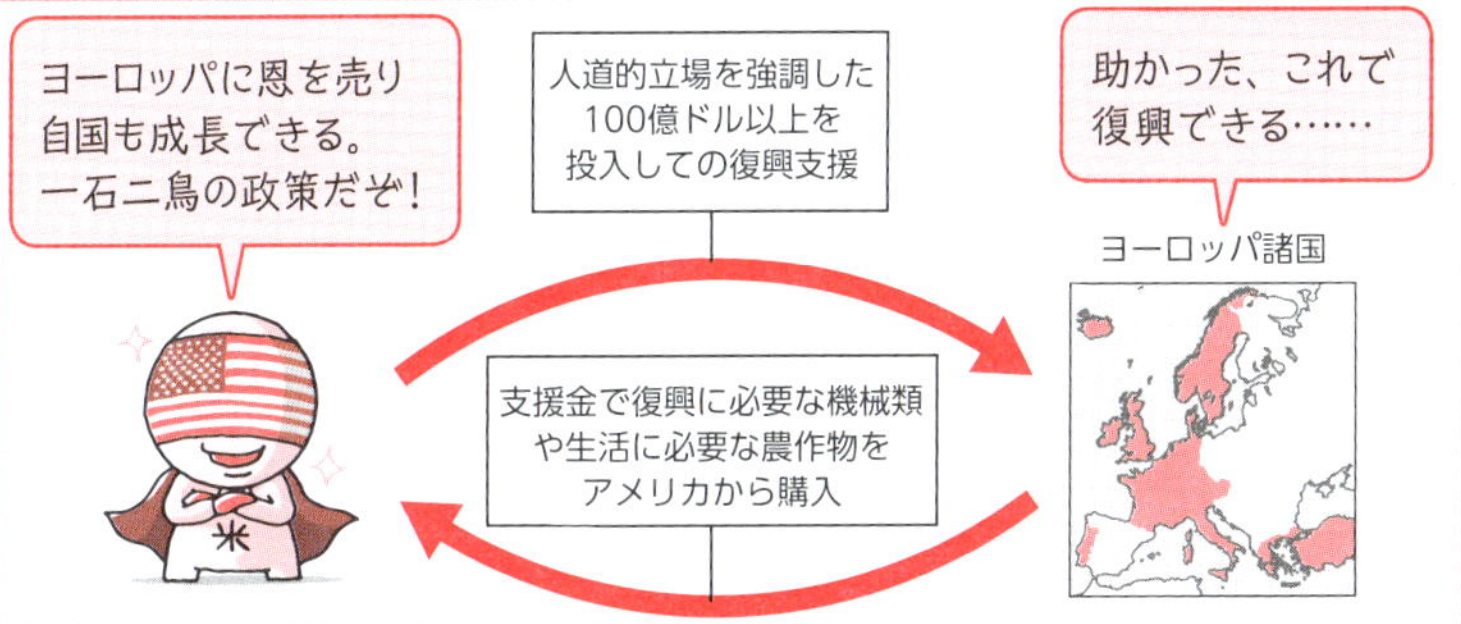

トルーマン政権が発表したマーシャル・プランはヨーロッパ諸国への大きな支援となったが、支援金の使い道は多くが回り回ってアメリカの利益となるようになっていた。これにソ連は反発し、東西冷戦体制が深刻化していく。

展です。支援金の多くは使い道がアメリカによって指定されており、工場などを再建するために必要となる機械類か、生活のために必要な農作物しか購入することができませんでした。これらの商品をどこから購入するかといえば、当時の世界状況をみれば、アメリカ以外に見あたりません。つまりヨーロッパ諸国にお金を贈与しても、回り回ってアメリカに戻ってくるわけです。

　さらに支援金の活用によってヨーロッパ経済が再生し、アメリカとの貿易が再び盛んになることは、アメリカにとってもメリットが大きいことです。つまりマーシャル・プランは、ヨーロッパの国々に恩を売ることもできるし、自国の経済の活性化にもつながる一石二鳥の政策だったといえるでしょう。

　1950年代、アメリカの国力や国際的な影響力は絶頂に達します。敵は共産主義の拡大を狙うソ連だけでした。

WHO'S WHO 【トルーマン】1884－1972。第33代大統領。第二次世界大戦を原爆使用によって終結させ、日本にポツダム宣言を勧告。戦後は共産圏への封じ込め政策を行う。

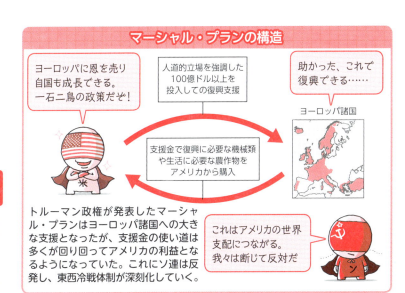

近現代史

世界を巻き込んだ ソ連との対決と冷戦の本質

リムランドをめぐる攻防

アメリカ
リムランドを制圧し、ソ連を封じ込めろ！
ハワイ諸島
米

ユーラシア大陸の中央をハートランド、それを囲む沿岸地帯をリムランドと呼ぶ［⇒P36］。スパイクマンは、ハートランドに位置する中国、ソ連と、アメリカなどのシーパワー国家がこのリムランドをめぐって争うと予言した。

アメリカの支援とソ連の圧力のもと世界が東西に分裂していくんだ

ヨーロッパが西側と東側に分断される

前述したように、アメリカがマーシャル・プランを行った一番の狙いはソ連への対抗です。戦後ソ連は、東欧諸国を次々と衛星国化していきます。そこでトルーマン大統領は、ヨーロッパ諸国を自陣営に引き込むことで、ソ連の拡大を封じ込める作戦に出たのです。当初マーシャル・プランは東欧諸国も支援の対象にしていましたが、これらの国々はソ連の圧力のもと、支援を受けることを拒否。こうしてヨーロッパは西側は自由主義陣営、東側は社会主義陣営にはっきりと分かれました。この冷戦体制が、1989年のベルリンの壁崩壊まで続きます。

KEY WORD 【NATO】北大西洋条約機構。アメリカを中心に当初12か国で結成され、東西冷戦期には東欧圏への抑止力となっていた。現在は29か国が加盟している。

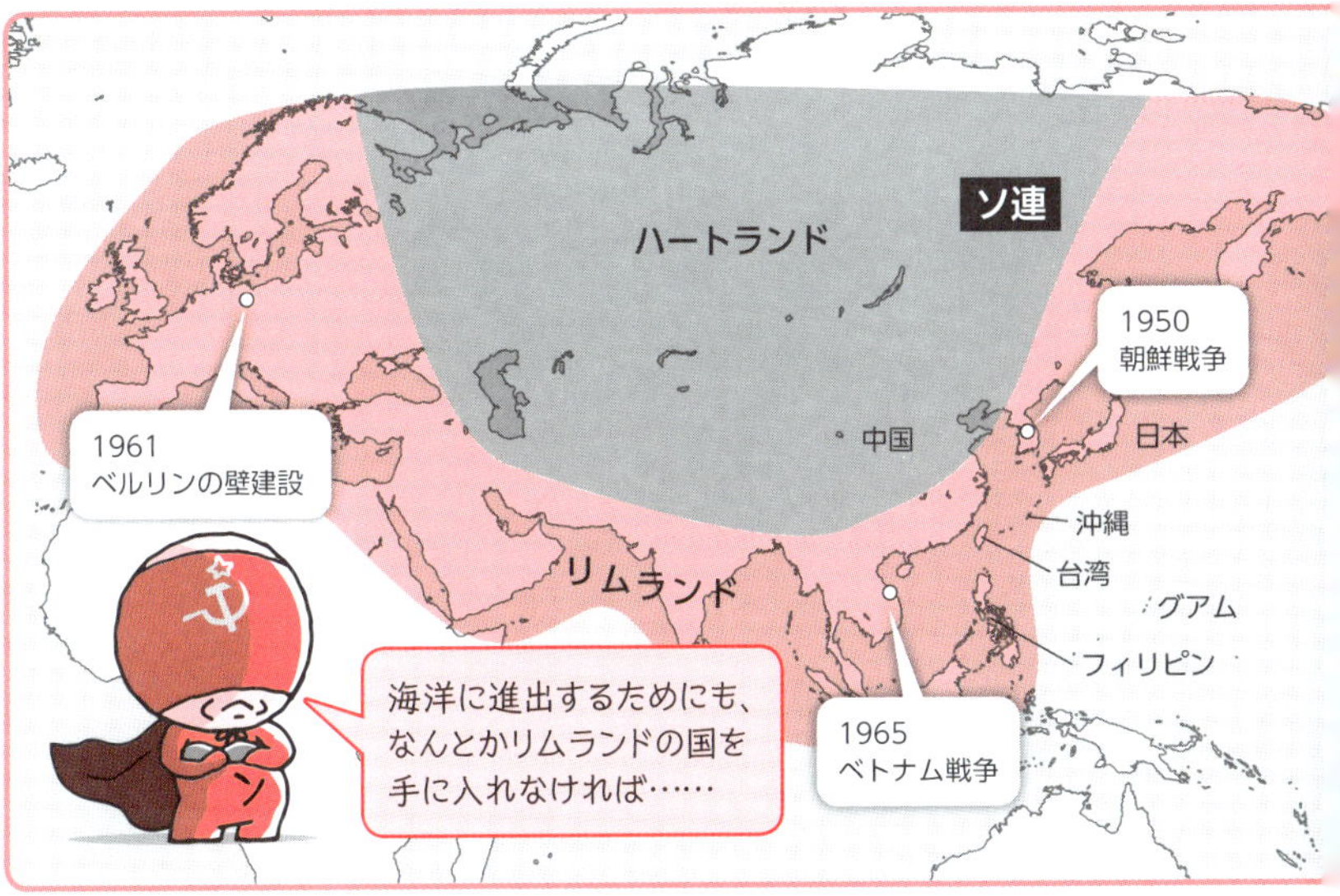

リムランドをめぐる攻防

ソ連や東欧諸国の地理的な特徴は、ユーラシア大陸の心臓部（ハートランド）に国土があることです。そこで冷戦期のアメリカの外交戦略は、ハートランドの国々のリムランドへの拡大をいかに防ぐかが大きなテーマとなりました。リムランドの国々と協調することで、ソ連や中国の海上進出を防ごうとしたのです。

アメリカは西側諸国の結束を固めるために、軍事同盟のNATO（北大西洋条約機構）を結成［⇒P195］。またASEAN（東南アジア諸国連合）も、アジア地域で社会主義化が進むことを恐れたアメリカ主導で1960年代に結成されたものです。日本との日米安保条約、タイやフィリピンとの東南アジア条約機構といった軍事同盟も、リムランドを囲い込むねらいがありました。

以後、西側と東側の勢力拡大をめぐる攻防は、リムランドを中心に繰り広げられます。

KEY WORD 【ASEAN】東南アジア諸国連合。1967年に結成された地域協力機構。東南アジアの10か国で構成。EUのユーロのようにASEANでの通貨統一が検討されている。

近現代史

アメリカが朝鮮戦争とベトナム戦争に関わった理由とは？

朝鮮戦争はアメリカ対中国・ソ連の戦い

アメリカが社会主義勢力のハートランドからリムランドへの進出を防ぐために介入した代表的な戦争が、朝鮮戦争とベトナム戦争です。

１９５０年、北朝鮮軍は突如北緯38度線を越えて韓国に侵攻し、朝鮮戦争が勃発［⇒P84］。一時は半島南端の釜山《プサン》に迫る勢いでした。これに対しアメリカは、米兵が9割以上を占める国連軍を朝鮮半島に送り込んで対抗します。一方中国は人民義勇軍を派遣、ソ連は武器を供与することで北朝鮮を支援。戦線は膠着《こうちゃく》状態に陥り、１９５３年に休戦協定が結ばれました。西側と東側が全面的に武力でぶつかった初めての戦争でした。

ベトナム戦争でアメリカが払った代償

もし朝鮮半島がソ連や中国の手に落ちれば、次に狙われるのは日本です。すると太平洋の制海権が脅かされます。アメリカの朝鮮戦争への介入は、こうした事態を避けたかったからです。

一方、１９６５年からアメリカが介入し8年間も続いたベトナム戦争は、泥沼の戦争でした。50万人の地上軍を投入したにもかかわらず、ソ連や中国が支援する北ベトナムに苦戦。世界中で反戦運動が湧き起こり、戦争の長期化によってアメリカの財政も逼迫《ひっぱく》します。社会主義勢力に対抗するために、アメリカが払った代償は大きなものでした。

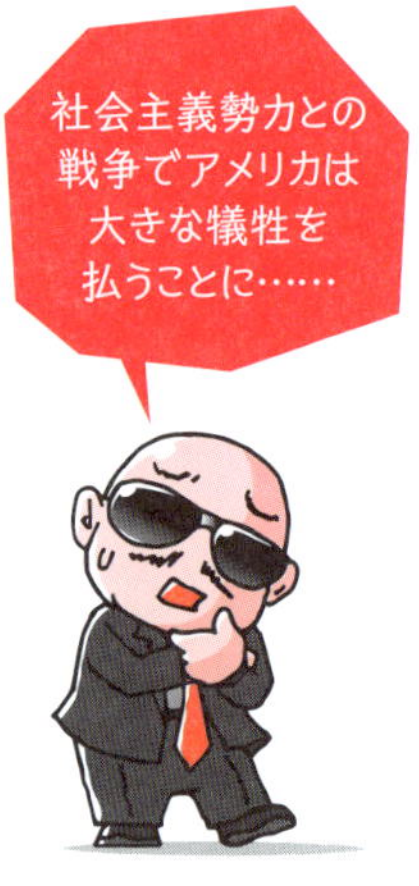
社会主義勢力との戦争でアメリカは大きな犠牲を払うことに……

KEY WORD 【衛星国】独立しているが、実質的に強国の支配を受けている国。冷戦下ではソ連の影響を受ける東欧諸国を指して呼ばれた。

東西冷戦の対立構造

多くの国を巻き込んだ東西冷戦は、朝鮮戦争やベルリン封鎖などの激しい対立を引き起こした。

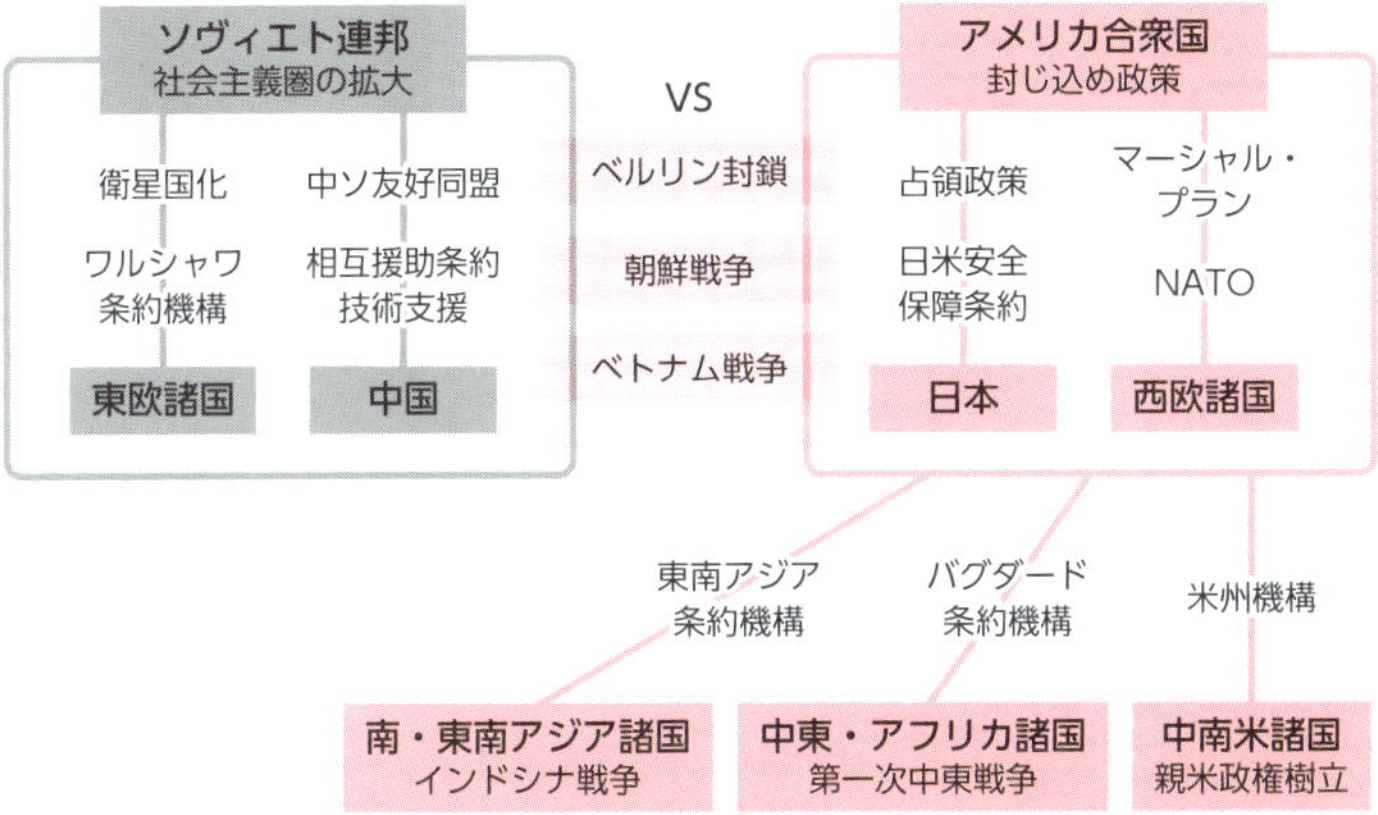

冷戦下のアメリカとアジアの同盟関係

第二次世界大戦後、東南アジア諸国は独立を果たしたが、間もなく東アジアとともに冷戦構造に組み込まれていくことになった。

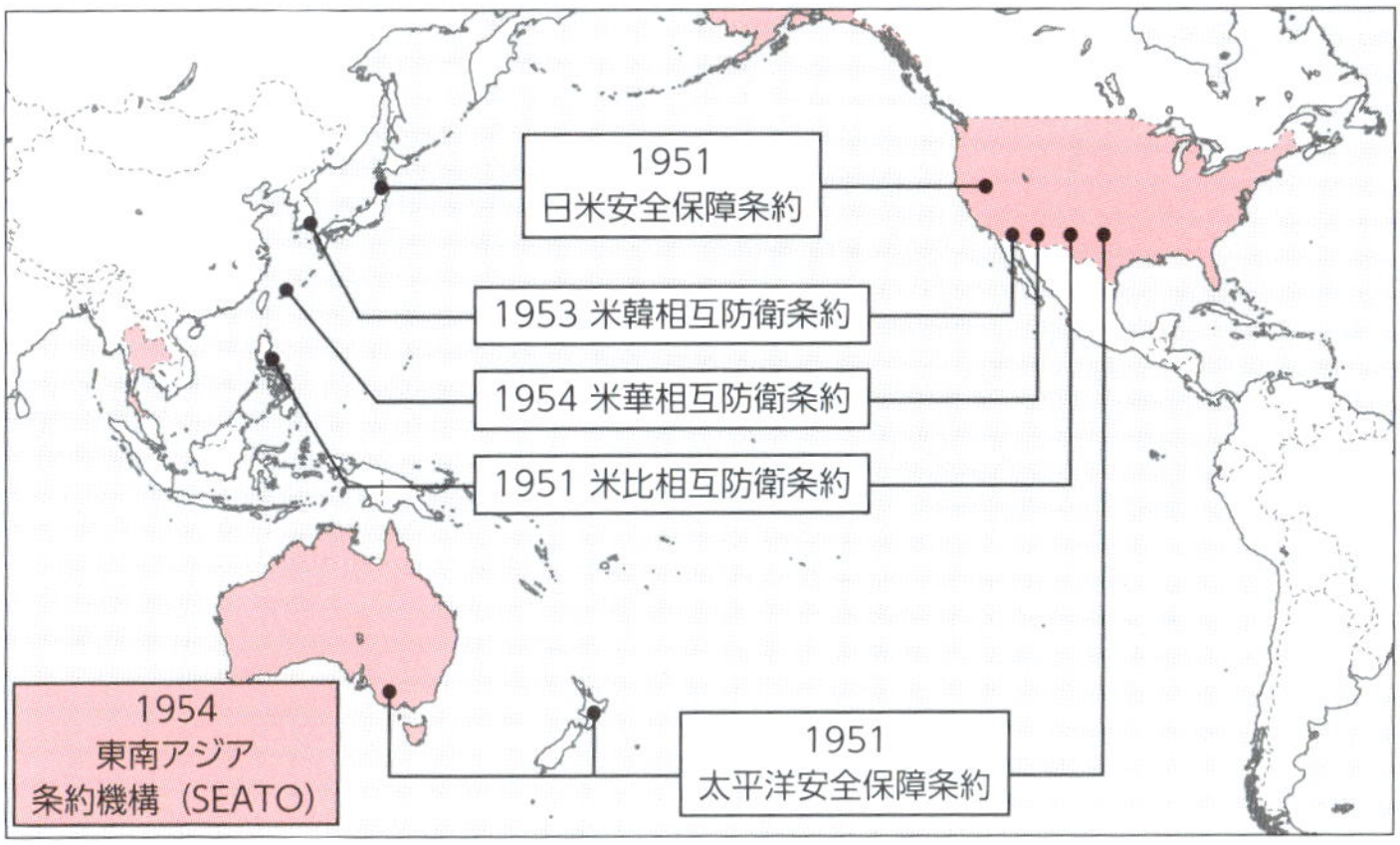

KEY WORD 【ワルシャワ条約機構】1955年、NATOに対抗するかたちでソ連を中心に東欧諸国で結成された軍事同盟。1991年に解消された。

近現代史

裏庭・キューバで起こった核戦争勃発の危機

裏庭が東西冷戦対決の最前線に

19世紀末の米西戦争に勝利し、プエルトリコを植民地、キューバを保護国にして以降、アメリカはカリブ海沿岸諸国を実質的な支配下に置いてきました。この地域の国々が親米であることは、安全保障上非常に重要なことでした。

ところがアメリカの裏庭ともいえるこの地域で、キューバのカストロが革命を起こし、1959年に反米政権を樹立（キューバ革命）。そしてソ連に接近し、社会主義国となります。アメリカは何度も政権の転覆を謀りますが失敗に終わりました。アメリカの裏庭が、いきなり東西冷戦対決の最前線になったのです。

直前で核戦争の危機を回避

1962年、アメリカはソ連がひそかにキューバに核ミサイルの配備を進めているという情報を掴みます。これを許せばほぼアメリカ本土が射程圏内に入ります。ケネディ大統領は、ソ連のキューバへの武器移送に対抗して、海上封鎖をすると発表。核戦争の危機が一気に高まりました（キューバ危機）。結局この危機は、アメリカがトルコに配備したミサイルの撤去と引き換えに、ソ連もキューバからミサイルを撤去することになり回避されました。

その後キューバとアメリカは2015年に国交が回復するまで、対立関係にありました。

突如反米政権となったキューバ。核戦争への緊張が一気に高まったんだ

WHO'S WHO 【ケネディ大統領】1917－1963。第35代アメリカ合衆国大統領。ソ連のキューバへのミサイル基地建設を知ると、その撤去を要求し、キューバの海上を封鎖した。

ソ連の核ミサイルの脅威

中距離弾道ミサイル（IRBM）の射程範囲は3000〜5500km、大陸間弾道ミサイル（ICBM）の射程は5500km以上。1961年、アメリカがトルコに中距離弾道ミサイルを配備。1962年10月にはキューバのハバナにミサイル基地が発見され、核戦争の脅威が高まった。

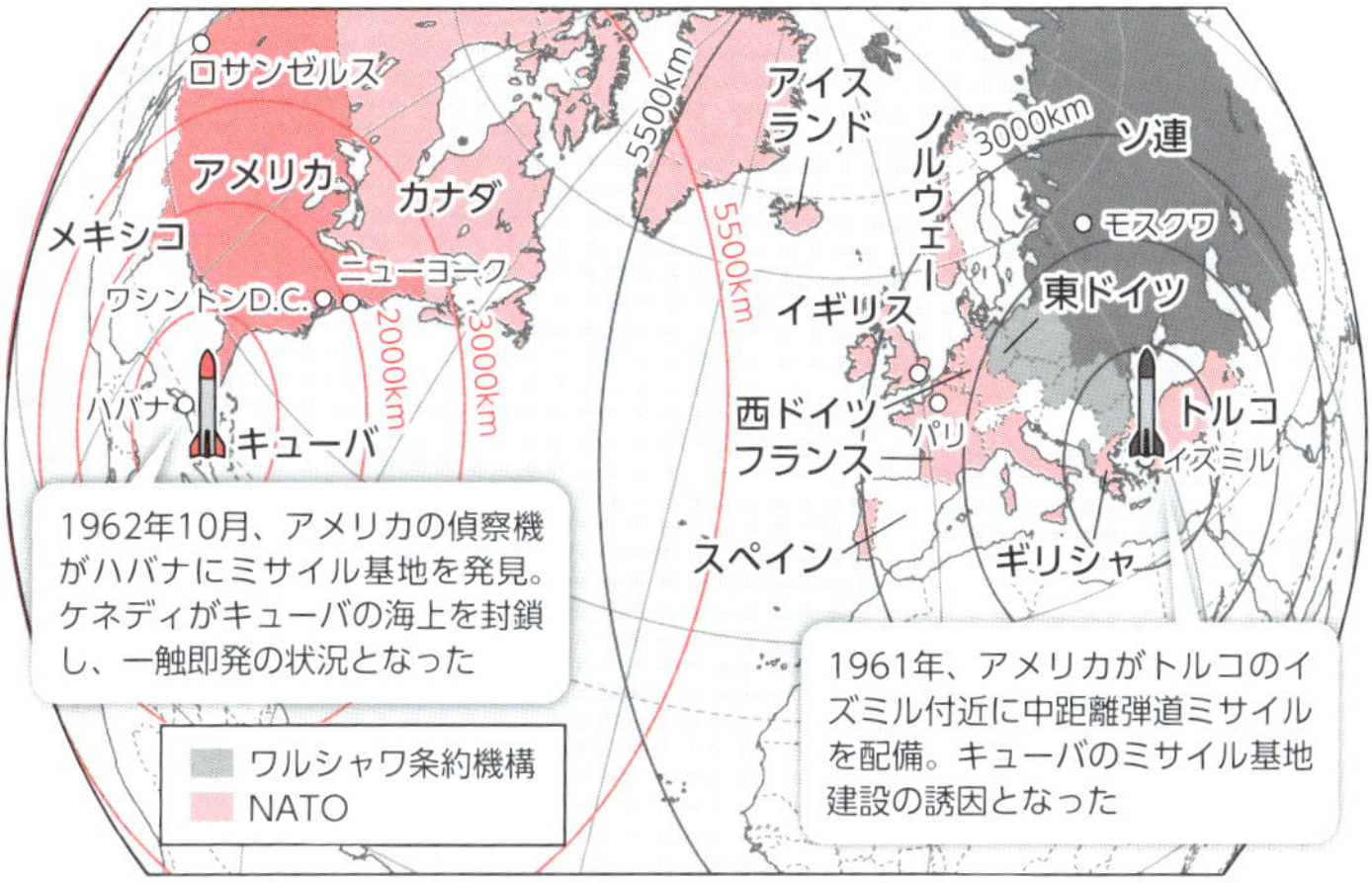
ロサンゼルス
アメリカ
カナダ
メキシコ
ニューヨーク
ワシントンD.C.
ハバナ
キューバ
2000km
3000km
5500km
5500km
アイスランド
ノルウェー
3000km
ソ連
モスクワ
東ドイツ
イギリス
西ドイツ
パリ
フランス
トルコ
イズミル
スペイン
ギリシャ
1962年10月、アメリカの偵察機がハバナにミサイル基地を発見。ケネディがキューバの海上を封鎖し、一触即発の状況となった
1961年、アメリカがトルコのイズミル付近に中距離弾道ミサイルを配備。キューバのミサイル基地建設の誘因となった
ワルシャワ条約機構
NATO

ハバナのミサイル基地発見後、ソ連の貨物船の上空を飛ぶアメリカの偵察機。

キューバの英雄 チェ・ゲバラ

アルゼンチン生まれの政治家で、キューバ革命の指導者。革命を成功に導いたとしてキューバやコロンビアでは英雄的な扱いを受けている。

国民に意思を伝えるためには、国民の一人となって感じなければならない

危機が回避されると、米・ソの首脳を結ぶ直通電話（ホットライン）が引かれ、両国の関係は緊張緩和へと向かったよ

WHO'S WHO 【フィデル・カストロ】1926－2016。キューバの政治家で、社会主義国化に貢献した。キューバ革命後は首相に就任。

中南米諸国の中に反米政権が多い理由とは？

中南米の戦後史と暗躍するアメリカ

中南米の中には、長期独裁政権が続いていた国が少なくありません。アメリカがこうした政権を軍事面や経済面で支援したからです。

戦後中南米では、アメリカの経済的支配に対する反発もあり、左派政権が次々と誕生していた時期がありました。アメリカは各地でクーデターを支援し、これらの政権を潰しにかかります。同じアメリカ大陸内で、社会主義勢力が伸長することを恐れたのです。民主的であることより反共であることを優先し、反共であれば独裁者でも支援しました。その結果、中南米諸国は民主化が遅れ、独裁者がはびこったのです。

民政移管後、反米政権が再び台頭

たとえばチリでは１９７０年、民主的な選挙によって社会主義政権が誕生。ところがアメリカはピノチェト将軍を支援し、１９７３年に軍事クーデターを起こさせます。独裁政権を樹立したピノチェトは17年にわたり権力を維持し、反対者を殺害するなど人権弾圧を続けました。

１９８０年代以降になると、軍事政権が続いた中南米諸国でも、ようやく民政移管が進められるようになります。すると反米政権が再び台頭。軍事独裁政権を支援し続けたアメリカに、民衆がＮＯを突きつけたのです。中南米の今の状況は、アメリカが自ら招いたものです。

アメリカの支援を受けた軍事独裁政権。長く続いたその支配に中南米の人々が反旗を翻しはじめるんだ！

WHO'S WHO 【ピノチェト】1915－2006。チリ第30代大統領。アメリカの支援を得て、社会主義政権であったアジェンデ政権をクーデターで倒し、独裁政権を続けた。

戦後の中南米と現政権の政治思想

冷戦が終結した現在でも、中南米では反米左派政権が力を持っている。

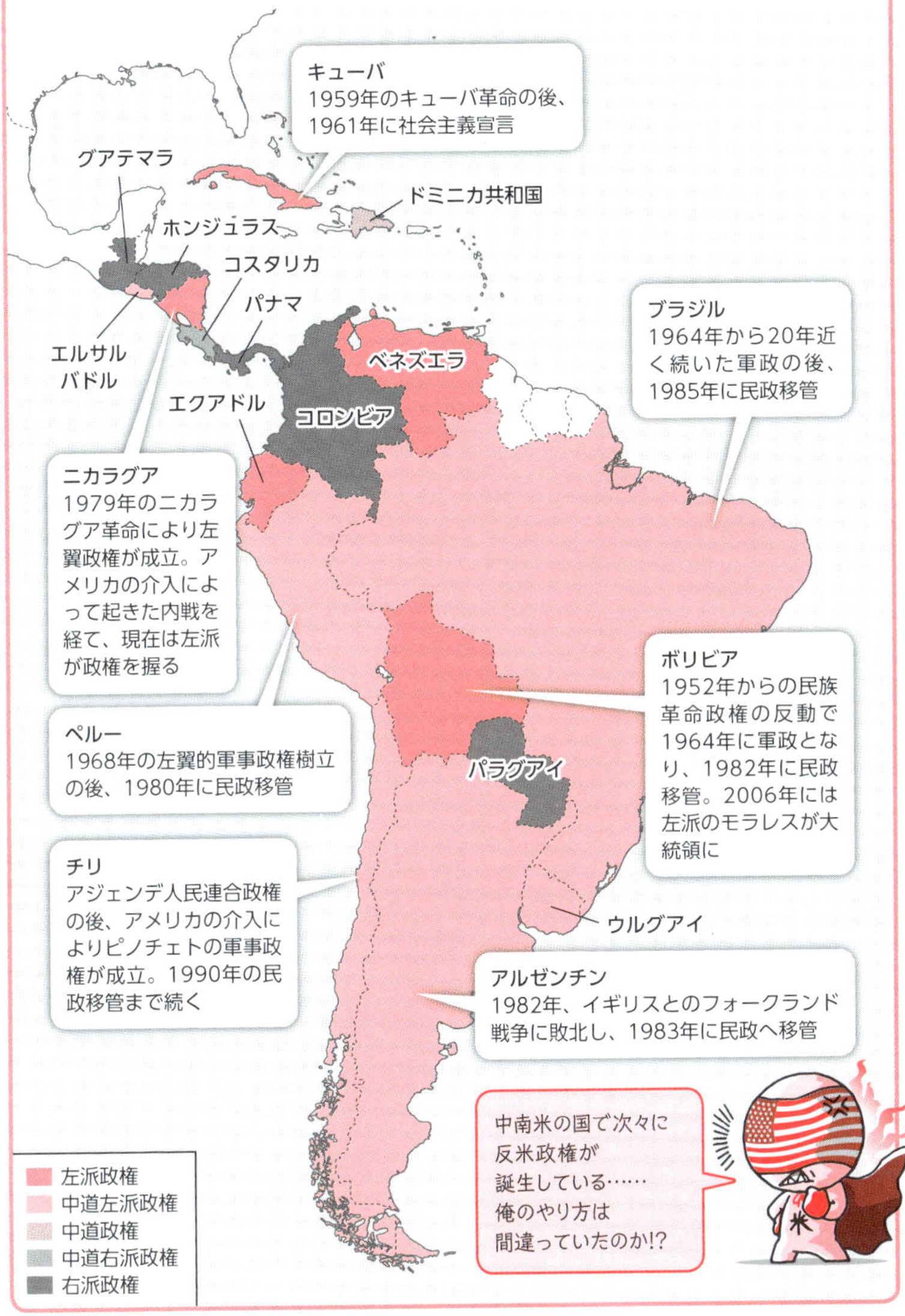

キューバ
1959年のキューバ革命の後、1961年に社会主義宣言
グアテマラ
ドミニカ共和国
ホンジュラス
コスタリカ
パナマ
エルサルバドル
ベネズエラ
ブラジル
1964年から20年近く続いた軍政の後、1985年に民政移管
エクアドル
コロンビア
ニカラグア
1979年のニカラグア革命により左翼政権が成立。アメリカの介入によって起きた内戦を経て、現在は左派が政権を握る
ボリビア
1952年からの民族革命政権の反動で1964年に軍政となり、1982年に民政移管。2006年には左派のモラレスが大統領に
ペルー
1968年の左翼的軍事政権樹立の後、1980年に民政移管
パラグアイ
チリ
アジェンデ人民連合政権の後、アメリカの介入によりピノチェトの軍事政権が成立。1990年の民政移管まで続く
ウルグアイ
アルゼンチン
1982年、イギリスとのフォークランド戦争に敗北し、1983年に民政へ移管
左派政権
中道左派政権
中道政権
中道右派政権
右派政権
中南米の国で次々に反米政権が誕生している……俺のやり方は間違っていたのか!?
米

KEY WORD 【民政移管】軍事政権から民間へと政権が移ること。ラテンアメリカではブラジル、アルゼンチンなど、1980年代にこの動きが活発化した。

近現代史

中東諸国をめぐるアメリカの思惑

ソ連への対抗と石油の確保のために

アメリカは中東でも、ソ連に対抗することと、石油の利権を確保するために、親米国家をつくることに力を注ぎます。その一つがイラン。しかし1979年、アメリカの支援のもと独裁政治を続けていたパフレヴィー国王が、イラン革命により失脚。親米でも親ソでもないイスラム原理主義に立脚した国家ができあがります。

この影響がほかの中東地域におよぶことを懸念したアメリカは、防波堤として隣国・イラクのフセイン大統領を選び、これを支援。1980年に始まったイラン・イラク戦争は、アメリカの軍事支援のもとに行われたものです。

友好国イスラエルへの肩入れ

ところがイラクは、イラン・イラク戦争終結後、豊富な石油資源を狙って隣国クウェートに侵攻。アメリカは今度はイラクの勢力拡大を防ぐために湾岸戦争、イラク戦争によってフセイン政権を崩壊させました。

またアメリカは、中東最大の友好国であるイスラエルに対する肩入れも目立ちます。イスラエルがパレスチナ自治区で行っている入植活動を批判する国連安保理での決議では、しばしば拒否権を行使。こうした自国と友好国の利益を最優先するアメリカの中東政策が、この地域の政情をいっそう不安定なものにしています。

アメリカは中東でも
自国の利益を最優先し
政情は不穏なものに
なっているな……

KEY WORD 【イラン革命】シーア派宗教指導者ホメイニ率いるイスラム原理主義者たちが、親米独裁政治を続けていたパフレヴィー国王を倒した革命のこと。

戦後から現在のアメリカと中東との関係

冷戦下、アメリカは中東への軍事介入を繰り返した。これにより中東情勢は複雑化し、解決の糸口はいまも見えていない。

KEY WORD 【イラン・イラク戦争】1980年、石油輸出の重要拠点シャトル・アラブ川の領有をめぐり、イラクがイランに侵攻。イランが反米になったことで、アメリカはイラクを支援。

なぜ、アメリカは「世界の警察」から撤退するのか？

続かなかったパクス・アメリカーナ

１９８９年に冷戦体制が終結したことによって、世界唯一の超大国になったアメリカ。このままパクス・アメリカーナ（アメリカによる平和）の時代が続くかと思われました。ところがその後世界は、ユーゴスラビア内戦に代表される民族対立や、イスラム原理主義者によるテロなど、様々な混乱に見舞われます。さらには中国、そしてロシアが再び台頭し、覇権主義的な野心を露《あら》わにしています。

本来であればアメリカは世界最大の大国として、影響力の維持に力を注がなくてはいけないはず。ところがオバマ大統領は２０１３年、「アメリカは世界の警察をやめる」と宣言しました。トランプ大統領も、２０１６年に「在日・在韓米軍の縮小、相手国の経費負担の増加」を口にしています。果たしてこれはどういうことなのでしょうか。

世界のパワーバランスに変化が訪れる？

一番の理由は、財政的な負担が大きいこと。アメリカの２０１７会計年度の財政赤字は約６７００億ドル。そして国家予算の中で多くの割合を占めているのが、年間約６０００億ドルの国防費。これは2位の中国の３倍です。世界から軍隊を引き上げ、国防費を減らせば、財政赤字の改善に結びつくことが期待できます。

アメリカが世界から
軍隊を引き上げたら…
混乱が起きることが
予想されるね

KEY WORD 【世界の警察】アメリカが武力をもって治安を維持していることからこう呼ばれる。これが抑止力となり、国際的な紛争を防いでいた。

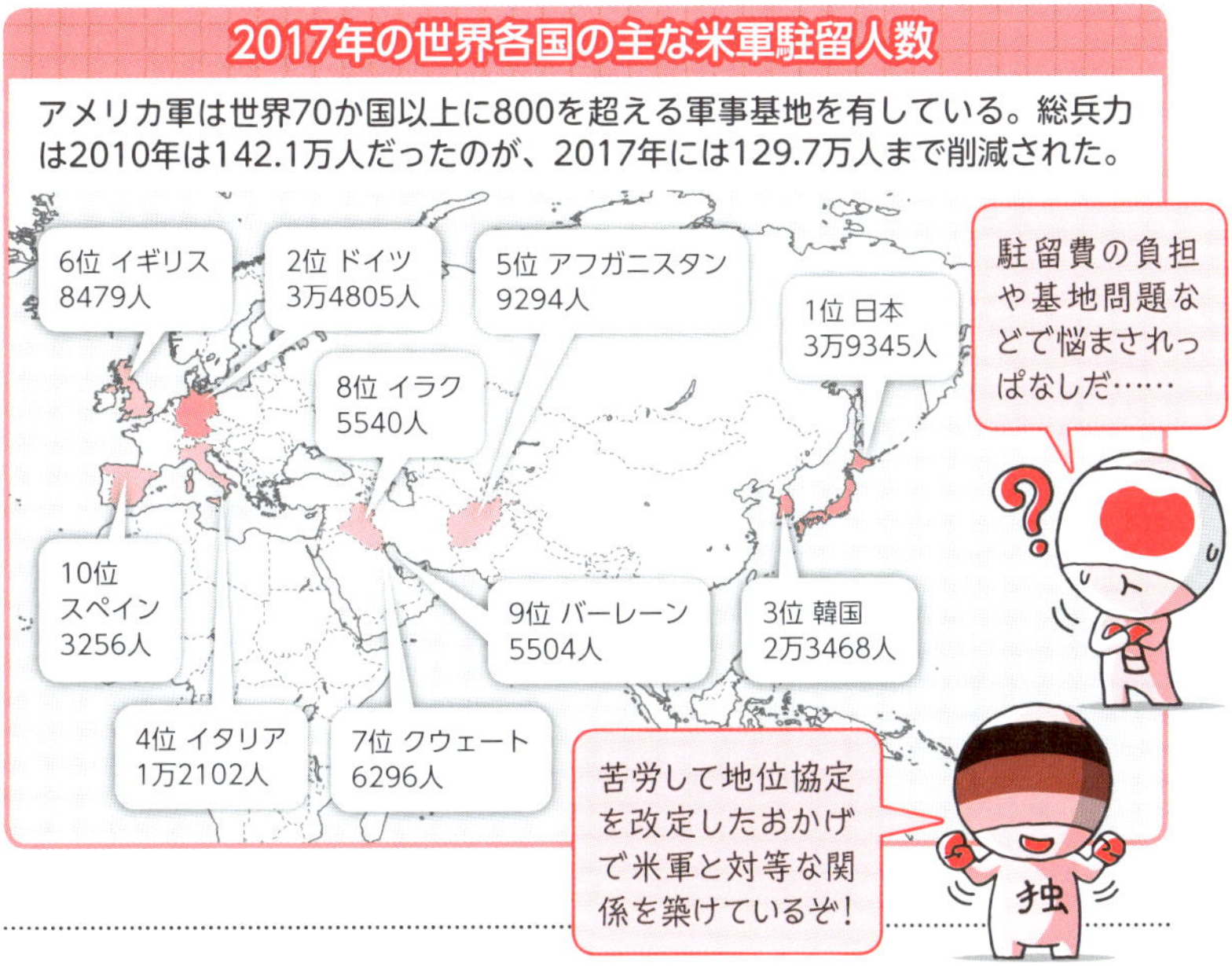

またアメリカは冷戦終結以降、中東を中心に世界各地に軍隊を派遣して軍事行動を展開し、多くの米軍兵士が命を落としました。しかもこうした軍事行動は現地では支持されず、アメリカは敵視の対象にすらなっています。「なぜ世界を守るために多大な犠牲を払っているのに、リスペクトされないんだ。もううんざりだ」といった気分がアメリカ国内で高まっていくのも不思議なことではありません。

しかしアメリカが世界の警察から撤退すれば、世界中に力の空白地帯が生まれます。力の空白地帯には、必ず別の力が入り込もうとし、混乱が起きます。アメリカがこれまでリムランドに重点的に軍を配置してきたのも、そこを力の空白地帯にしないためでした。

アメリカが世界の警察をやめることによって生じる空白地帯に入り込もうとしているのが、中国やロシアです。今後世界のパワーバランスがどう変わっていくか、注視が必要です。

KEY WORD 【パクス・アメリカーナ】ローマ帝国の平和をあらわす「パクス・ロマーナ」に由来。アメリカが力を持って平和を維持すること。

保護主義への転換とTPP離脱が招く摩擦

自由貿易が国内の雇用を奪った!?

オバマ政権時代、環太平洋経済連携協定（TPP）の締結を積極的に推進していたアメリカ。TPPによってアメリカを中心とした経済圏を環太平洋に確立することで、この地域において勢力を拡大している中国を封じ込めようとする狙いがありました。当時オバマ大統領は、「我々がルールを作らなければ、中国が地域のルールを確立してしまう」と述べています。

ところがトランプ大統領は、就任直後にTPPからの離脱を表明。TPPはアメリカ抜きで多国間協議を進めなくてはいけない事態に陥りました。さらにトランプは北米自由貿易協定（NAFTA）の見直しにも着手しています。

背景にあるのは、TPPやNAFTAに象徴される自由貿易体制によって、海外から国内に安い製品や労働力が流入し、これがアメリカの経済力を低下させ、国内の労働者から雇用を奪ったという認識が多くのアメリカ人に広がっていることが挙げられます。そして2016年の大統領選挙で自由主義から保護主義、アメリカ第一主義への転換を唱えたトランプが支持され、大統領に就任したのです。

TPP離脱は中国を利することになる

しかしTPPからの離脱は、アメリカにとって最大の貿易赤字相手国である中国を利するこ

トランプの掲げた
アメリカ第一主義は
自国、他国ともに
大きな影響を
およぼしているんだ

KEY WORD 【一帯一路構想】中国による「シルクロード経済帯」（一帯）と「21世紀海上シルクロード」（一路）という、中国からヨーロッパを結ぶ新たな経済圏構想。

TPP参加国と各国の姿勢

2018年1月、TPPはアメリカを除く11か国により、アメリカが含まれる協定内容を一部先送りして最終合意した。トランプ大統領はこの直後、TPPに復帰する可能性を示唆し、注目が集まっている。

とになりかねません。事実中国は内向き化が顕著なアメリカを横目に、自らが打ち出した一帯《いったい》一路《いちろ》構想をもとに沿線諸国の取り込みを着実に遂行しています。アジア・環太平洋市場が中国に奪われることによって、アメリカの経済力はさらに低下することが懸念されます。

　またアメリカ第一主義を掲げるトランプ政権は、現在NAFTAの再交渉において自国製品の優遇を主張し、交渉相手であるカナダやメキシコの反発を招いています。要求が通らなかった場合、アメリカはNAFTAからの離脱もちらつかせています。そしてNFATAの交渉が一段落したあとには、次の矛先は日本に向かうことが予想されます。すでにトランプは、日本との自動車貿易について繰り返し「不公平だ」と発言しています。トランプ政権の保護主義、アメリカ第一主義は、中国を利するばかりではなく、同盟国との間に深刻な経済摩擦を引き起こすことが危惧されます。

KEY WORD 【アメリカ第一主義】国際社会への関与を控え、アメリカ国内の社会制度の立て直しや経済成長を最優先しようとする考え。アメリカ・ファースト。

現在の諸問題

太平洋をめぐる中国とのパワーバランス

オバマの演説にすぐに反応した中国

２０１１年、当時のオバマ大統領は世界戦略の見直しを表明します。中国の台頭を念頭に置き、今後はアジア・太平洋地域を重視することを表明。そしてこの地域でＴＰＰの締結やアメリカ軍の配備強化などを押し進めようとしました。これをリバランス政策といいます。ところが２０１３年、今度はオバマは「アメリカは世界の警察をやめる」と宣言しました。

アメリカのアジア・太平洋戦略は、この地域での覇権を狙う中国にとって最重要関心事項です。それが端的に表れたのが２０１３年。従来中国の海洋進出は、アメリカの牽制《けんせい》もある中で小規模なものに留まっていました。ところがオバマが世界の警察を返上するという演説をした直後から動きを活発化。東シナ海では、尖閣《せんかく》諸島上空を含んだ防空識別圏を設定。また南シナ海では、かねてから領有権を主張していた南沙《なんさ》諸島での人工島の建設作業を本格化させたのです。これに対してアメリカは、東シナ海では防空識別圏内に戦略爆撃機を飛ばし、南シナ海では人工島周辺に艦船を派遣することで、中国の主張を認めないという意思表示をしました。

このように中国はアメリカの出方を見ながら、海洋進出の進め方を見極めようとしています。今後もアメリカが強く出れば自重し、弱く出れば大胆な行動をとることが想定されます。

アメリカの反応を見ながら出方をうかがう中国。太平洋の勢力図が大きく変わる可能性も!?

KEY WORD 【リバランス政策】オバマ前大統領が提唱した政策。アメリカの世界戦略の中心をアジア・太平洋地域に移すことをいう。

米中のお互いに対する発言

トランプ大統領は中国に対する発言が二転三転している。一方、中国はアメリカに対して毅然とした態度を貫いている。

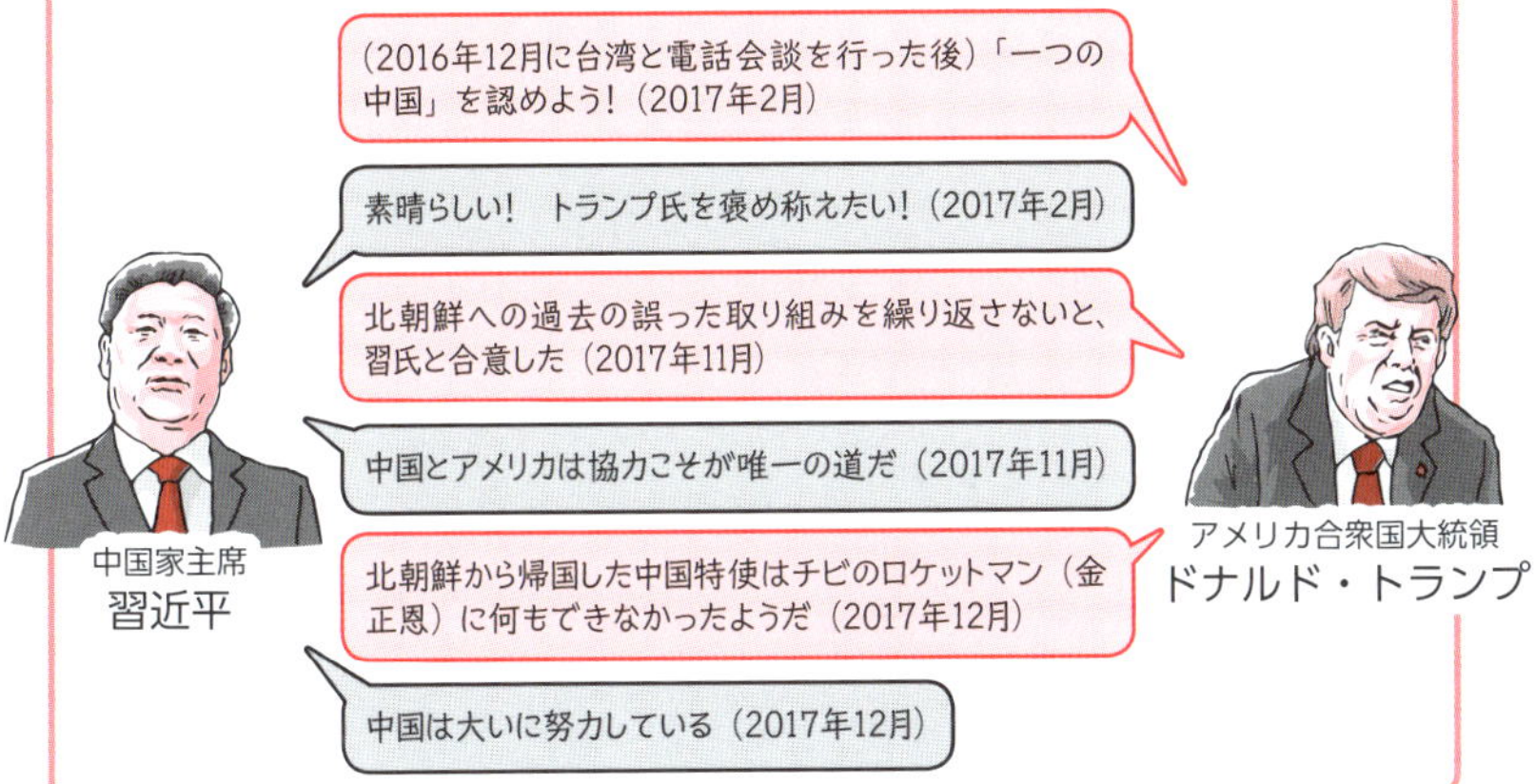
（2016年12月に台湾と電話会談を行った後）「一つの中国」を認めよう！（2017年2月）
素晴らしい！　トランプ氏を褒め称えたい！（2017年2月）
北朝鮮への過去の誤った取り組みを繰り返さないと、習氏と合意した（2017年11月）
中国とアメリカは協力こそが唯一の道だ（2017年11月）
北朝鮮から帰国した中国特使はチビのロケットマン（金正恩）に何もできなかったようだ（2017年12月）
中国は大いに努力している（2017年12月）
中国家主席
習近平
アメリカ合衆国大統領
ドナルド・トランプ

太平洋の勢力図が大きく変わる可能性も

　現在のトランプ大統領に対する中国の関心も、彼のアジア・太平洋戦略にあります。トランプは中国について、不公平な貿易慣行を続けており、北朝鮮への圧力強化でも消極的であると、一見強い態度で批判しています。しかし2017年11月の中国訪問では、中国の海洋進出については直接批判することを避けました。このときの米中首脳会談において、トランプは習近平《しゅうきんぺい》国家主席に対し「米中間の貿易の公平化を求める」として、具体的な貿易赤字の解消策の提示を求めました。一方、習近平国家主席はトランプに「太平洋は米中を共存させるのに十分な広さがある」と発言したと言います。

　中国の海洋進出を黙認すれば、アジア・太平洋の勢力図は大きく変わります。カギを握るトランプは、この地域を本当のところどうしたいのか、まだ明確なビジョンを示せていません。

KEY WORD 【一つの中国】中国の台湾に対する政策。「中国は一つしかない」ことを強調することで、台湾との統一を目指し、台湾の独立勢力を牽制するもの。［⇒P116］

現在の諸問題

再び分断しつつある多民族国家アメリカ

白人層がマイノリティになる?

アメリカは多民族国家。とはいえ、従来多数派を成していたのはあくまでも白人層でした。ところが1960年代に8割を越えていた白人層の割合は、現在は6割にまで低下し、2050年には5割を切ると予測されています。白人層のほうがマイノリティになるのです。

白人の中でも特に低所得者層の人たちの間では、中南米から移住してきたヒスパニックが自分たちの仕事を奪ったという不満が溜まっています。大統領選において排外主義的な発言を繰り返していたトランプを支持したのは、こうした人たちでした。

貧困を強いられている黒人層

一方白人層以外の人たちも、経済的に豊かな生活を送れているわけではありません。中南米からの移民の多くは不法入国者であり、低賃金の労働にしか就けないのが現状。また黒人についても2人に1人が貧困層であり、これは白人の約5倍です。黒人の間でも社会的な上昇ができないことに対する不満が溜まっており、2014年には白人警官による黒人の射殺事件をめぐって、アメリカ全土で暴動が発生しました。

さらに白人の間でも、移民の受け入れの是非についての対立が起きています。アメリカは今、多民族国家の存続の危機にあります。

白人層の減少や移民の受け入れをめぐり国内で対立が生まれているよ

KEY WORD 【ラストベルト】かつて繁栄していたが、現在は衰退が著しい工業地帯をあらわす。トランプは2016年大統領選挙でこの地域の復興を掲げ、支持を集めた。

南北戦争から続く地域分断

伝統的に南北戦争で北軍を支持した地域は共和党支持者が多く、南軍を支持した地域は民主党支持者が多い。2016年の大統領選挙では、従来は民主党支持の州でもトランプ支持が多く見られた。

南北戦争（1861～1865）

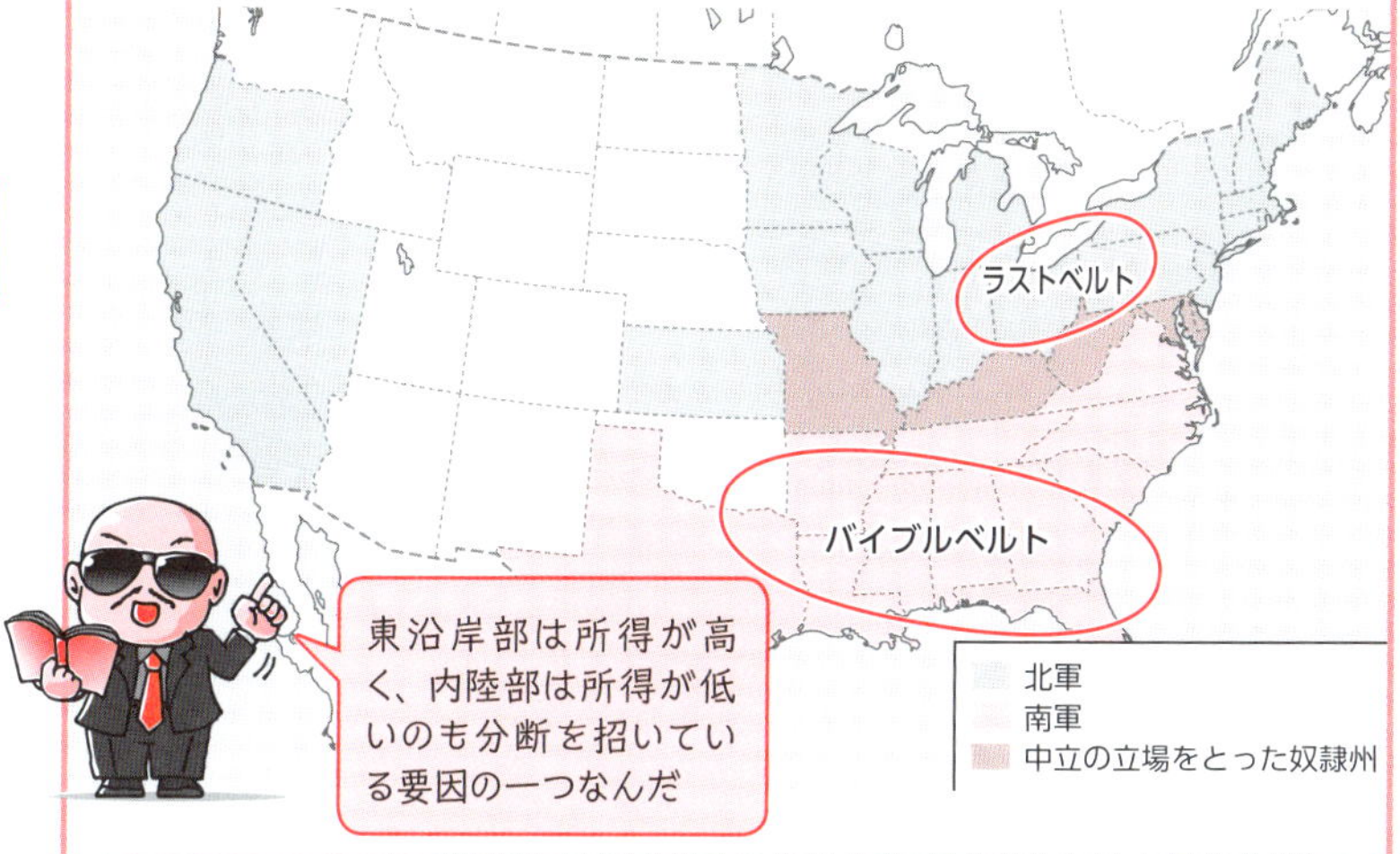
ラストベルト
バイブルベルト
東沿岸部は所得が高く、内陸部は所得が低いのも分断を招いている要因の一つなんだ
北軍
南軍
中立の立場をとった奴隷州

トランプ支持の州（2016年大統領選挙）

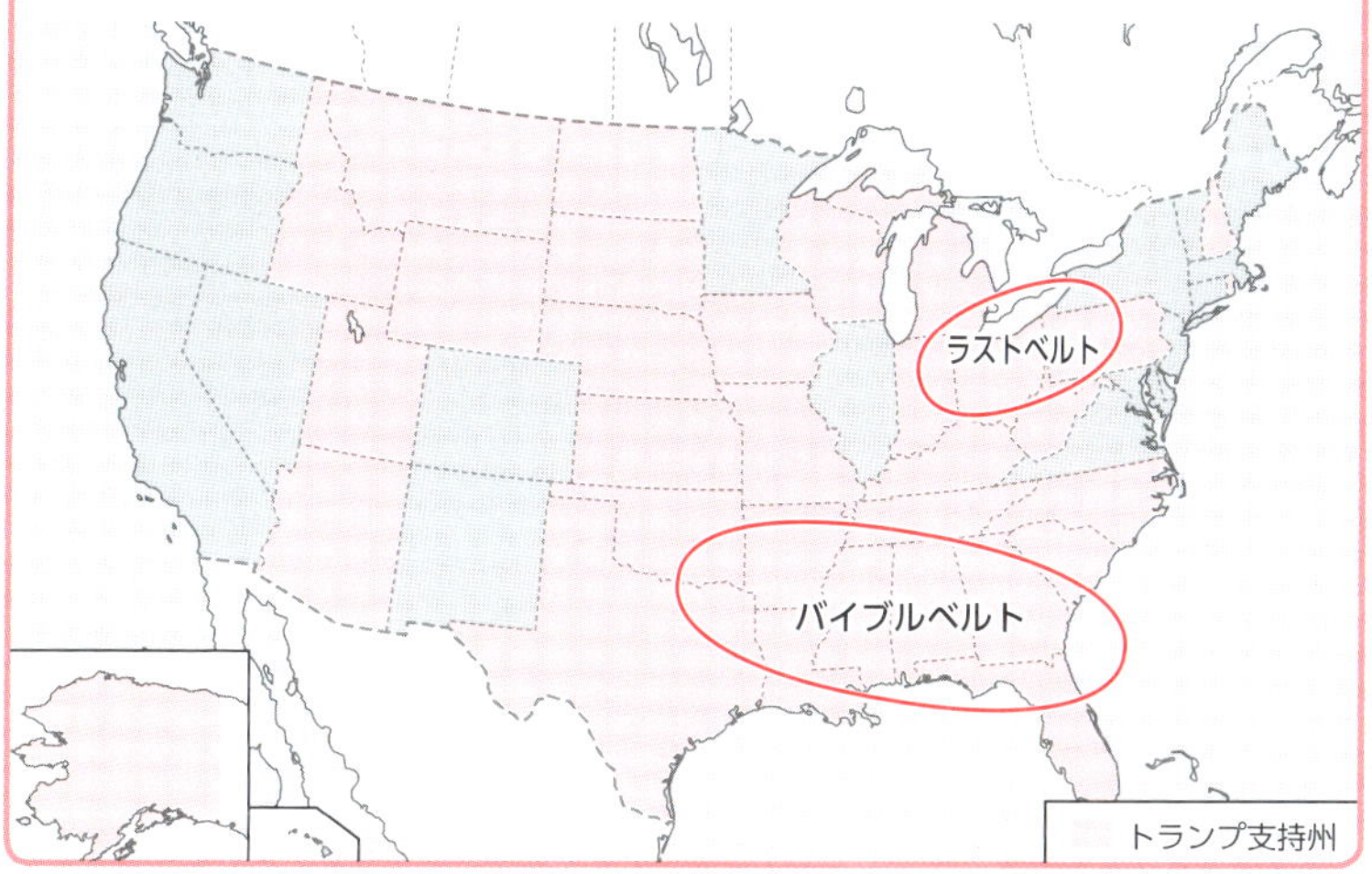
ラストベルト
バイブルベルト
トランプ支持州

KEY WORD 【バイブルベルト】正統派キリスト教徒が多くを占める、アメリカ中南部の地域一帯をさす。同性婚や妊娠中絶に反対するなど、保守的な思想を持つ。

絶えないメキシコ不法移民

アメリカとメキシコの間に壁をつくり、不法移民を排除することを公約に掲げ当選したトランプ。ではなぜ、メキシコからの不法移民が絶えないのだろうか？　その理由は経済的混乱にあった。

メキシコからの不法入国を防ぐ壁をつくるため、現在も予算の計上を議会に要求し続けているトランプ。ではなぜメキシコからアメリカの不法入国者の問題が、これほど深刻になったのでしょうか。話は1994年、北米自由貿易協定（NAFTA）の締結に遡《さかのぼ》ります。これによりアメリカ産の安い農作物がメキシコに流入。メキシコの農家は大打撃を被ります。自給率100%だった主食のトウモロコシは60%台に激減しました。

一方メキシコは以前から麻薬栽培の盛んな地域でした。1970年代から80年代にかけて、アメリカがコロンビアの麻薬組織の撲滅を図ったときに、麻薬組織はメキシコへと逃れ、新たな拠点としたのです。経済的に困窮した農家の多くは麻薬の生産に手を染めます。当然治安は悪化し、政府と現地マフィアとの間で麻薬戦争が勃発。こうした混乱を嫌った人や、経済難民化した人たちが、アメリカに大量に流入します。つまりNAFTAを発端とする経済的混乱が、不法移民問題を招いたのです。

メキシコとの国境

現在のアメリカ・メキシコ間の国境3058kmのうち、1052kmにはすでにフェンスが設置されている。トランプはこの部分も含めた国境全域に壁を新設すると主張し、その予算は216億ドルにものぼる。

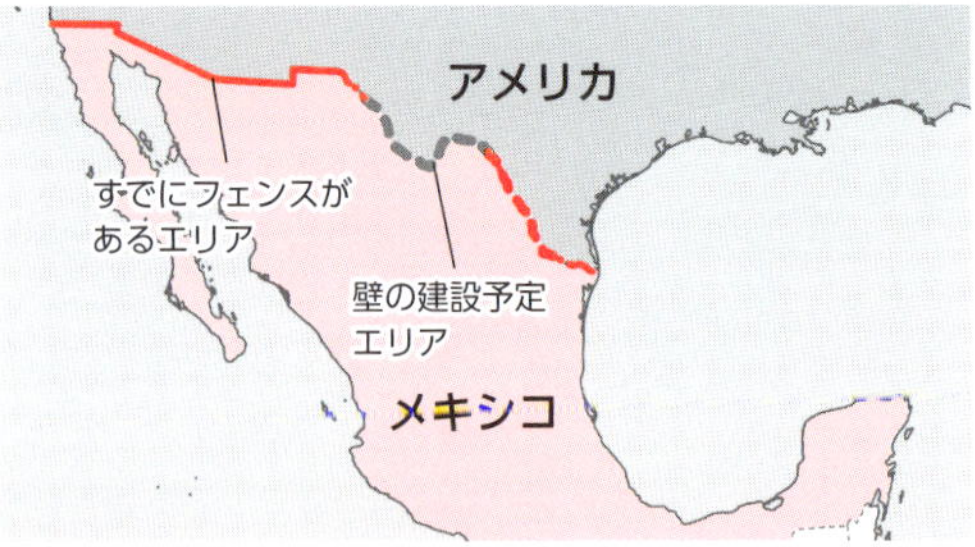

第5章

難攻不落のハートランド・ロシア

ユーラシア大陸の
ど真ん中を牛耳るロシア。
それこそが
この国1番の強みなんだ

第5章
難攻不落のハートランド・ロシア

ロシアが北方領土を返還しない理由を相手の立場から見てみようか！
カムチャッカ半島
オホーツク海はロシアにとって太平洋に出るための「内海」だ
北方領土が日本のモノになると――
オホーツク海
防御ラインが途切れる事になるのかぁ
樺太（サハリン）
千島列島
北方領土
北海道
オホーツク海にアメリカの軍艦が入ってくるなんてのはロシアにとって悪夢だからね…
Let's Go!!
Нет!!（ダメー!!）
通っていーよ
翌日――
行ってきますッ!!
パパったらどうして急にジム通いなんて…？
「プーチンが素敵」なんて言うから…
ぬぎぎ～
プーチンなんかに負けるかァ～ッ
ゴゴゴゴゴゴ

地理的特徴

東へと膨張を続けてハートランドを制したロシア

ランドパワー国家・ロシアの地政学

ロシア外交の最重要課題は、常に海洋へ進出するルートを確保することにあった。

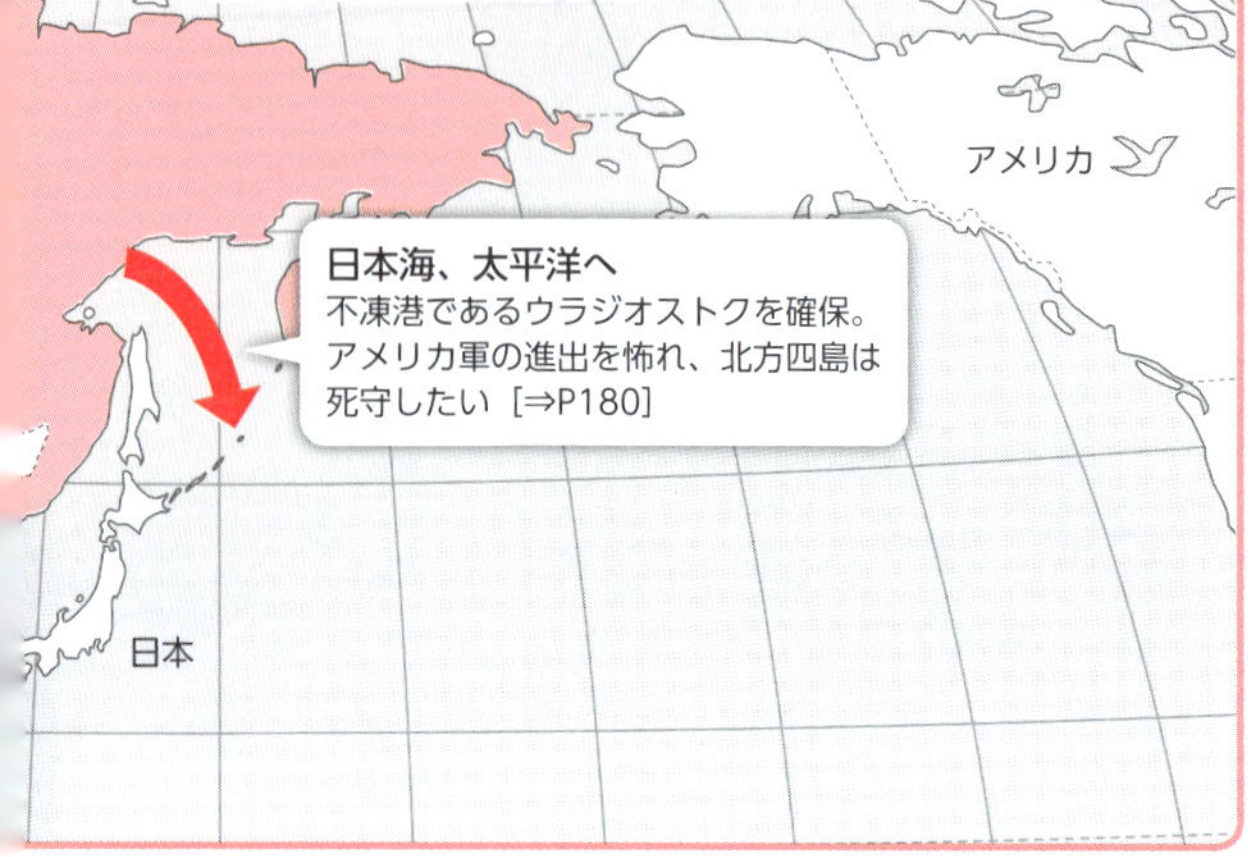
アメリカ
日本海、太平洋へ
不凍港であるウラジオストクを確保。
アメリカ軍の進出を怖れ、北方四島は
死守したい［⇒P180］
日本

難攻不落の心臓部「ハートランド」

2014年、内戦に陥ったウクライナのクリミア半島が、住民投票で分離独立を宣言し、ロシアに編入されました。日米やEU諸国はロシアを非難し、経済制裁を発動します。

すでに世界最大の領土を持っているロシアは、なぜこのような小さな半島にこだわったのでしょうか。ロシアが常に海を求めて南へと軍を進め、拡大に向かっている背景を、この章で見ていきましょう。

ロシアの支配するユーラシア大陸の中央部は、大陸の心臓部、すなわち地政学では「ハートランド」と呼ばれています［⇒P36］。この

ナポレオンもヒトラーも
ロシアを降伏させる
ことはできなかった。
ロシアは最大・最強の
ランドパワー国家!!

KEY WORD 【ウラジオストク】日本海に突き出た半島に築かれた港湾都市。1860年の北京条約によって清から獲得。現在はロシア海軍の太平洋艦隊の基地が置かれている。

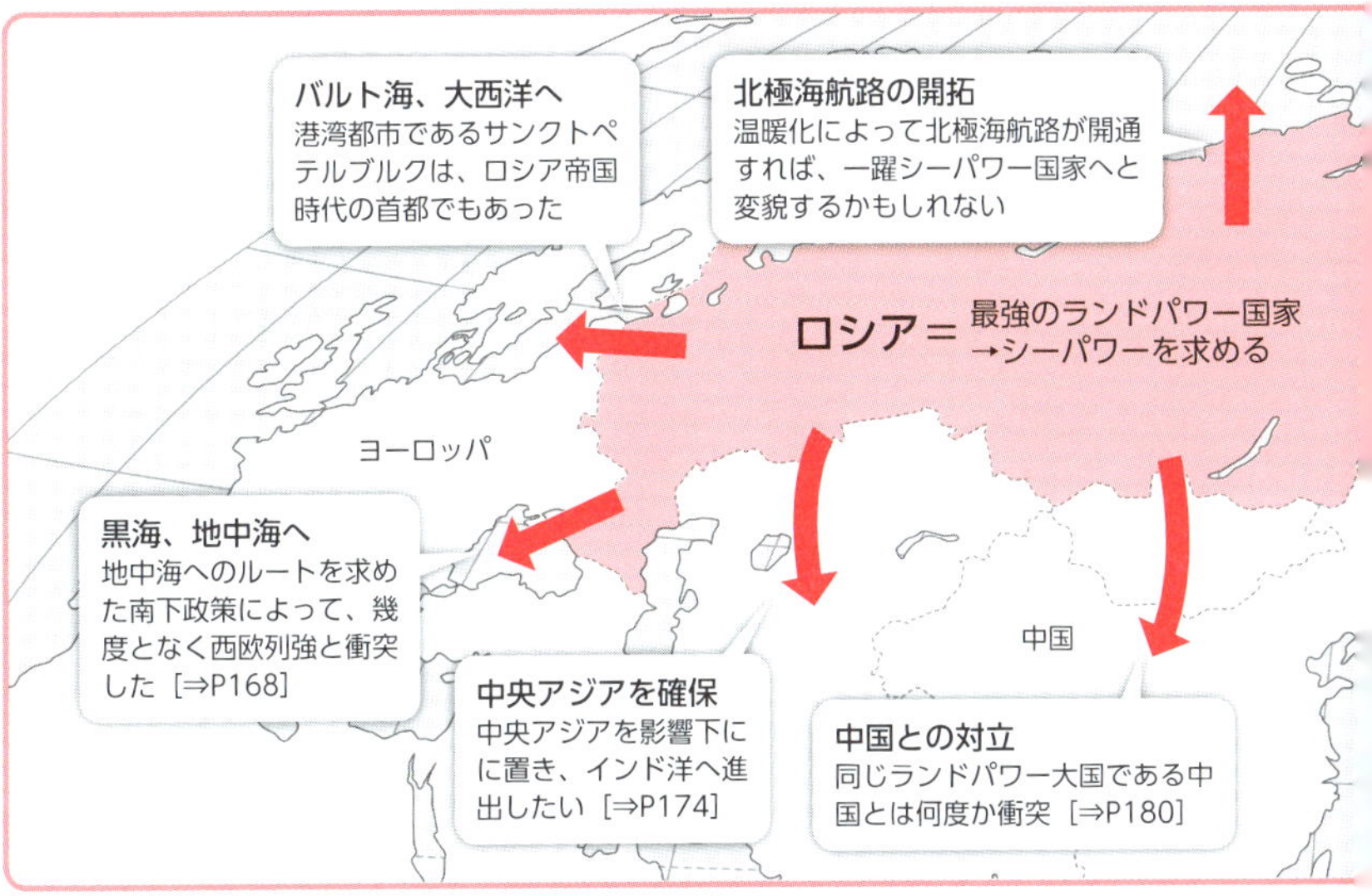
バルト海、大西洋へ
港湾都市であるサンクトペテルブルクは、ロシア帝国時代の首都でもあった
北極海航路の開拓
温暖化によって北極海航路が開通すれば、一躍シーパワー国家へと変貌するかもしれない
ロシア＝最強のランドパワー国家
→シーパワーを求める
ヨーロッパ
黒海、地中海へ
地中海へのルートを求めた南下政策によって、幾度となく西欧列強と衝突した［⇒P168］
中央アジアを確保
中央アジアを影響下に置き、インド洋へ進出したい［⇒P174］
中国
中国との対立
同じランドパワー大国である中国とは何度か衝突［⇒P180］

あたりを流れる大河（オビ川、イェニセイ川、レナ川）はすべて北極海に注ぎます。北極海はほぼ凍結しているので、シーパワーの国が川を遡ってロシアを攻めることはできません。背後の守りは盤石なのです。「ハートランドを制する者が世界を制する」と言われる由縁です。

ロシアを占領できた国は一つもない

事実、ハートランドを持つロシアは、歴史上幾度も他国の侵略を受けながらも、最後には撃退してきました。

スウェーデンのカール12世（18世紀初頭の大北方戦争）、フランスのナポレオン1世（19世紀初頭のロシア遠征）、ドイツのヒトラー（20世紀半ばの第二次世界大戦の独ソ戦）……。

これらの敵対者は、いずれもロシア（ソ連）の領土の奥深くまで侵入しながらも、広大な領域を占領しきることができず、やがて厳しい冬の到来（冬将軍）によって敗退しました。

KEY WORD 【独ソ戦】1941年、ヒトラーは独ソ不可侵条約を破って侵攻。緒戦こそドイツが大勝したが、ソ連は焦土作戦によって抵抗した。死者は両軍合わせて1500万人を超す。

膨張を続けるロシアの領土

東方に拡張を続けたロシアは、ピョートル１世の時代にシベリア全土を征服し、その後も拡張を続けた

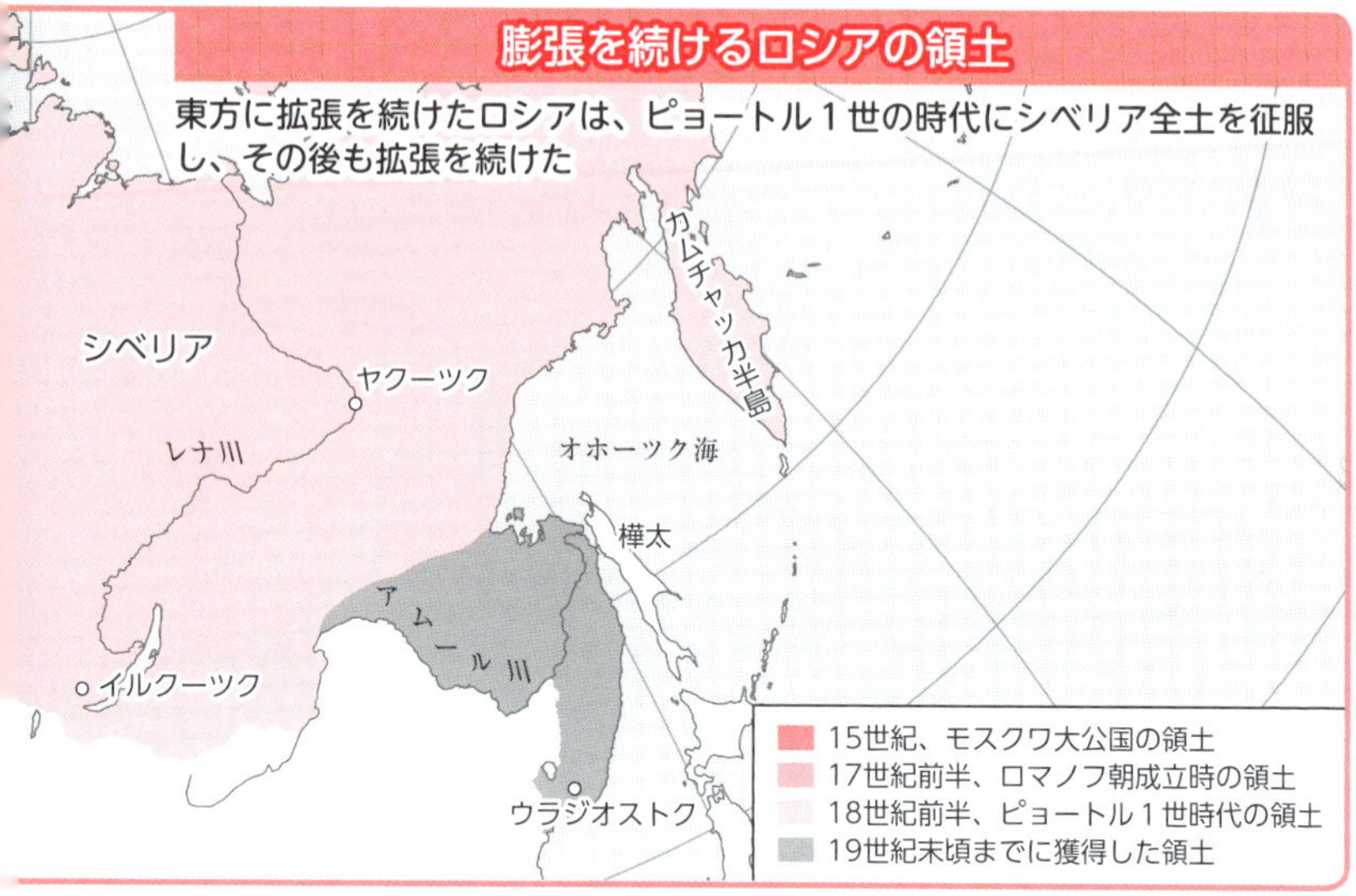

1917年のロシア革命でも、革命を潰そうとシベリアに出兵した日・米・英・仏の各国の軍は目的を果たせず撤退に追い込まれています。

このように、ハートランドの存在はロシアの戦略を考える上で基本となります。しかし、ロシアは最初からハートランドを持っていたわけではありません。

ロシア人はいくつもの顔を持つ

ロシアという国家の起源は、9世紀に建国されたノヴゴロド国とされます。この国は、北欧方面からやってきたノルマン人の一派ルーシ（ロシアの語源）が先住民のスラブ人を従えてつくったといわれます。ノヴゴロド国は、やがて現ウクライナのキエフに都を移し、キエフ公国へと発展しました。

しかし13世紀になって、ウラル山脈の東からモンゴル人がやってきます。当時はモンゴルの遊牧民がハートランドを抑えていたのです。以

COUNTRY 【キプチャク・ハン国】別名、ジョチ・ウルス。チンギス・ハンが築いたモンゴル帝国から自立した国で、サライを首都とし、クリミア半島から中央アジア一帯を支配した。

最大の面積を誇る
我が国家を
攻め落とすことなど
不可能なり
露

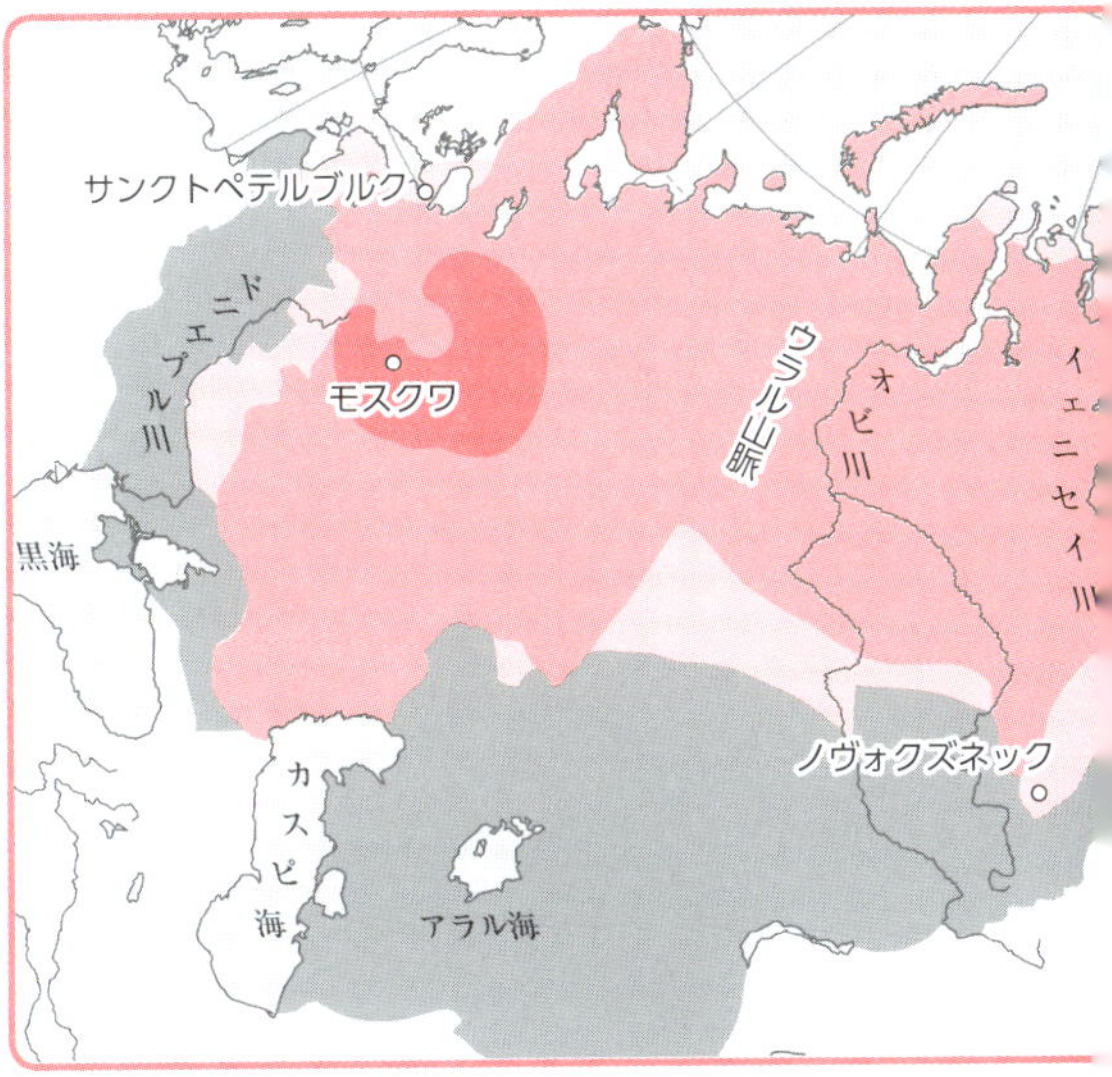
サンクトペテルブルク
ドニエプル川
モスクワ
ウラル山脈
オビ川
イェニセイ川
黒海
カスピ海
アラル海
ノヴォクズネック

後、ロシア人はモンゴル系のキプチャク・ハン国の支配下に置かれました。

こうした歴史から、ロシア人は「西欧の一員（北欧がルーツなので）」であり、「東欧諸国と同じスラブ人」だが、「文化的にアジア（モンゴル）の影響も受けている」という、多面的なアイデンティティを持つことになりました。

15世紀末、モスクワ大公国というロシア人の国が、ついにモンゴルの支配から自立しました。16世紀にイヴァン4世（雷帝）という強力な君主が現れ、国力を強化します。彼はウラル山脈を越えてシベリア征服を行いますが、その先鋒となったのがコサックでした。コサックとは、ロシア領の辺境にいた戦士たちの集団のことで、有力な騎馬軍団です。

東に拡大を続けたロシアは、17世紀には全シベリアを征服します。しかし、ロシアの膨張は止まらず、海洋進出を求めてその野心は南を向くことになります。

WHO'S WHO 【イヴァン4世】1530－1584。専制君主体制を敷き、対外的にはシベリア遠征、モンゴル諸国の征服、オスマン帝国との戦争などにより領土拡大を指向し続けた。

ロシアの悲願であった地中海を目指す南下政策はなぜ達成できなかったのか？

不凍港が
欲しいロシア。
狙うは地中海の
窓口となる
黒海でした！

凍らない港を求める対外膨張

ハートランドを手にしたロシアは、有力なランドパワー国家となりますが、泣き所がありました。国土が北にあるので、冬でも凍らない港（不凍港）がなかったのです。バルト海やオホーツク海も、冬には凍結します。

通年で使える軍港がなければ、海洋に打って出ることができません。17世紀末に即位し、ロシアを列強の一員に押し上げたピョートル1世（大帝）の治世から、南方の不凍港を求めての南下政策が始まりました。

ロシアの主な標的になったのは、黒海沿岸を領有していたオスマン帝国でした。

ロシアの南下は列強との対立を呼ぶ

18世紀～19世紀にかけて、オスマン帝国はロシアにたびたび攻撃されます。18世紀後半には、ロシアは念願の黒海進出を果たします。

ロシア優位の情勢を見て、イギリスなどの列強は危機感を覚えます。ランドパワー国家のロシアが、さらにシーパワーを手に入れれば大きな脅威になるからです。19世紀、ロシアとオスマン帝国の戦争に、列強諸国が介入した国際問題は、「東方問題」と呼ばれました。

ロシアは、黒海から地中海に抜けるルートを欲していましたが、英・仏などの列強の度重なる妨害で、19世紀末に南下政策を断念しました。

WHO'S WHO 【ピョートル1世】1672－1725。身分を隠して使節団に加わり、自ら造船所で学んだ逸話が有名。北方戦争に勝利してバルト海への出口を確保。ペテルブルクに遷都した。

地中海進出を目論むロシア

19世紀、ロシアは黒海からボスフォラス・ダーダネルス海峡を経て、地中海への進出を目論むも、そこに欧州列強とオスマン帝国が立ちふさがった。

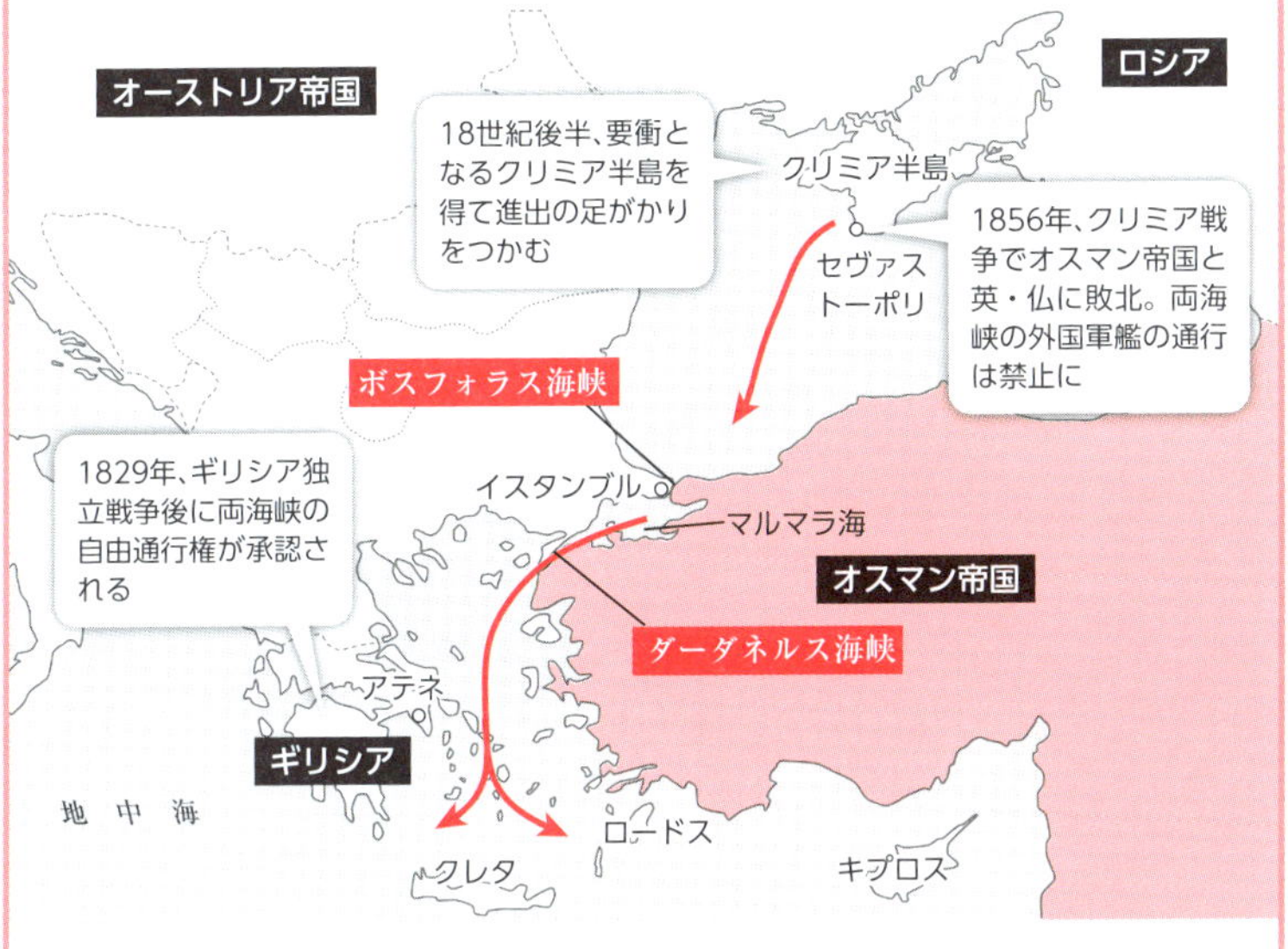

オスマン帝国と戦ったり、逆に支援して従属させたりしながら地中海進出を図ったロシア。しかしクリミア戦争に敗れたことで、地中海進出という悲願は達成されませんでした

南下政策の挫折

ギリシア独立戦争（1821〜29）
オスマン、エジプトVSギリシア←露
➡黒海とボスフォラス・ダーダネルス海峡の自由通行権承認

第一次エジプト＝トルコ戦争（1831〜33）
露→オスマンVSエジプト
➡ロシア以外の外国軍艦の両海峡通行を禁止する

第二次エジプト＝トルコ戦争（1839〜40）
露→オスマンVSエジプト
➡ロシアを含む外国軍艦の両海峡通行を禁止する

クリミア戦争（1853〜56）
英仏→オスマンVSロシア
➡黒海の中立化と外国軍艦の両海峡通行禁止が再確認される

KEY WORD 【東方問題】19世紀、弱体化するオスマン帝国に列強諸国が介入した一連の外交・領土問題を指す。ロシアが軍事的影響を強めるも、英・仏がそれを許さなかった。

近現代史

極東での南下政策によってシーパワー国・日本と衝突

極東を狙う露と近代化した日本が衝突

ロシア帝国の膨張は、日本史にも大きな影響を及ぼしています。ユーラシア大陸の東側でも、不凍港を求めて南下政策をとったためです。

19世紀半ば、ロシアは列強に蝕《むしば》まれ始めていた清に圧力をかけ、日本海に面した沿海州《えんかいしゅう》を手に入れます。そこには軍港のウラジオストクが建設され、太平洋艦隊が置かれました。

ロシアが南下した結果、明治維新による近代化を果たしていた日本と利害が衝突することになりました。中国東北部（満州）や朝鮮半島がロシアの手に落ちると、すぐ対岸にある日本の安全が脅かされるためです［⇒P48］。

日露対立が鮮明になっていた1902年、ともにロシアを警戒していた日本とイギリスの利害が一致し、日英同盟が結ばれました。ロシアがシーパワーを得ることを警戒していたイギリスは、ユーラシア大陸全土にわたるロシア封じ込め政策の一環として、日本を利用したのです。

また、極東で日露の争いの漁夫の利を得ようとしていたアメリカも、日本に肩入れします。

東アジアでの南下政策も挫折

1904年に日露戦争が勃発しますが、日本は苦戦の末に勝利を得ました。勝利の大きな要因になったのは、イギリスからの支援でした。

日本の攻勢に手を焼いていたロシアは、戦局

日露戦争は、英のロシア包囲網によって日本が勝利したという側面があったんだ

KEY WORD 【沿海州】ロシアの東南端で日本海に面している地域。1860年に清・露間で結ばれた北京条約によりロシア領となる。中心都市のウラジオストクはロシア悲願の不凍港である。

イギリスのロシア封じ込め政策

19世紀、ロシアの海洋進出を嫌ったイギリスは、植民地や影響下の国々を利用してロシアの封じ込めを展開。日露戦争もその一環と見ることができる。ロシアとイギリスの対立はユーラシア大陸全土に及んだ。

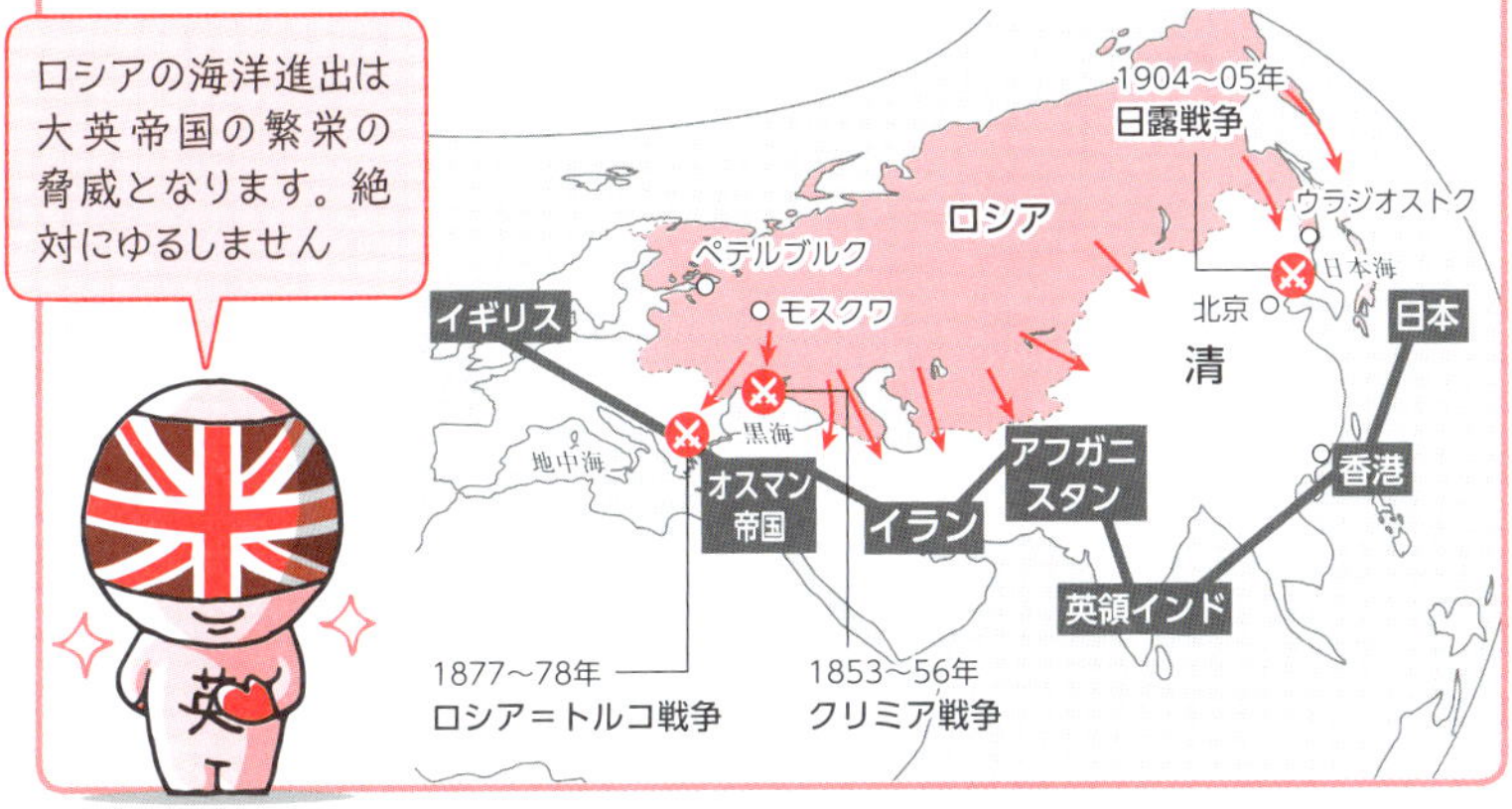

を打開すべく、バルト海艦隊（バルチック艦隊）を太平洋に派遣します。アフリカ南端を周り、数か月をかける困難な航海でした。しかも、航路の途中には日本の同盟国であるイギリスの植民地が多く存在しており、燃料補給など様々な面での妨害を受けました。1905年5月、消耗しきったバルト海艦隊は、日本海海戦で壊滅。日露戦争の勝敗が決しました。

ロシアは、イギリスばかりか日本というシーパワーを敵に回したため、まさかの敗北を喫することになったのです。極東での南下も阻止されたロシアは、日露戦争後は日本やイギリスとの関係を改善。今度は「スラブ民族の保護」を名目にバルカン半島に進出していきます。

このことで、同じくバルカン半島で勢力を伸ばそうとしていたドイツやオーストリアと衝突。この対立は、第一次世界大戦の一因となります。常に他国との軋轢《あつれき》を生みながら、ロシアは膨張政策をとり続けてきたのです。

KEY WORD 【バルカン半島】多数の民族・宗教が混在していたうえ、ロシアとドイツ・オーストリアが勢力拡大をめぐって対立したため、19世紀末には「ヨーロッパの火薬庫」と呼ばれた。

近現代史

冷戦時代、東欧諸国を衛星国とした理由とは？

大幅に削られたロシア帝国の領土

ウクライナ内戦への介入、東欧を自国の勢力圏とした冷戦時代のソ連のふるまいなどを見ると、「なぜロシアは、武力を用いて近隣の国を恫《どう》喝《かつ》し、自分のもののように扱うのだろう？」と思うかもしれません。

しかし、19世紀までの帝政ロシアの領土を見ると、ポーランド・ウクライナなど、東欧の多くの国はロシア領だったことがわかります。「本来はこれらの国はロシアのものだ」という意識が、ロシア人の中にはあります。

ロシアがヨーロッパに面するこれらの領土を失ったのは、第一次世界大戦（１９１４～18）の時です。近代化の遅れていた帝政ロシアは、国内の不満をそらす目的もあって、対外積極策をとってきました。しかし、第一次大戦中に人々の困窮が限界に達し、１９１７年にロシア革命として暴発します。

革命の結果、史上初の社会主義国家であるソビエト政府が成立。戦争を続ける意思のなかった革命政府は、ドイツと単独講和します。しかし、講和の代償として、ポーランドやバルト三国など大幅に領土を失いました。

日本には海という
防衛網があるが、
ロシアにはそれがない。
だから緩衝地帯が
必要なんだ

独ソ戦の反省から東欧を衛星国に

大戦終結後、ロシアの手放した地域には多数の独立国が誕生します（大戦に敗れたオースト

KEY WORD 【ロシア革命】1917年、レーニンが主導して世界初の社会主義国家、のちのソビエト社会主義共和国連邦が樹立。各国に共産党を誕生させて「世界革命」を目指した。

緩衝地帯となった冷戦時代の東欧

1955年に結成されたワルシャワ条約機構の加盟国。冷戦構造下で、ソ連の衛星国（緩衝地帯）となった
東ドイツ
ポーランド
ソ連
西ドイツ
チェコスロバキア
ハンガリー
ルーマニア
ユーゴスラヴィア
ブルガリア
アルバニア
ギリシア
UP
ロシア
ロシア（旧ソ連）の緩衝地帯
ユーゴスラヴィアは独自の社会主義国家を建設。アルバニアは中ソ対立後、ワルシャワ条約機構を脱退

リア帝国も解体し、チェコスロバキアなどができています）。

　第二次世界大戦中、ナチスドイツは東欧を制圧した後、ソ連を攻撃します（独ソ戦）。装備面で劣るソ連軍は劣勢を強いられ、モスクワ付近にまで迫られました。焦土《しょうど》作戦の末にドイツ軍を撃退するものの、ソ連は民間人も含めて2000万人以上の膨大な犠牲を出しました。

　その苦い記憶があるソ連は、戦後の国際体制をつくる上で、**自国の周囲を同盟国で囲み、緩衝地帯を設置することを望みます**。ソ連の思惑によって、戦後の東欧は軒並み社会主義国となりました。米英はソ連のやり方に反発し、冷戦に突入します。

　冷戦中、ハンガリーやチェコスロバキアで自由化の動きが出ると、ソ連は武力で弾圧しました。**「自国の安全のためにも、東欧の国は従えておかねばならない」というのが、深いトラウマを負ったソ連の心理**だったのです。

COUNTRY 【チェコスロバキア】1968年に「プラハの春」と呼ばれる自由改革運動が起こるが、ソ連軍の軍事弾圧を受けた。冷戦崩壊後の1993年にチェコとスロバキアに分離した。

近現代史

中央アジアをめぐる「グレートゲーム」が生んだもの

中央アジアを舞台とした英露の攻防戦

2001年9月11日に発生したアメリカ同時多発テロ。実行犯は、アフガニスタン（アフガン）のゲリラを起源とするテロ組織「アルカーイダ」でした。アフガンがテロの温床になった遠因に、大国の覇権争いがありました。

ピョートル大帝以来、南下政策を進めていたロシアは、中東や中央アジア方面にも進出していきました。イランやアフガンなどを支配下に収めていけば、インド洋に出られるからです。

この政策に最も反発したのがイギリスです。イギリスにとって最も重要な植民地であるインドまでの航路を脅かされるためです。

アフガニスタンをめぐる大国の意図

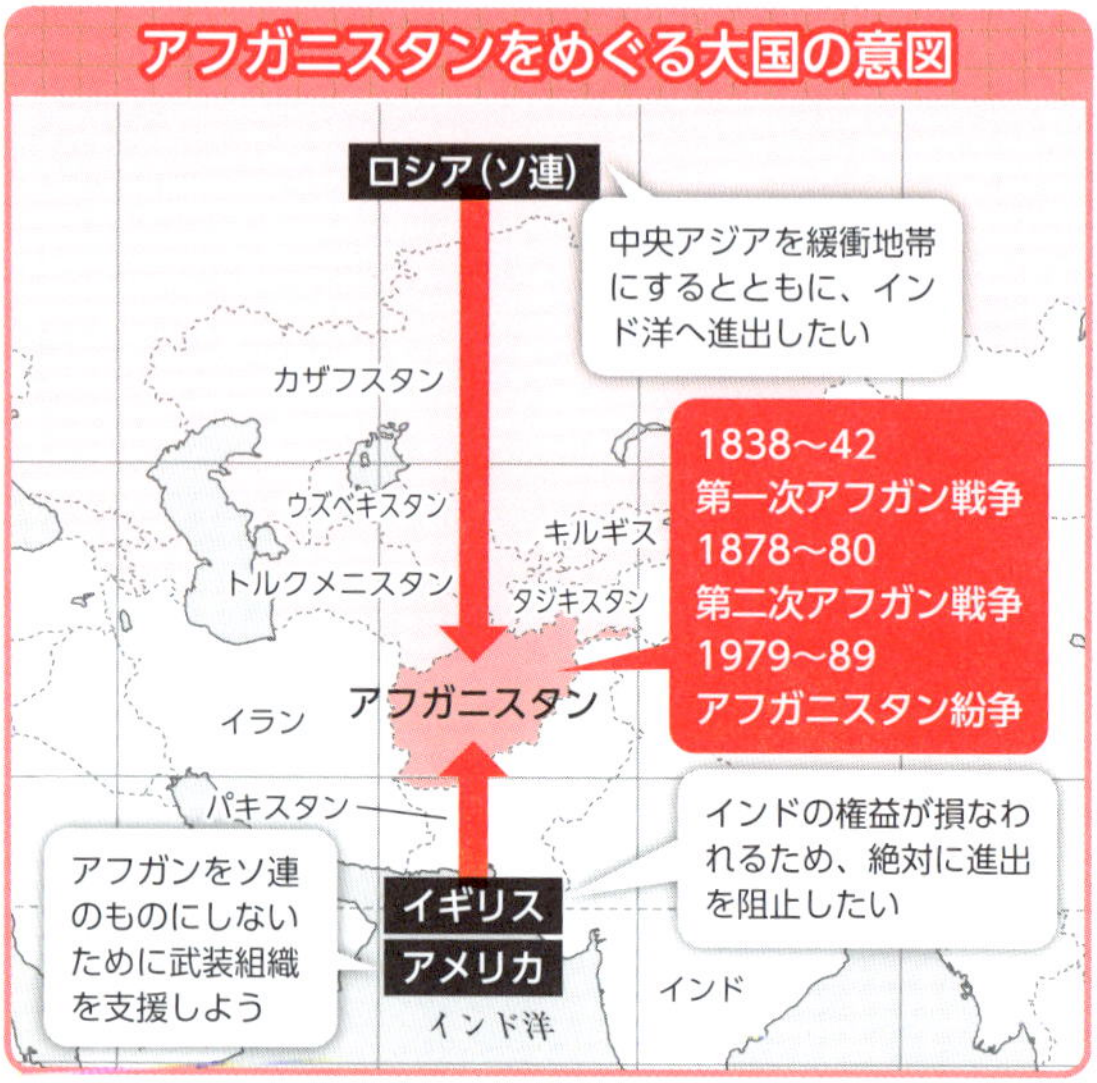

ロシア（ソ連）
中央アジアを緩衝地帯にするとともに、インド洋へ進出したい
カザフスタン
ウズベキスタン
キルギス
トルクメニスタン
タジキスタン
1838～42
第一次アフガン戦争
1878～80
第二次アフガン戦争
1979～89
アフガニスタン紛争
イラン
アフガニスタン
パキスタン
インドの権益が損なわれるため、絶対に進出を阻止したい
アフガンをソ連のものにしないために武装組織を支援しよう
イギリス
アメリカ
インド
インド洋

地中海もダメ、太平洋もダメとなり、次はインド洋を目指すのですが……

KEY WORD 【グレートゲーム】中央アジアをめぐる露VS英の覇権争いの総称。1907年の英露協商で中断したが、戦後は米にプレーヤーが変わり、抗争は継続されたという見方もある。

19世紀、ロシアとイギリスがアフガンの支配権を争ったことにより、第一次・第二次のアフガン戦争が発生します。中央アジアを舞台にした英・露の抗争は、大陸をチェス盤に見立てて「グレートゲーム」と呼ばれました。

第二次アフガン戦争ではイギリスが勝利し、アフガンを保護国化。19世紀のグレートゲームは、イギリスに軍配があがりました。

「グレートゲーム」の皮肉な顛末

アフガンを舞台とした「グレートゲーム」は、20世紀後半の冷戦時代に再燃しました。プレーヤーはソ連とアメリカです。

発端は、1978年のアフガンでのクーデターでした。新しく成立した親ソ連政権と、反政府勢力との内戦が勃発。翌年にソ連が軍事介入します。一方、ソ連を封じ込めたいアメリカは、反政府ゲリラを支援しました。

反政府ゲリラの激しい抵抗により、ソ連は1989年に撤退に追い込まれます。長期の戦闘が財政を圧迫したこともあり、1991年にソ連は崩壊しました。

このアフガニスタン紛争のとき、アメリカの支援を受けた武装組織のムジャーヒディーンが、アルカーイダの源流になったと考えられています。また、「もう一つのグレートゲーム」に勝ったアメリカですが、冷戦終結後は手を引いてしまいました。混乱が続いたアフガンはテロリストの拠点となり、皮肉にもアメリカが攻撃される事態を生み出したのです［⇒P220］。

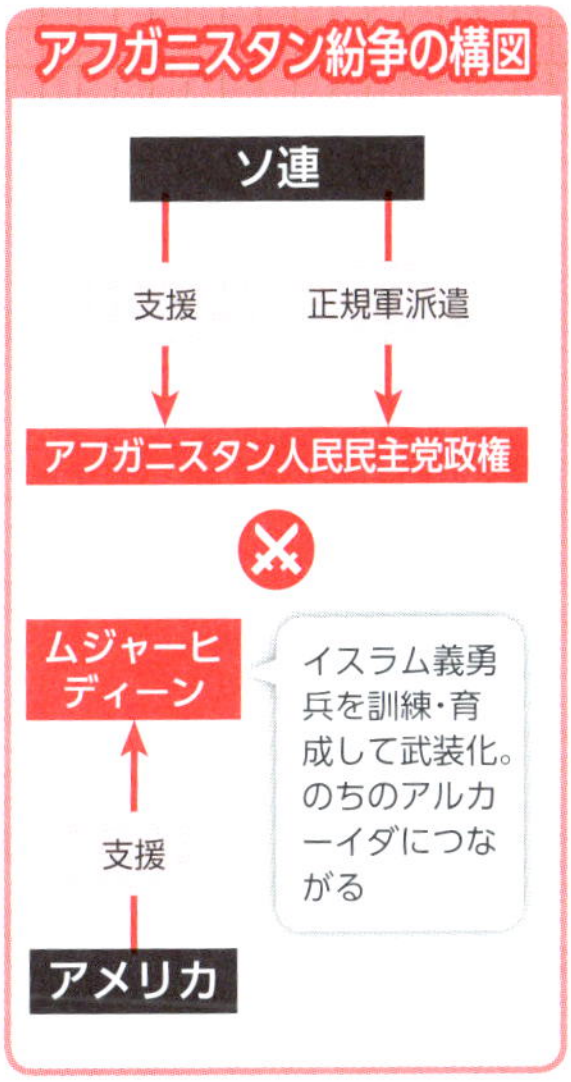
アフガニスタン紛争の構図
ソ連
支援
正規軍派遣
アフガニスタン人民民主党政権
ムジャーヒディーン
イスラム義勇兵を訓練・育成して武装化。のちのアルカーイダにつながる
支援
アメリカ

KEY WORD 【アメリカ同時多発テロ】テロ後、米軍はアフガンに出兵し、暫定政府を樹立。2011年に主導者のウサマ・ビンラディン殺害に成功したが、アフガン撤退には至っていない。

現在の諸問題

EUと対立してまでロシアがウクライナに固執する理由とは何か？

生命線であるウクライナ

2014年、ウクライナでは親ロシア派と親EU派の内戦が発生しました。騒乱にはロシア軍が介入し、クリミア半島がロシアに編入されます。停戦は成立したものの、クリミア半島は2018年2月現在もロシアが実効支配し、欧米の対露経済制裁も続いています。

国際ルールを無視したロシアの行動ですが、「ウクライナは本来ロシアのものである」という意識が背景にあります。確かに、帝政ロシア時代からソ連時代まで、ウクライナの領土はロシアに含まれていました。しかし、1991年の旧ソ連崩壊とともに独立を果たしており、旧ソ連の国家連合体であるCIS（独立国家共同体）からも2014年に脱退しています。

ウクライナは、世界でも有数の穀倉地帯で、鉄鉱石の鉱山もあります。ロシアと西欧を結ぶ道路や鉄道が多く通り、クリミア半島には軍港セヴァストーポリがあります。

クリミア半島は、もともとオスマン帝国の属国のクリム・ハン国が治めていましたが、18世紀末にロシアが併合。軍港セヴァストーポリは、ロシア黒海艦隊の基地となりました。

EU対ロシアの縄張り争い

ウクライナの独立は、ロシアにとってこのような重要な領土が失われたことを意味します。

ウクライナは貴重な緩衝地帯。そこもEUにつくなんてロシアとしては悪夢だね

KEY WORD 【CIS（独立国家共同体）】ソ連崩壊時、バルト3国を除く旧ソ連の構成国家によって結成された連合体。その後、ウクライナやジョージアが脱退した。

東欧諸国のNATO加盟とロシア対EUの緊張状態

冷戦終結後、東欧諸国は相次いでNATOやEUに加盟（EU加盟国はP199参照）。ロシアは旧ソ連のベラルーシ、ウクライナ、ジョージアらの諸国を、緩衝地帯としてロシア陣営に引き止めようと画策している。

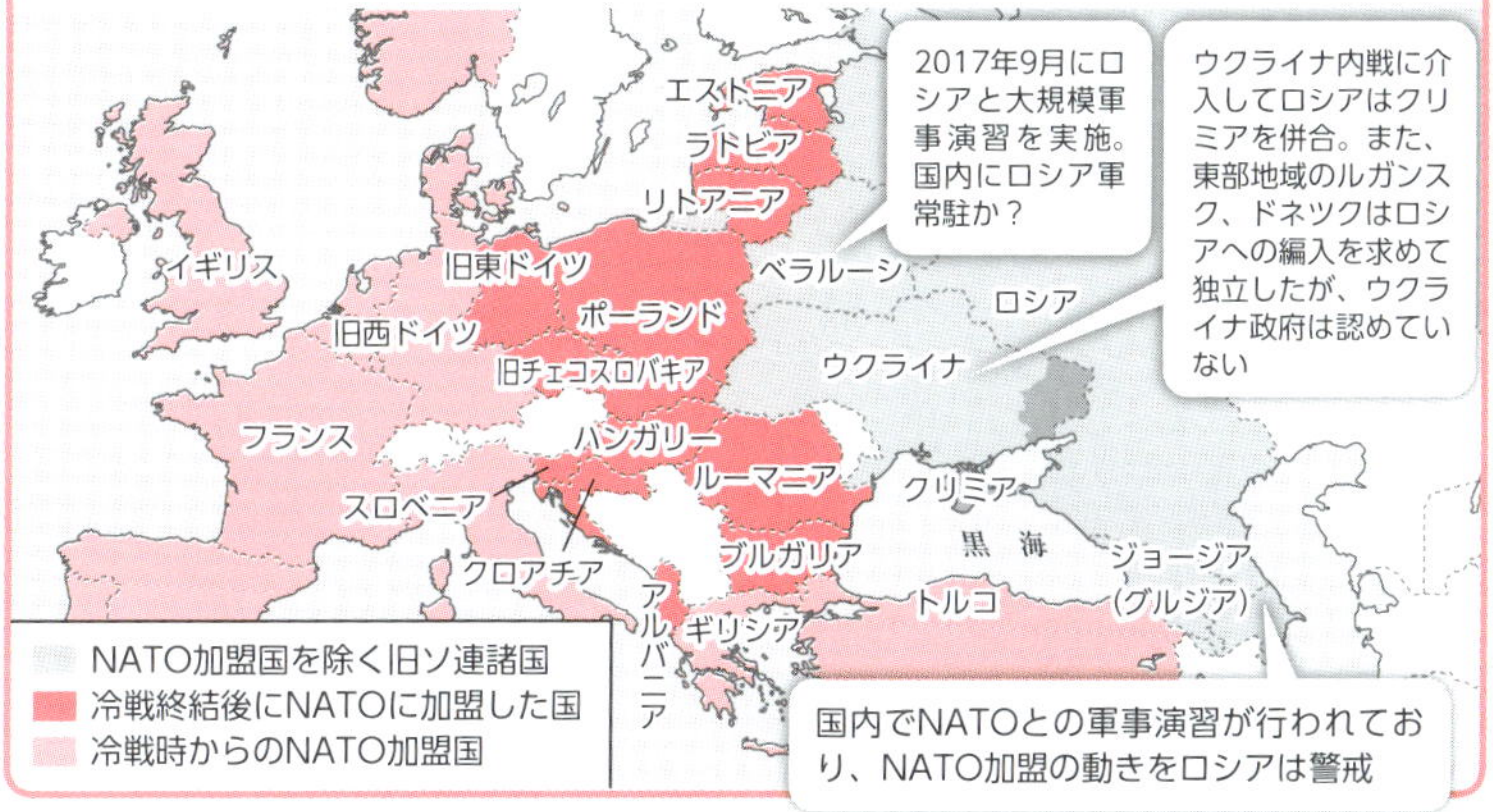

2017年9月にロシアと大規模軍事演習を実施。国内にロシア軍常駐か？
ウクライナ内戦に介入してロシアはクリミアを併合。また、東部地域のルガンスク、ドネツクはロシアへの編入を求めて独立したが、ウクライナ政府は認めていない
エストニア
ラトビア
リトアニア
イギリス
旧東ドイツ
ベラルーシ
ロシア
ポーランド
旧西ドイツ
旧チェコスロバキア
ウクライナ
フランス
ハンガリー
ルーマニア
クリミア
スロベニア
黒海
クロアチア
ブルガリア
ジョージア（グルジア）
アルバニア
ギリシア
トルコ
NATO加盟国を除く旧ソ連諸国
冷戦終結後にNATOに加盟した国
冷戦時からのNATO加盟国
国内でNATOとの軍事演習が行われており、NATO加盟の動きをロシアは警戒

さらに、ロシアの心臓部の周辺領土がなくなるので、安全保障面でも問題です。

ウクライナの内戦で、ロシアが意識しているのがEUの存在です。ポーランドなどの東欧は、冷戦時代にソ連の緩衝地帯として扱われてきました［⇒P172］。冷戦終結後、**東欧はロシアの勢力圏を離れたばかりか、21世紀初頭には続々とEUやNATO（北大西洋条約機構）に加盟**していきます。

1990年代以降のロシアは、一気に緩衝地帯を失い、喉元に刃物を突きつけられているような状況になったといえるでしょう。こうして表面化したロシアとEUの対立は、「新冷戦」と呼ばれています。

ウクライナは、もともと親露派と親西欧派で国内が分裂している国です［⇒P182］。いつウクライナが自国から離れていくかわからないロシアは、要衝のクリミア半島だけでも確保したかったのです。

COUNTRY 【ジョージア】2008年に南オセチア地方をめぐってロシアと紛争。CISを脱退しEU・NATOに近づく。2015年にロシア語由来の「グルジア」から「ジョージア」に国名を変更。

中東での存在感を高めるロシアの狙いとは？

紛争に乗じて中東情勢に介在

2011年に始まったシリア内戦は、独裁者のアサド大統領をロシアが、クルド人勢力などの反政府組織をアメリカが支援。さらにイスラム過激派「イスラム国（IS）」が勢力を拡大したため、泥沼に陥りました。

2015年9月、ロシアが大規模な軍事介入を開始。アメリカに代わり、ロシアが主導権を握ろうとしています。

ロシアが中東に影響力を及ぼすのは、今に始まったことではありません。帝政ロシア時代には、地中海への出口を求めてオスマン帝国を、インド洋への通路を求めてイランを圧迫しています。

冷戦時代、アメリカはソ連を封じ込めるため、中東の親米政権を支援します。人々は独裁政治に不満を募らせ、反欧米主義とイスラム過激派が結びつき、地域の不安定要因となりました。

2001年に就任したブッシュJr大統領は、アフガン空爆・イラク戦争など中東を力で抑えようとしますが、かえって泥沼化しました。

米に代わり中東の盟主を目指す

2009年に就任したオバマ大統領は穏健な外交を進め、イラクやアフガンから撤退します。アメリカの存在感が低下したところに、ロシアが割って入ってきているわけです。

プーチンが中東情勢に
積極的に関わり、
米と露の影響力が
逆転しようとしているよ！

KEY WORD 【シリア内戦】2011年から始まるシリア政府軍と反政府組織との内戦。イスラム国（IS）も加わり、さらに大国の介入により泥沼化。2015年からロシアが軍事介入。[⇒P222]

地中海やインド洋を
にらむためにも
中東とは仲良くすべし
露

ロシアがアサド政権を支持する理由の一つに、ロシアの海軍基地であるシリアのタルトゥース港があります。ロシア海軍が地中海で展開するための重要拠点であるため、ロシアはアサド政権との友好関係を維持しておきたいのです。また、アサドの独裁政権が倒れて、同じく独裁的な中央アジア諸国の親露政権に波及することを危惧しています。

ロシアの国内事情もあります。チェチェン共和国の独立運動が、イスラム過激派のテロと結びついているなど、ロシア南部のカフカス地方は非常に不安定です。シリア内戦が長引くと、イスラム過激派のテロリストが流入し、ロシア国内の治安を悪化させるおそれもあります。

複数の思惑を秘めながら、ロシアは確実に中東での存在感を増しているのです。

存在感を増す中東におけるロシア

近年、アメリカが中東情勢に及び腰なのに対して、ロシアは積極的に関わっており、ロシアの影響力が拡大している。

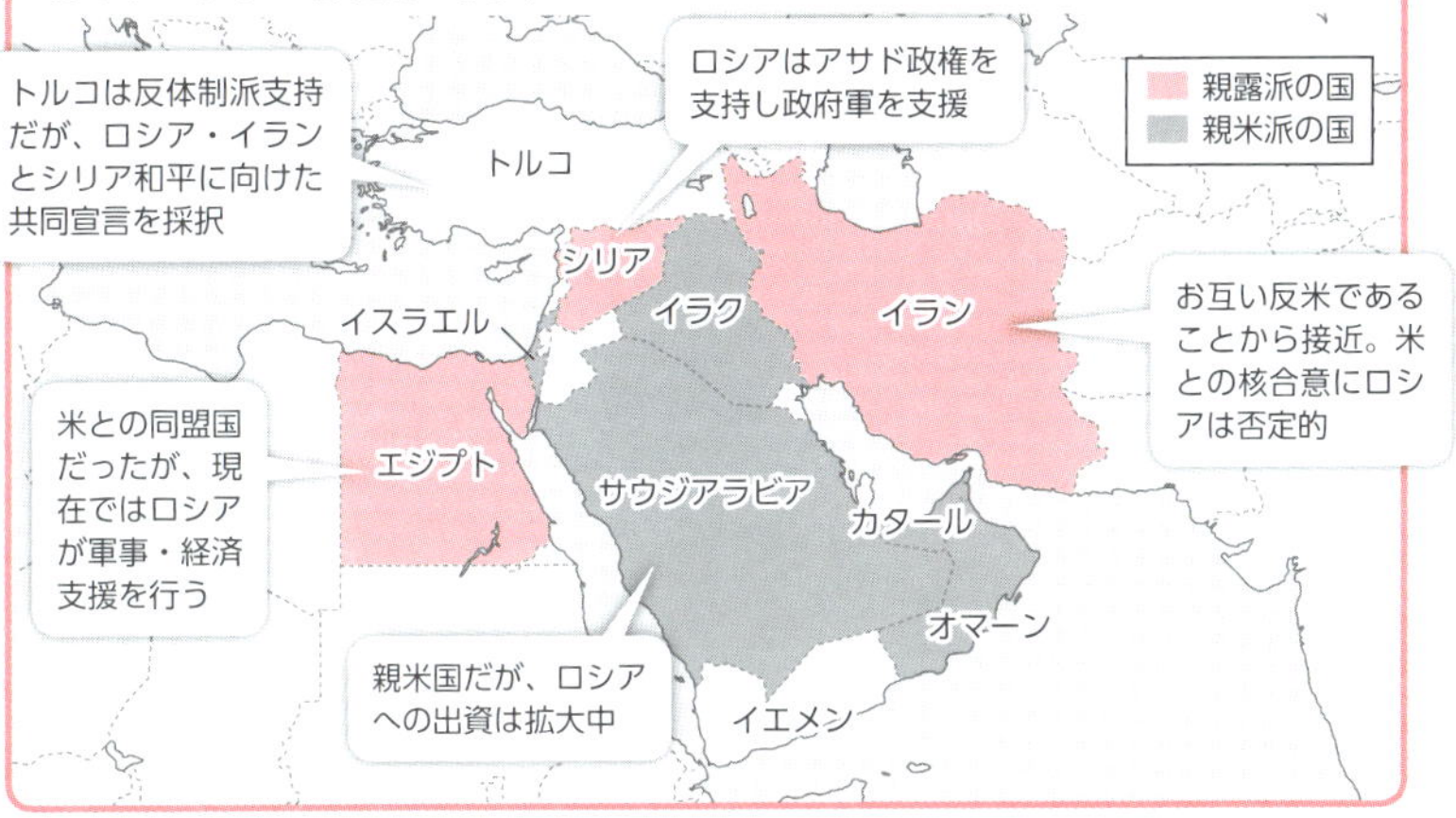
トルコは反体制派支持だが、ロシア・イランとシリア和平に向けた共同宣言を採択
ロシアはアサド政権を支持し政府軍を支援
親露派の国
親米派の国
トルコ
シリア
イスラエル
イラク
イラン
お互い反米であることから接近。米との核合意にロシアは否定的
米との同盟国だったが、現在ではロシアが軍事・経済支援を行う
エジプト
サウジアラビア
カタール
オマーン
親米国だが、ロシアへの出資は拡大中
イエメン

COUNTRY 【チェチェン共和国】イスラム系住民が中心で、1991年に独立を宣言。それを認めないロシアと20年近く紛争状態となった。過激派によるテロ行動は現在も続いている。

現在の諸問題

複雑に絡み合う極東情勢をめぐる大国の思惑

千島列島はロシアの防衛ライン

第1章でも解説したとおり、日本の北方領土をロシアが返還しないのには地政学的な理由があります［⇒P66］。カムチャッカ半島から北海道までをつなぐ千島列島は、ロシアの内海であるオホーツク海を囲んでいます。北方領土を日本に返してしまうと、日本の同盟国であるアメリカの軍艦がオホーツク海に入れるようになってしまいます。北方領土を含む千島列島は、オホーツク海の防衛ラインといえます。

ロシアのプーチン大統領は近年、極東でのエネルギー開発を重視しており、その点でも北方領土を簡単に返還するとは考えられません。

微妙な距離感が続く露中関係

一方で、ロシアには日本と組むメリットもあります。人口密度の低い極東シベリア地域を開発するには、日本の経済協力が不可欠です。

ロシアにとっての懸案は、中国との関係です。ソ連崩壊後、ロシアは経済の混乱が続き、中国に国力差を付けられました。2004年には、ソ連時代から続く国境問題が、ロシアが大幅譲歩するかたちでようやく決着しています。

極東で圧倒的な人口と経済力を持つ中国は、ロシアの潜在的脅威です。日中を接近させないようにしながら、極東での存在感を高めるのがロシアの戦略といえるでしょう。

プーチンは、
北方四島は
絶対返さないけど
日本の経済援助は
欲しいわけだね

WHO'S WHO 【プーチン】1952年生まれ。旧ソ連の諜報機関KGBの元エージェントであり、前任のエリツィンから大統領後任に指名された。2000年以降大統領を務める（08〜12年は首相）。

極東情勢をめぐる各国首脳の思惑

極東では日・中・露の三大国が国境を接しており、様々な思惑を抱きながら外交の綱引きを行っている。

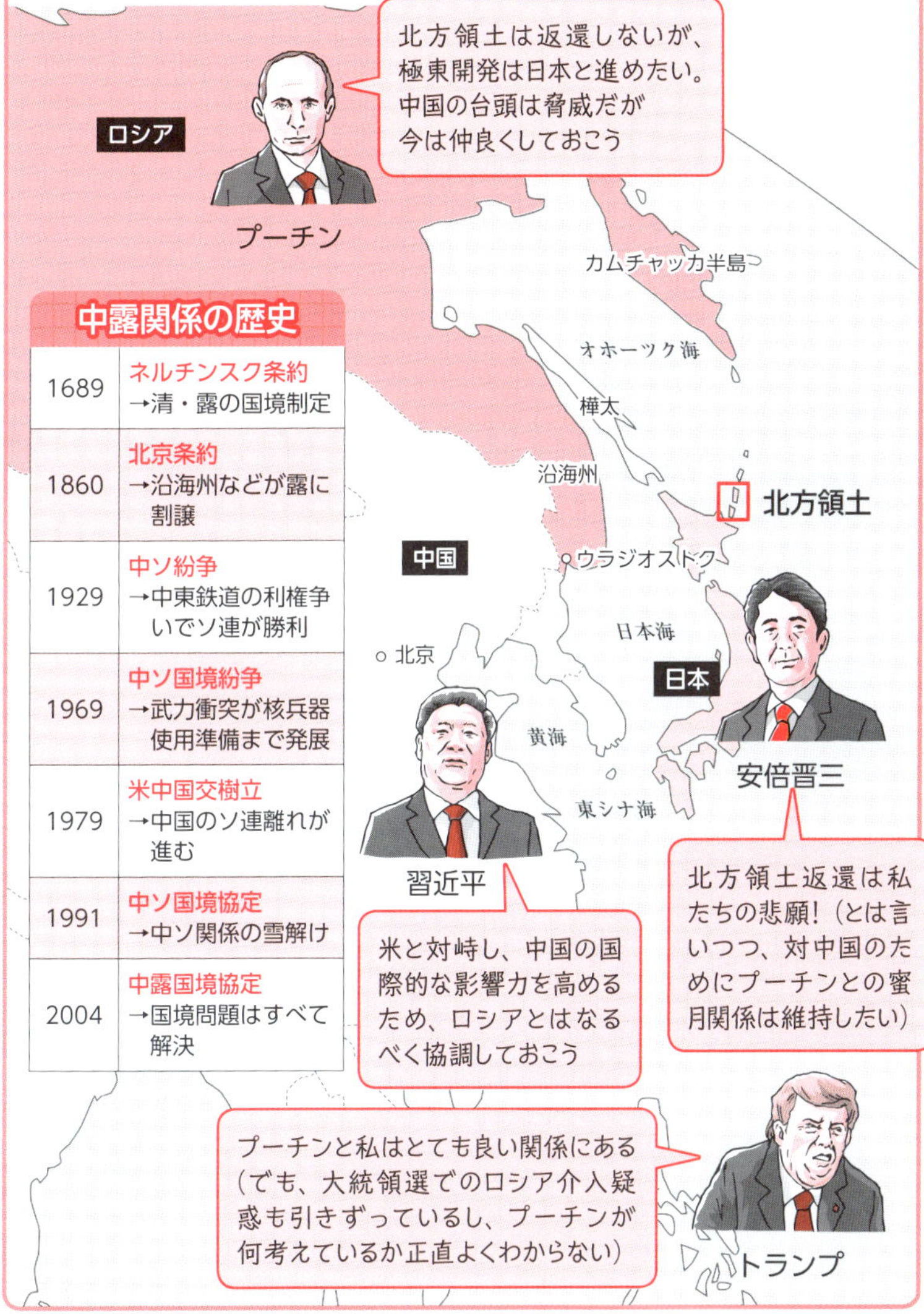

ロシア
北方領土は返還しないが、極東開発は日本と進めたい。中国の台頭は脅威だが今は仲良くしておこう
プーチン
カムチャッカ半島
オホーツク海
樺太
沿海州
北方領土
中国
ウラジオストク
日本海
北京
日本
黄海
東シナ海
習近平
安倍晋三
米と対峙し、中国の国際的な影響力を高めるため、ロシアとはなるべく協調しておこう
北方領土返還は私たちの悲願!（とは言いつつ、対中国のためにプーチンとの蜜月関係は維持したい）
プーチンと私はとても良い関係にある（でも、大統領選でのロシア介入疑惑も引きずっているし、プーチンが何考えているか正直よくわからない）
トランプ

中露関係の歴史

1689	ネルチンスク条約 →清・露の国境制定
1860	北京条約 →沿海州などが露に割譲
1929	中ソ紛争 →中東鉄道の利権争いでソ連が勝利
1969	中ソ国境紛争 →武力衝突が核兵器使用準備まで発展
1979	米中国交樹立 →中国のソ連離れが進む
1991	中ソ国境協定 →中ソ関係の雪解け
2004	中露国境協定 →国境問題はすべて解決

KEY WORD 【中露国境協定】プーチンと胡錦濤の両首脳により国境問題は最終的に政治決着した。2001年には中露善隣友好協力条約が結ばれており、これ以降、良好な関係が続いている。

Column

Vacation time

ロシアを嫌うウクライナ国民の心情

ウクライナ内戦で、ウクライナ政府はロシアの介入に抵抗しており、EU寄りの立場をとっています。元はロシアの一部であり、ソ連の構成国家にも関わらず、なぜ国内には親欧米派がいるのでしょうか。

ロシアとEUの代理戦争の体をなしたウクライナの内戦。東部では親露派、西部では親欧米派が強いという国内の分断が、内戦の契機になりました。

分断の理由は、国の成り立ちにあります。西欧とロシアの中間に位置するウクライナは、かつてはドニエプル川を挟んだ東側がロシア、西側がポーランドの勢力圏でした。しかし18世紀末、右岸ウクライナもロシアに併合されます。東西のウクライナ人の意識の差は、こうした経緯が元になっています。ウクライナは、1917年のロシア革命の際に独立を宣言しました。しかし、この地を手放したくなかったソヴィエト政府が介入し、ソ連の一部になります。ソ連時代は、食料の強制徴発による大飢饉《ききん》も経験しました。こうした歴史もあり、ウクライナ人のロシアに対する心理は極めて複雑です。

2014年からの内戦で、ウクライナ中央政府はクリミア半島や東部の一部の支配権を失いました。しかし、皮肉にもロシアの介入が、ウクライナの国論をまとめたようです。騒乱が始まった年の大統領選挙では、親欧米派のポロシェンコが圧勝し、2018年現在も政権を保っています。

ウクライナ国内の分裂

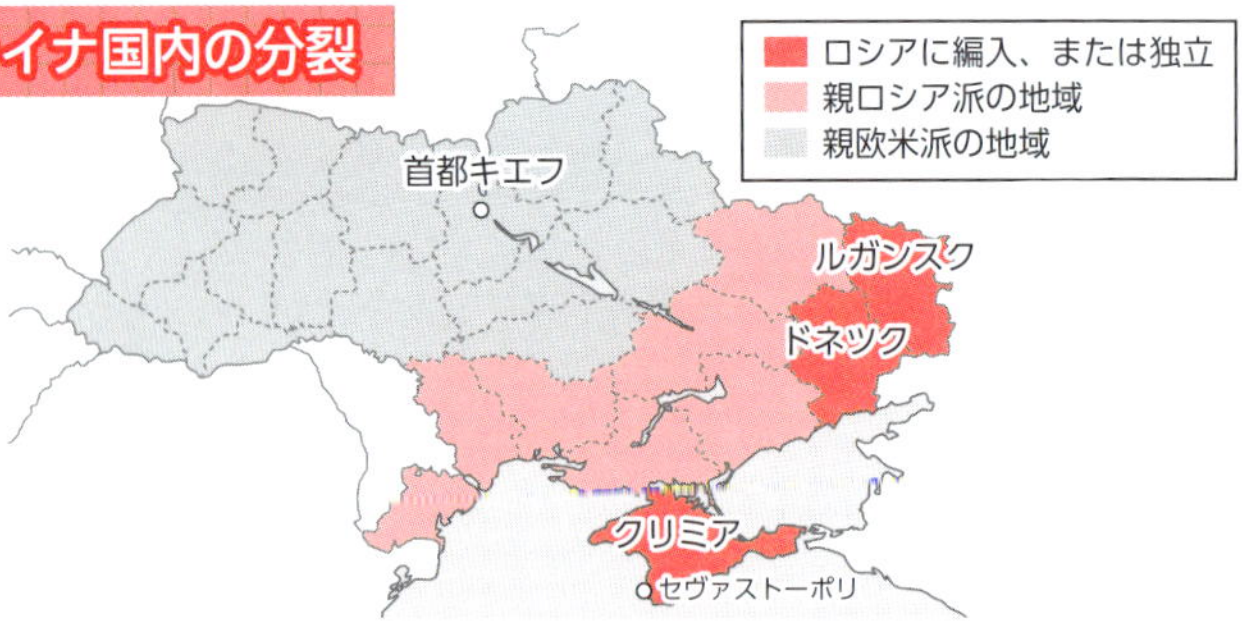

第6章

転換期をむかえるヨーロッパ

英のEU離脱、難民問題、
台頭するポピュリズム、
ロシアとの対立……。
ヨーロッパは今、
歴史的転換期にあります

第６章　転換期をむかえるヨーロッパ

現在のヨーロッパの状況は『新冷戦』とも呼ばれる
USA
EU
VS
RU
21世紀に入るとEU＆アメリカ対ロシアという対立がハッキリしてきたんだ
ギリシアの位置に注目だ！
ロシア
ギリシアは黒海から地中海に抜けるルートになっているだろう？
そっか！ギリシアがEUから離れてロシアの味方になると困るんだ
EU
黒海
ギリシア
だからこそEUはギリシアに厳しい態度をとれないんだねえ
地中海
おねえちゃんは厳しい態度なんだから！アキラの留学ぜったい反対〜〜ッ!!!
行っちゃらめええ〜〜!!
…いいかげんに弟離れしろよな…

地理的特徴

長い間争い続けたヨーロッパは大きな「半島」なのか？

「ヨーロッパ半島」の欠点と利点

「ヨーロッパといえば、一昔前までは先進的で治安も良いイメージだった。しかし、今はテロや政治の右傾化のニュースが多く、イメージが変わってしまった」……このように感じている人は、かなり多いのではないでしょうか。

　しかし、歴史を紐解けば、ヨーロッパが平和で安定していた期間はごくわずかだったことがわかります。ヨーロッパの対立と戦乱の歴史を、地形に着目しながら見ていきましょう。

　地政学の創始者マッキンダーは、ヨーロッパを「ユーラシア大陸の西にある半島」と捉えました。確かに、東側だけがアジア方面と陸続きになっており、残り三方は海に囲まれています。こうした地理条件のおかげで、ヨーロッパ人の海洋進出は容易でした。大航海時代が、ヨーロッパの西の端にあるポルトガル・スペインから始まったのも、ある意味で必然といえます。

　一方で、「ヨーロッパ半島」の付け根部分は草原地帯が広がり、外敵の侵入を容易に許してしまいます。アジア系の遊牧民は、しばしば東方からヨーロッパに侵入し、危機をもたらしました。中世から近世にかけてヨーロッパに脅威を与えたオスマン帝国も、東方から来ています。

基礎をつくった民族大移動

東方からの侵入者がヨーロッパを混乱させた

ヨーロッパの歴史を紐解くと度重なる戦乱によってかたちづくられてきたことがわかるよ

KEY WORD 【ヨーロッパ】一般にはユーラシア大陸の西端の半島部分を指し、東はロシアのウラル山脈までと認識される。古代ギリシアやローマを継承する同一文明という意識が強い。

マッキンダーによる「世界島」

イギリスの地政学者マッキンダーは、ユーラシア大陸とアフリカ大陸の二つの大陸を合わせて「一つの巨大な島」とした。ヨーロッパはその半島となる。

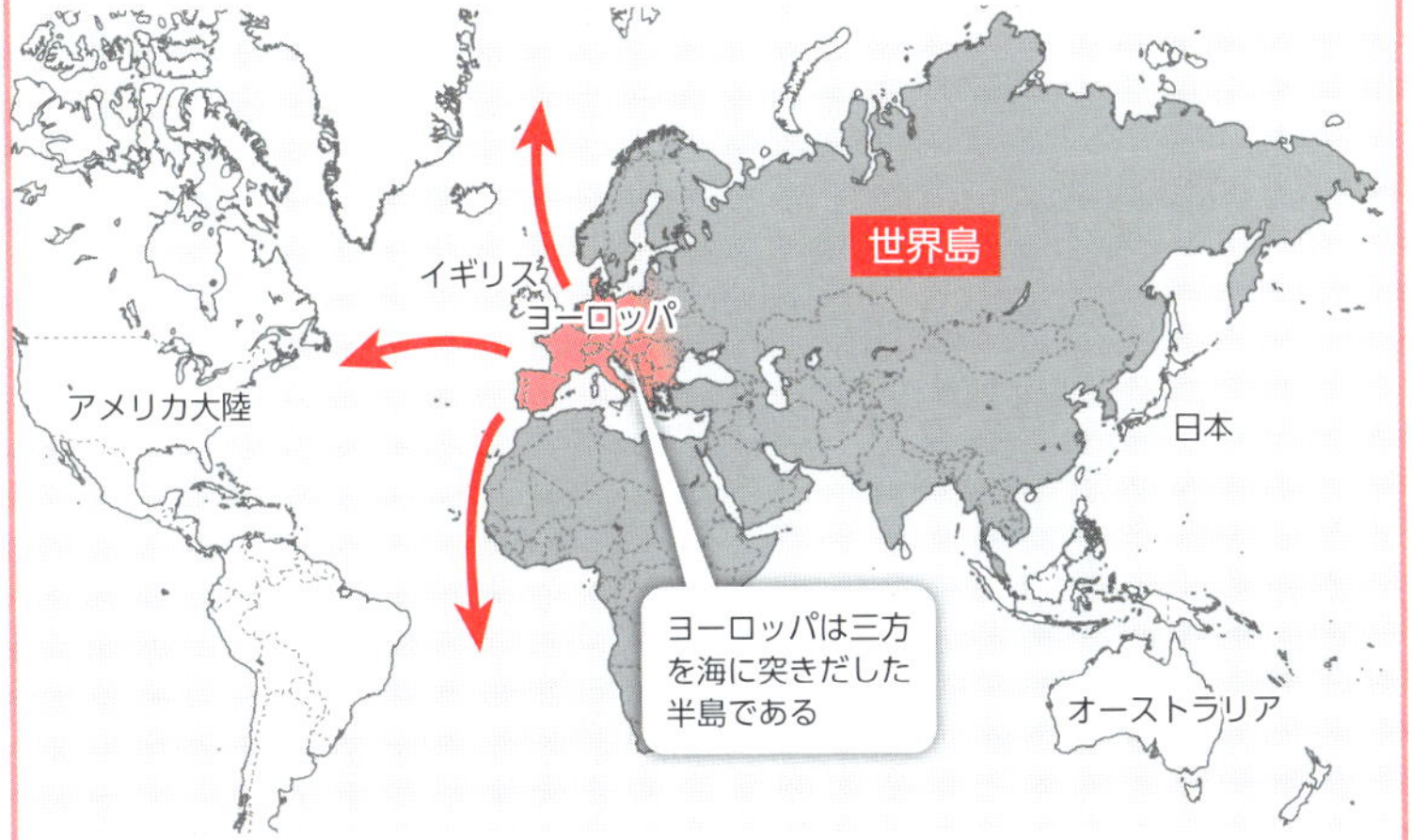

世界島
イギリス
ヨーロッパ
アメリカ大陸
日本
ヨーロッパは三方を海に突きだした半島である
オーストラリア

要衝となる半島の付け根

バルト海と黒海を結ぶ東欧の国々は、いわばヨーロッパ半島の付け根。ここはロシアとの境界線にもなっている。

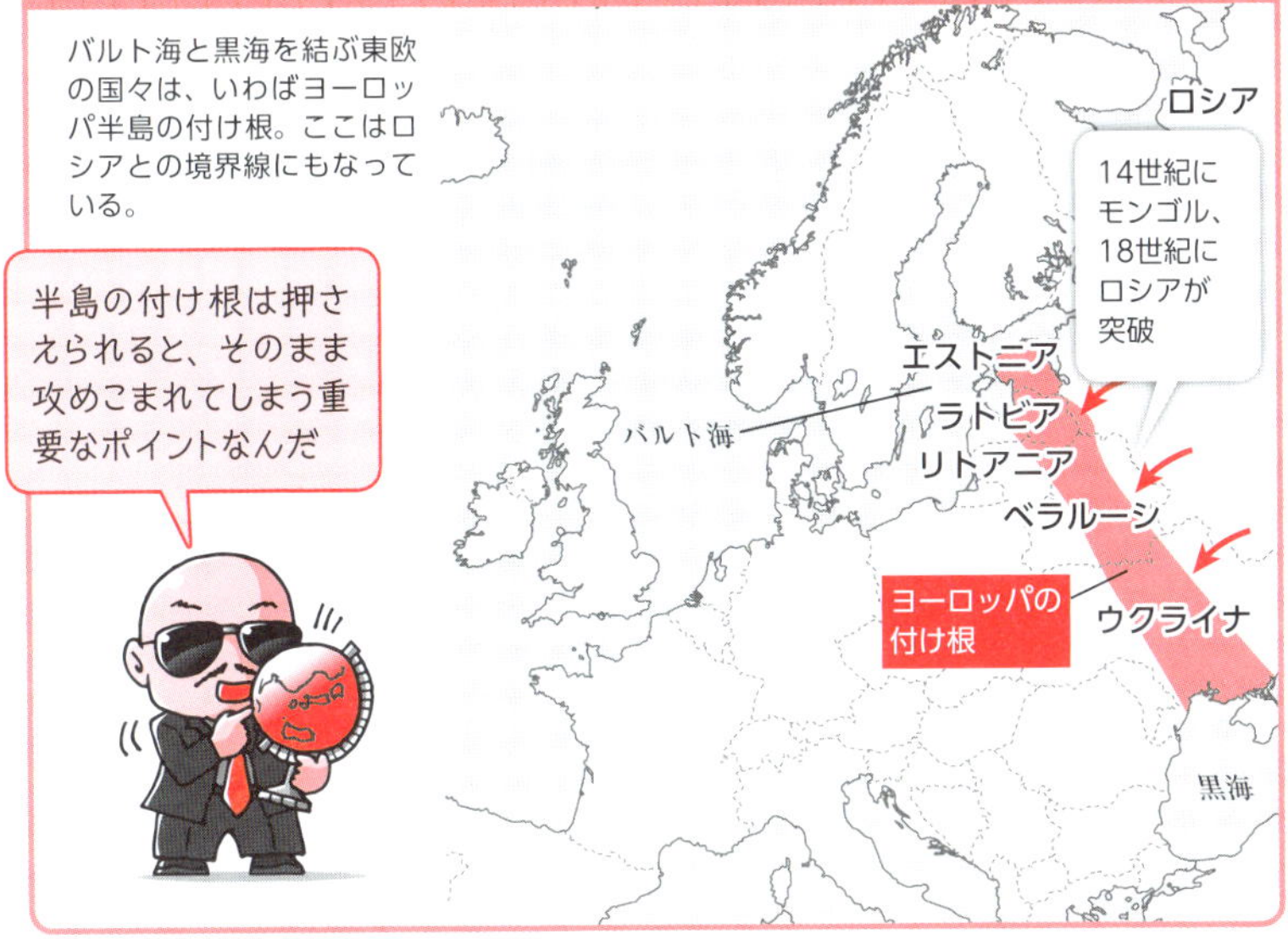

半島の付け根は押さえられると、そのまま攻めこまれてしまう重要なポイントなんだ
ロシア
14世紀にモンゴル、18世紀にロシアが突破
エストニア
ラトビア
リトアニア
ベラルーシ
バルト海
ヨーロッパの付け根
ウクライナ
黒海

COUNTRY 【フランク王国】4～6世紀のゲルマン民族大移動ののちに、ゲルマン人によって建設された国。広大な範囲を支配し、キリスト教を基盤にしたヨーロッパの価値観を築いた。

例が、4～5世紀に中央アジアからやってきたフン人です。フン人に圧迫された原住民のゲルマン人が玉突きのように西に移動したことで、「ゲルマン民族大移動」が起きたのです。

古代の地中海沿岸の世界を支配していたのは、ローマ帝国です（ちょうどこの頃東西に分裂しましたが）。ゲルマン人の移動は西ローマ帝国を滅亡に追いやっただけでなく、現代につながるヨーロッパの基礎をつくりました。

移動したゲルマン人の建てた国の中に、フランク王国があります。現在のドイツ・フランス・イタリア北部の広大な領域を支配しました。フランク王国はキリスト教を受容したので、キリスト教を基礎にしたヨーロッパの価値観は、フランク王国のおかげでできたといえるのです。

内部抗争に明け暮れた欧州諸国

しかし、フランク王国が分裂した後は、ヨーロッパの有力な国々は衝突を繰り返すことになります。前述のように、たびたび東方から危機が訪れますが、ヨーロッパ諸国が足並みをそろえて対処する局面はほとんどありませんでした。特に「ヨーロッパ半島」の西の方にある国は、東方の脅威を直接感じにくく、自国の勢力拡大を優先していたわけです。

そうしたヨーロッパ内の争いでは、イギリスが徐々に台頭します。イギリスは島国であり、外敵からの脅威が少ない。他国と陸続きのフランスなどと違い、国土防衛に回す兵力が少なく済み、海外に進出する余裕が大きかったのです。海軍力に勝るイギリスは、スペイン・オランダ・フランス・ロシアといったライバルを次々と退け、広大な植民地帝国を築きます。

ヨーロッパの有力国は、中世以来ほとんどの期間争ってきました。列強の争いは、植民地獲得競争という形で、アジア・アフリカなど世界中を巻き込んでいきます。その対立は、最終的に二つの世界大戦という惨禍《さんか》をもたらすのです。

COUNTRY 【イギリス】ヨーロッパ北西部の島国。ヨーロッパ大陸とドーバー海峡で隔てられているという地政学的特徴を持ち、欧州の戦争に巻き込まれずに勢力を拡大した。

海洋進出を果たしたヨーロッパの国々

ヨーロッパでは中世以降、海に面している国が次々と海洋進出した。

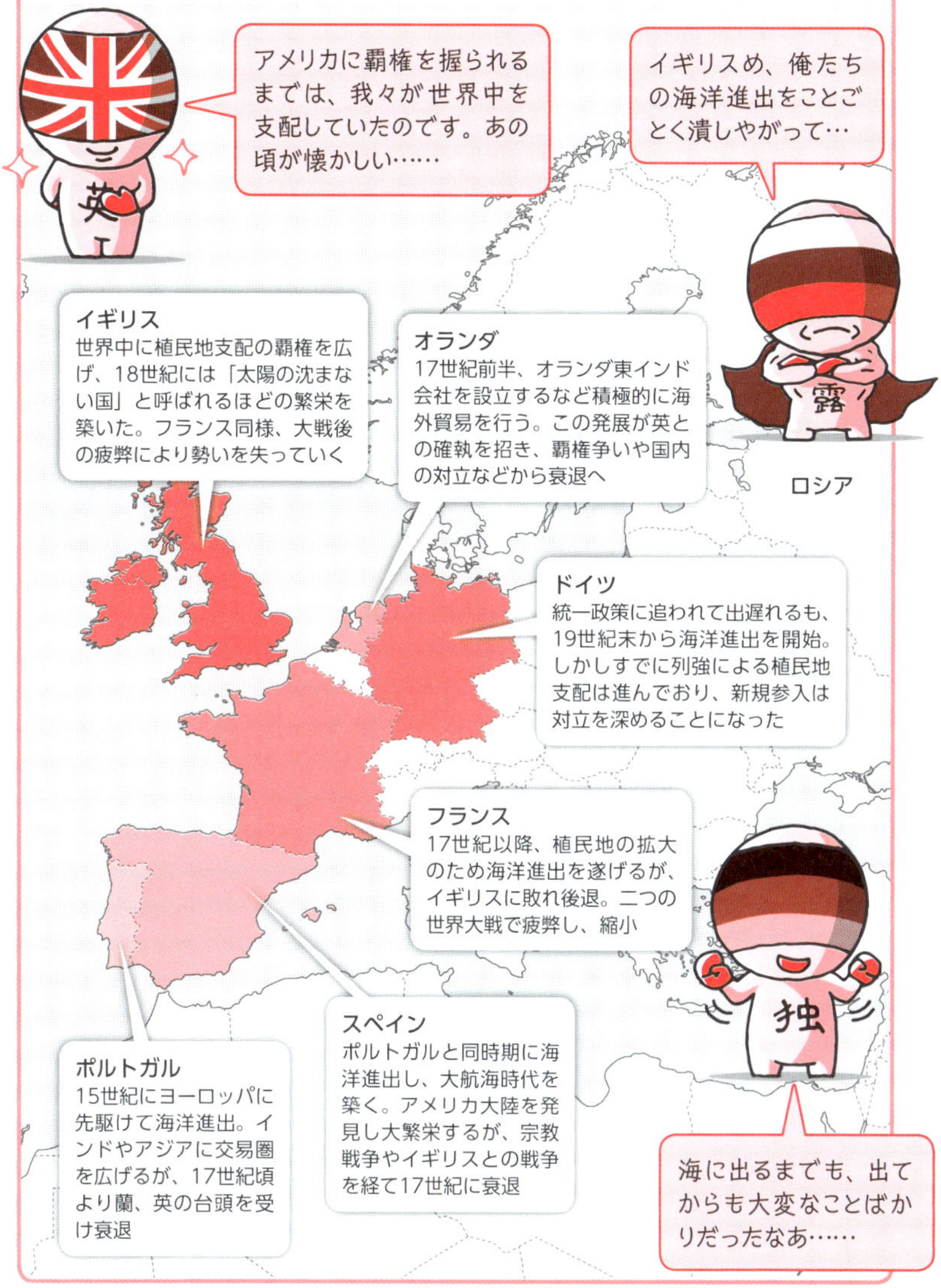
アメリカに覇権を握られるまでは、我々が世界中を支配していたのです。あの頃が懐かしい……
英
イギリスめ、俺たちの海洋進出をことごとく潰しやがって…
露
ロシア
イギリス
世界中に植民地支配の覇権を広げ、18世紀には「太陽の沈まない国」と呼ばれるほどの繁栄を築いた。フランス同様、大戦後の疲弊により勢いを失っていく
オランダ
17世紀前半、オランダ東インド会社を設立するなど積極的に海外貿易を行う。この発展が英との確執を招き、覇権争いや国内の対立などから衰退へ
ドイツ
統一政策に追われて出遅れるも、19世紀末から海洋進出を開始。しかしすでに列強による植民地支配は進んでおり、新規参入は対立を深めることになった
フランス
17世紀以降、植民地の拡大のため海洋進出を遂げるが、イギリスに敗れ後退。二つの世界大戦で疲弊し、縮小
スペイン
ポルトガルと同時期に海洋進出し、大航海時代を築く。アメリカ大陸を発見し大繁栄するが、宗教戦争やイギリスとの戦争を経て17世紀に衰退
ポルトガル
15世紀にヨーロッパに先駆けて海洋進出。インドやアジアに交易圏を広げるが、17世紀頃より蘭、英の台頭を受け衰退
独
海に出るまでも、出てからも大変なことばかりだったなあ……

KEY WORD 【大航海時代】15世紀頃からヨーロッパ人により、アジア、アフリカ、アメリカ大陸などへの航海が行われた時代。新大陸や新航路が発見され、世界の一体化が進んだ。

近現代史

遅れてきた帝国主義・ドイツが第一次世界大戦を招いた

世界大戦の引き金となったドイツ

19世紀までの世界は、イギリスなどヨーロッパの強国が世界を動かしていました。その状況を変えたのが、第一次世界大戦です。

第一次世界大戦の対立の主要因は、ドイツの台頭です。遅れてきた帝国主義国だったドイツは、首都ベルリンからバルカン半島を通ってオスマン帝国領に鉄道を敷設し、ペルシア湾に出る構想を打ち立てました（3B政策）。

ドイツの政策は、インドまでの航路を脅かされるイギリスと、バルカン半島を勢力圏に収めたいロシアを同時に敵に回し、ドイツと長年対立していたフランスも英・露と手を組みます。

ヨーロッパの凋落とアメリカの台頭

1914年、「英・仏・露の連合国」対「ドイツ・オーストリア・オスマン帝国の同盟国」という構図で、第一次世界大戦が勃発しました。すぐ決着すると見られていた戦争は長期化し、膨大な死傷者が出ました。

国土が戦場になったヨーロッパ諸国は疲弊し、戦勝国も国力を減退させます。代わりに、途中参戦し、国土を戦場にすることもなく戦勝国になったアメリカが覇権を握ることになります。

大戦の反省から、1920～30年代の欧米は協調主義をとりました。一方で、敗戦国への過酷な処置は、再度の世界大戦の火種となります。

長引く大戦は
ヨーロッパを
疲弊させて
しまったんだ

KEY WORD 【3B政策と3C政策】3C政策はヨーロッパ～アフリカ～中東を結ぶ広域を押さえるイギリスの政策。これに対抗するために、ドイツはバグダード鉄道による3B政策を進めた。

第一次世界大戦直前の緊張するヨーロッパ

三国協商と三国同盟の対立により、2陣営に分かれたヨーロッパ。第一次世界大戦はこの二つの陣営が激突するかたちで始まった。

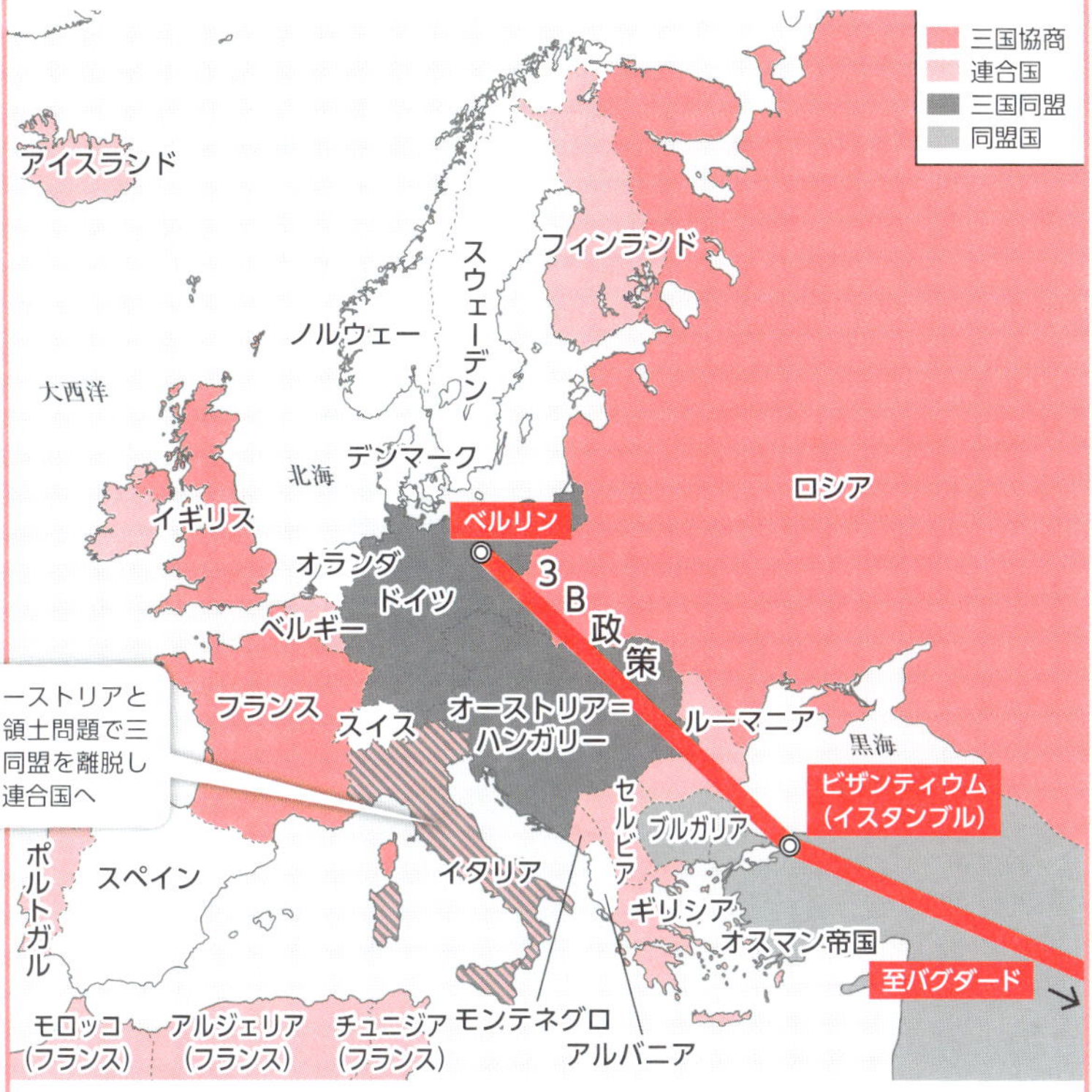

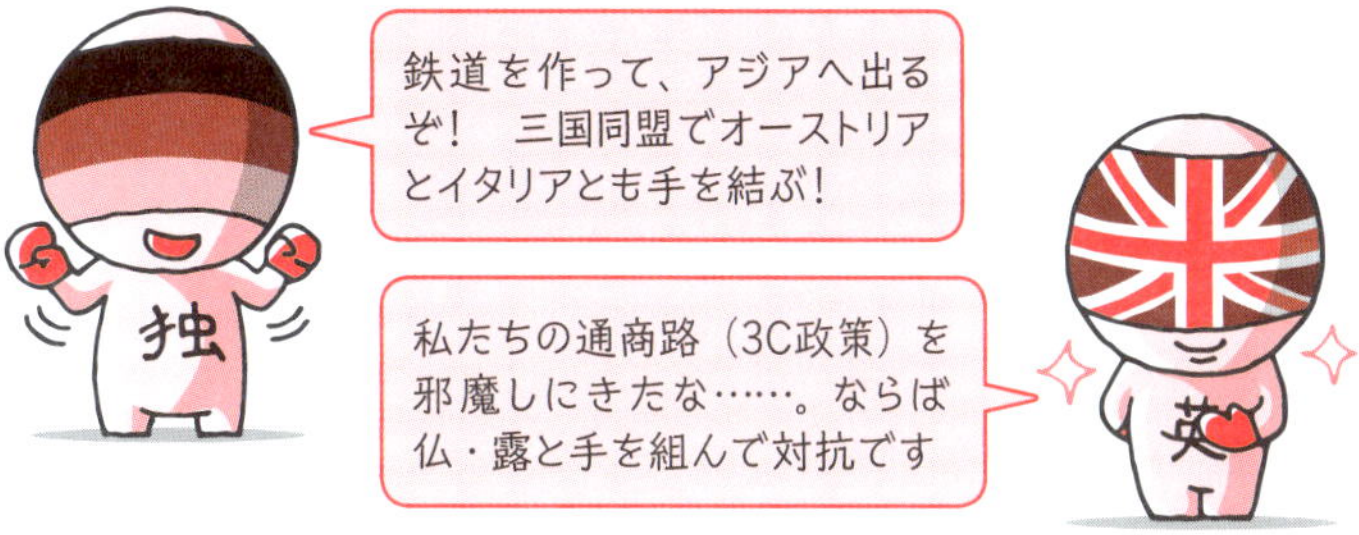

KEY WORD 【三国協商と三国同盟】英・仏・露による軍事同盟と、独・墺・伊による軍事同盟（のちにイタリアは離脱）。この対立が第一次世界大戦勃発の原因となった。

ヒトラーが世界大戦を起こした理由と「生存圏」

ドイツの地政学的なハンデ

第一次世界大戦後に台頭し、ナチスを率いてファシズム国家を築いたアドルフ・ヒトラー。ドイツを人類史上最大の戦死者数を出した第二次世界大戦へと導きますが、彼が戦争を起こした動機とは、そもそも何だったのでしょうか。

ドイツという国は、ヨーロッパの中央に位置している国です。中世から近世を通じて統一国家が存在せず、19世紀後半にようやくドイツという国家ができました。西にフランス、東にロシアという有力な国があり、海に出ようにもイギリスが先に制海権を握っている、という難しい立地です。

ドイツを統一した宰相ビスマルクは、自国の置かれた困難な条件をよく理解していました。隣国フランスとの対立は不可避としても、イギリスやロシアなどと協調し、孤立しないように慎重な外交政策をとります（ビスマルク外交）。

しかしビスマルク失脚後、ドイツ皇帝は対外強硬政策をとって英・露と対立し、第一次世界大戦に敗北してしまいました。

大戦後の処理がヒトラーを生んだ？

敗戦国となったドイツは、多額の賠償金を課せられた上、領土も大幅に奪われました。鉱産資源が豊かなアルザス・ロレーヌ地方はフランスに割譲《かつじょう》されます。国土の東では「ポーランド

地政学的に不利なドイツ国民はヒトラーの扇動のもと戦争に傾いていくことに…

WHO'S WHO 【ビスマルク】1815－1898。ドイツ統一を実現させた政治家。仏・英・露の近隣3国との関係を読み、フランスを孤立させるビスマルク外交をとった。

東欧を目指したナチスドイツ

過去、フランスやイギリスと敵対し、失敗を重ねてきたドイツ。ヒトラーの時代は東側に活路を見出し、拡大する政策をとった。

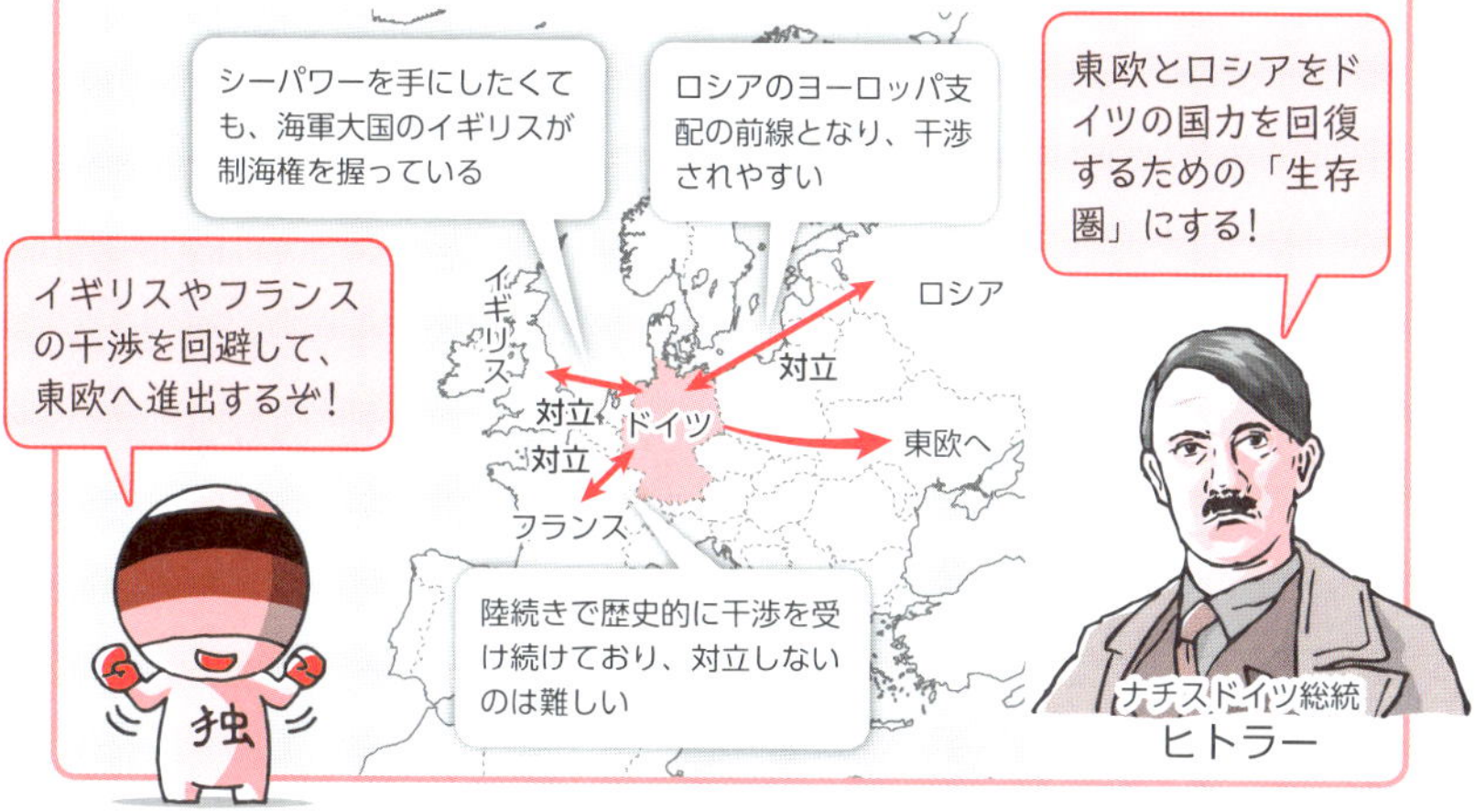

回廊」と呼ばれる地域がポーランド領となり、ドイツにとって不便な飛び地ができました。

経済的打撃を受けたドイツでは社会不安が増し、自民族を優先する思想が台頭してきます。こうしたドイツ国民の心理を見抜き、ヒトラー率いるナチスは支持を伸ばしていくのです。ヒトラーはドイツ地政学の祖・ハウスホーファーの思想に影響を受け、『我が闘争』の中で「生存圏」を主張。東欧やロシアの西部を、ドイツ国家の維持に必要な「生存圏」とみなし、東へ拡大しようとする考えは、戦勝国への復讐心もあってドイツ人に浸透していきました。

1939年9月、ドイツがポーランドに侵攻し、第二次世界大戦が始まりました。当初はドイツ優位だったものの、ヒトラーは戦略を誤ります。シーパワーの米・英に加え、独ソ戦の開始（1941年）でランドパワーのソ連とも敵対することを選択したからです。ドイツは敵味方に膨大な犠牲を出した末、再び敗北しました。

WHO'S WHO 【ハウスホーファー】1869－1946。ドイツの地政学者。これまでの地政学の理論を参照し、パン・リージョン理論を唱える。ナチス党幹部に思想が支持されることになった。

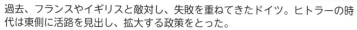

近現代史

冷戦構造がもたらした西欧諸国の緊張と結束

東西対立の最前線となったヨーロッパ

第二次世界大戦以降、西欧の国同士での戦争はようやくなくなりました。しかし、それは東西冷戦という緊張状態の産物であり、平和の到来には程遠い状況でした。

大戦に疲弊したイギリスがインドの植民地を手放すなど、二度の世界大戦でヨーロッパの没落は決定的になります。戦後は米ソの2大国が国際政治の主導権を握りました［⇒P142］。

ヨーロッパは、東側が社会主義のソ連、西側が資本主義のアメリカの陣営に組み込まれます。イギリスのチャーチルは、ヨーロッパの分断を演説の中で「鉄のカーテン」と表現しました。

強力な外圧を通じてようやく融和

ヨーロッパのうちでも、ドイツは特に厳しい立場に立たされます。国土を東西に分割されたことで、東西対立の最前線になってしまったからです。西ドイツは、生き残りのためにフランスなど西欧諸国との和解を目指しました。

フランスも、度重なる戦禍への反省から融和へと舵を切ります。１９５２年、ＥＣＳＣ（ヨーロッパ石炭鉄鋼共同体）が発足。さらに複数の組織が発展していき、１９６７年にＥＣ（ヨーロッパ共同体）が結成されました。

米ソという二つの強大な勢力に挟まれる苦悩の中から、ヨーロッパの統合は始まったのです。

大戦で荒廃した
ヨーロッパは
米ソの勢力争いの
舞台となって
しまうんだ

KEY WORD 【ECSC】ヨーロッパ石炭鉄鋼共同体。フランス、西ドイツ、イタリア、ベネルクス3国の当初6か国から構成された経済的国際機関。EUの母体となった。

冷戦構造に巻き込まれるヨーロッパ

西側諸国による軍事同盟NATO（北大西洋条約機構）と東側諸国による軍事同盟ワルシャワ条約機構が設立され、戦後ヨーロッパは東西に二分された。

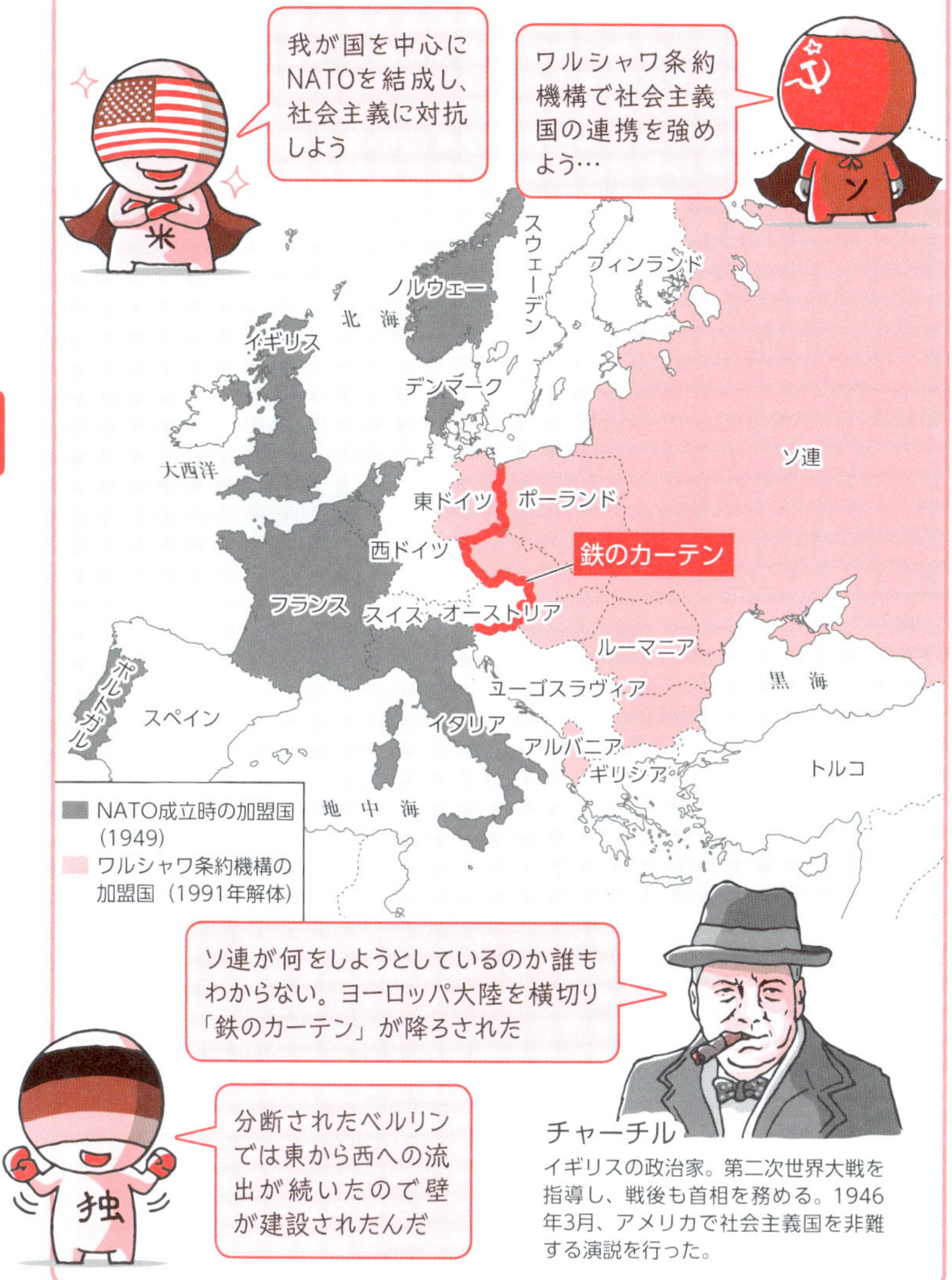

チャーチル
イギリスの政治家。第二次世界大戦を指導し、戦後も首相を務める。1946年3月、アメリカで社会主義国を非難する演説を行った。

KEY WORD 【ベルリンの壁】1961年、東ドイツによって西ベルリンを囲いこむように作られた、人口流出を防ぐ壁。1989年に壁は壊された。

現在の諸問題

なぜ、イギリスはEU離脱を選んだのか？

発足後、拡大を続けたEUですが、岐路に立たされているね…

EU設立が実現した理由とは

2016年6月、イギリスでEU離脱の是非を問う国民投票が行われ、僅差で離脱派が勝利しました。2018年2月現在、離脱に向けた英国政府とEUの交渉が続いています。

イギリスが離脱を決めるまで、EU（前身のECも含め）は常に拡大してきました。

特に、東西ドイツの統一（1990年）は、ヨーロッパ統合の流れを加速させました。ヨーロッパの中央に、ドイツという有力な国が復活することから、「ドイツが脅威になる前に取り込んでしまおう」と西欧諸国が考えたからです。1993年、EUが発足しました。

移民がイギリスのEU離れの遠因に

EUには、冷戦終結でソ連の勢力圏から離れた東欧諸国も参加し、加盟国はますます増えていきます。しかし、EU域内での人の流れを自由化したため、豊かな西欧には経済的に遅れた東欧からの移民が流入しました。

イギリスでは、移民が職を奪っているとしてEUへの反発が強まり、国民投票へとつながりました。島国のイギリスは、伝統的に大陸とは距離を置く外交を展開してきました。EUとも距離感があり、共通通貨ユーロにも非加盟です。

拡大しすぎたEUは、今厳しい現実を突きつけられています。

KEY WORD 【ユーロ】EUで使用されている通貨。現在25の国で使用され、うち19がEU加盟国。近年はギリシアの財政危機など、問題も表面化している。

ヨーロッパ統合と反EUの動き

母体となるECSCの発足以降、拡大を続け、冷戦終結後は統合の流れがさらに加速。現在のEUのかたちになった。

ECSC（ヨーロッパ石炭鉄鋼共同体）
1952年、フランス、西ドイツ、イタリア、ベルギー、オランダ、ルクセンブルクの6か国で結成。石炭・鉄鋼の共同管理を行う

EEC（ヨーロッパ経済共同体）
1958年、ECSCの6か国で発足。関税の撤廃など、共同市場の形成を目指した

EURATOM（ヨーロッパ原子力共同体）
1958年、ECSC6か国で成立。原子力の共同開発、管理を行う

EFTA（ヨーロッパ自由貿易連合）
1960年、イギリスを中心に7か国で設立。EECに対抗してできた経済機構。脱退と加入を繰り返し、現在はアイスランド、スイス、ノルウェー、リヒテンシュタインの4か国が加盟

EC（ヨーロッパ共同体）
1967年発足。ECSC、EEC、EURATOMを統合した組織

拡大EC
1973年、加盟国が増え、拡大されたEC。EFTAから脱退するかたちでアイルランド、イギリス、デンマークが加入して発足し、計3度にわたり拡大が行われた

EU（ヨーロッパ連合）
1993年11月、通貨や外交面での政策の統合を目指すマーストリヒト条約の発効により成立。2004年には東欧10か国が加盟するなど拡大を続け、現在は28か国が加盟する

1999年1月、EU11か国の通貨が統合

2010年代、ユーロ危機や難民受け入れ問題などから次第にEU懐疑派が台頭

2016年6月、イギリスの国民投票で脱EU賛成派が僅差で勝利

かつてはあんなに希望にあふれていたのに……拡大を続けたら、いつのまにか問題が山積みだ

WHO'S WHO【ロベール・シューマン】1886－1963。ヨーロッパ統合を目指したフランスの政治家・首相・外相。ECSCの構想となる「シューマン・プラン」を提唱した。

テロと難民問題の最前線となった欧州

地元育ちの若者はなぜテロに走ったか

近年、フランスやベルギー、イギリスといった国々で大規模なテロが発生しました。

欧州で頻発しているテロは、犯人がその国で生まれ育った人間であることから「ホームグロウン・テロ」と呼ばれます。これまで先進国は、「テロリストは不安定な地域からやって来るもの」と考えてテロ対策をしてきたため、大きな衝撃を受けています。

ホームグロウン・テロの背景には、EUの移民政策があります。たとえば現在のフランスでは、移民が人口の1割以上を占めており、多くがアルジェリアなど北アフリカから来ています。

これまでの概念を揺るがすテロが欧州国内で起きているんだ

アルジェリア・チュニジア・モロッコなど、地中海を挟んでフランスの対岸にある北アフリカの多くは、20世紀半ばまでフランスの植民地でした。経済的に遅れている北アフリカの人々は、地理的に近いフランスに移住して働くことを希望します。フランスも、賃金が安くフランス語を話す移民たちを受け入れました。そして、北アフリカ移民の多くはイスラム教徒でした。

シリア難民はどうやって欧州に向かうのか

こうした移民は、安価な労働力として重宝される一方、不況時には真っ先に首を切られます。移民の2世、3世としてフランスで育った人も、肌の色などから差別されることも多く、

KEY WORD 【シェンゲン協定】1985年に署名された協定。協定を結んだ国家間で国境を越える際、検査を受ける必要がない。亡命・移民の増加という問題が顕在化している。

EUで起こるテロと右傾化

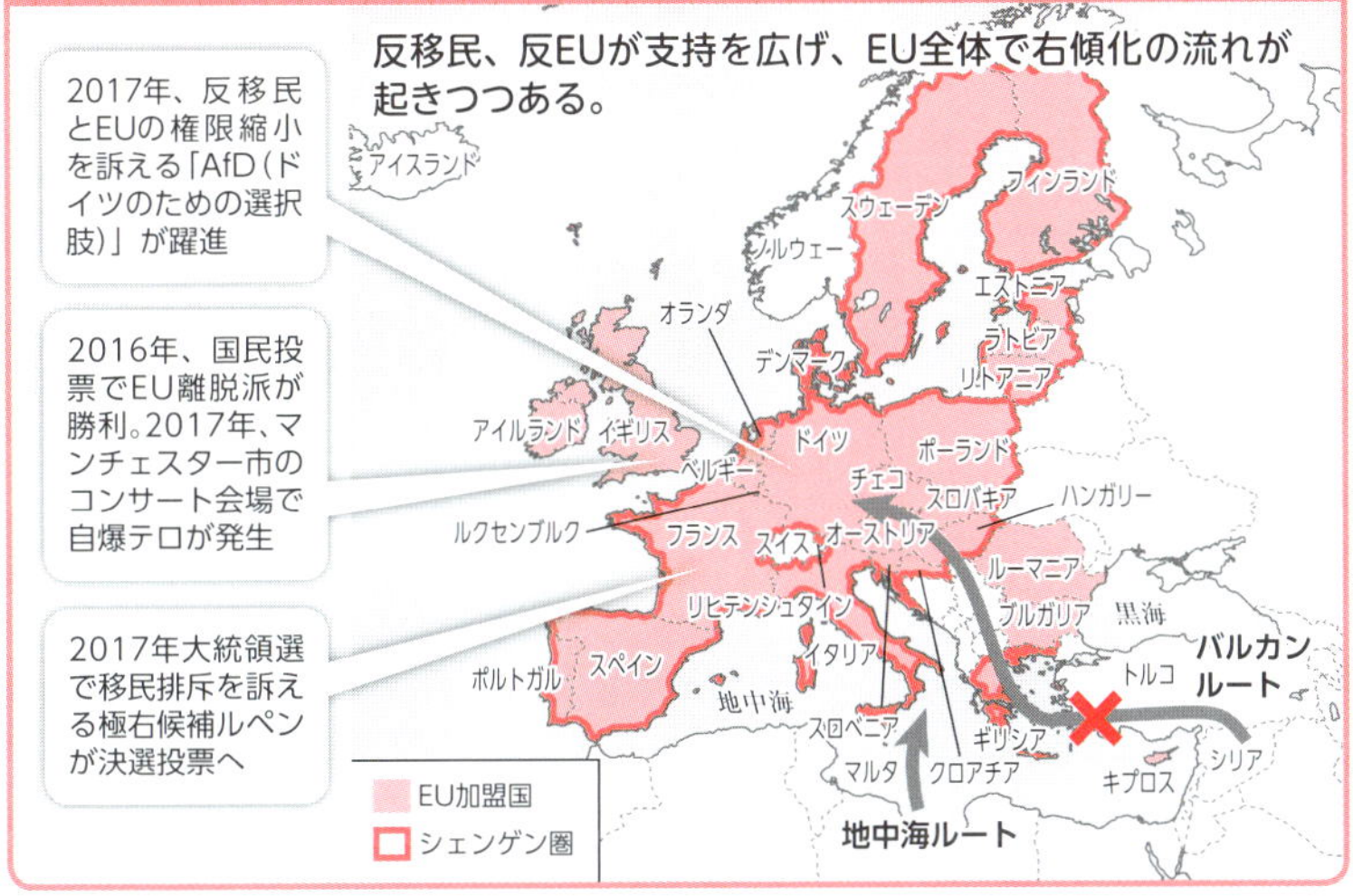

反移民、反EUが支持を広げ、EU全体で右傾化の流れが起きつつある。
2017年、反移民とEUの権限縮小を訴える「AfD(ドイツのための選択肢)」が躍進
2016年、国民投票でEU離脱派が勝利。2017年、マンチェスター市のコンサート会場で自爆テロが発生
2017年大統領選で移民排斥を訴える極右候補ルペンが決選投票へ
アイスランド
ノルウェー
スウェーデン
フィンランド
エストニア
ラトビア
リトアニア
デンマーク
オランダ
アイルランド
イギリス
ベルギー
ドイツ
ポーランド
チェコ
スロバキア
ハンガリー
ルクセンブルク
フランス
スイス
オーストリア
ルーマニア
リヒテンシュタイン
ブルガリア
黒海
イタリア
ポルトガル
スペイン
地中海
スロベニア
マルタ
クロアチア
ギリシア
トルコ
キプロス
シリア
バルカンルート
地中海ルート
EU加盟国
シェンゲン圏

疎外感を強く覚えるケースも少なくありません。これが、欧州の若者がホームグロウン・テロに走った大きな理由だといわれています。

さらに、2011年から起きているシリア内戦による中東からの難民問題も深刻です。シリアを脱出した難民は、主に難民への支援が手厚いドイツを目指しました。トルコ・ギリシアを経由し、バルカン半島を北上してドイツに向かうのです。

EU諸国は、加盟国間の移動に出入国審査を要しないシェンゲン協定に加盟しています。難民たちは、陸路でハンガリーに入国すれば、あとは審査なしでドイツにたどり着けます。

大量に流入した難民は、治安の悪化など大きな混乱をヨーロッパにもたらしました。さらに、この問題によりこれまで移民に寛容な立場だった人の右傾化が進んでいます。EUの理念の一つである「人の移動の自由」は、皮肉にもEUを内部から揺るがしているのです。

KEY WORD 【バルカンルート】難民の多くがドイツなど西欧諸国を目指し、ギリシアやバルカン諸国に大量の難民収容所ができた。2016年にEUとトルコはルートの閉鎖と密航者の返還に合意。

現在の諸問題

EUとロシアの対立が「新冷戦」を生んだ

東欧をめぐるEU対ロシアの綱引き

2014年のウクライナ危機への介入を理由に、EU諸国はアメリカなどとともにロシアへ経済制裁を発動しました。なぜ、ロシアとEUの関係は緊張し始めたのでしょうか［⇒P176］。

ヨーロッパの統合は、米ソという二大国に挟まれた冷戦構造下で進展しました。また、集団安全保障の枠組みとして、西側諸国はNATO（北大西洋条約機構）を結成していました。

冷戦終結後、東欧諸国は次々とEUやNATOに加盟し、ロシアの影響力は後退していきました。東欧をどちらに引き入れるかで、ロシアとEUが対峙する「新冷戦」が始まったのです。

ドイツは三たびロシアに挑戦するのか？

二度の世界大戦はいずれも、「東欧をめぐるロシアとドイツの争い」という側面がありました。ドイツは戦後、米ソに分断されて大きく力を削がれますが、冷戦終結とともに統一を果たし、大国の地位を取り戻しました。

EUの盟主ドイツは、東欧と経済的つながりも深いため「またロシアと東欧をめぐり対峙し始めた」とも読めます。もっとも、EUはエネルギー面でロシアに大きく依存しており、決定的対立は望んでいません。大戦に二度とも敗れたドイツは、ロシアと絶妙な距離感を維持しながら、EUの舵取りをしていくでしょう。

EUとロシアの
緊張関係が高まる中で
ウクライナ内戦が
勃発してしまう

COUNTRY 【ウクライナ】東欧に位置する国の一つ。ヨーロッパ、ロシアとの関係調整に苦心してきた歴史を持ち、2014年に勃発した親ロシア派との内戦が2018年現在も続いている。

ウクライナのNATO加盟をめぐる動き

NATOの東進に不満を募らせていたロシアは、ウクライナの武装勢力を支持し、内戦状態に突入。これにEU諸国は経済制裁を行っている。

ロシアからヨーロッパへの天然ガスの供給

EUは天然ガスの輸入の約4割をロシアに頼っている。近年はこの依存度を減らす政策をとっているが、ロシアは新たなパイプラインを計画。さらに、ウクライナを迂回することで同国へ支払う通行料をなくそうとしている。

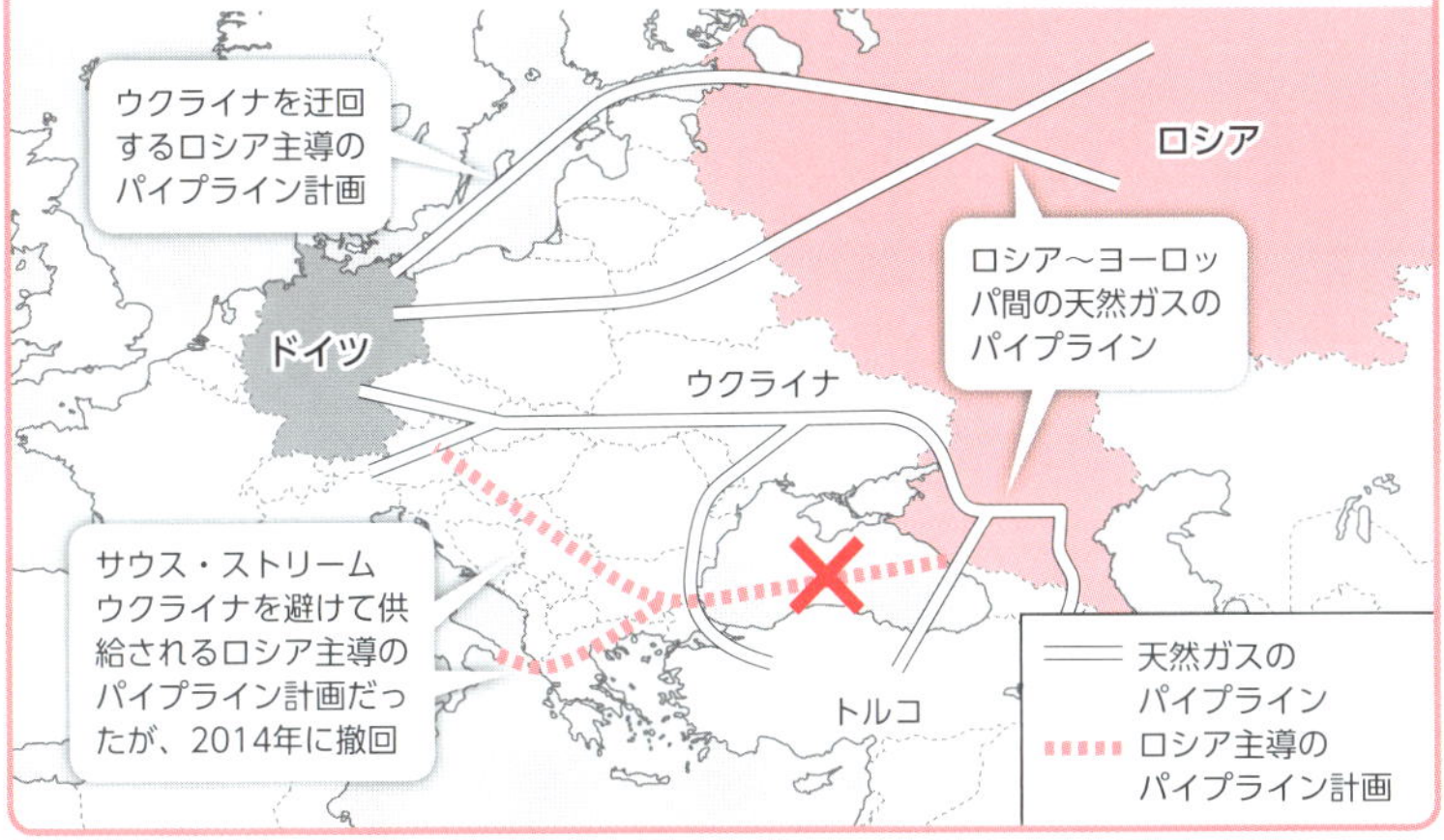

WHO'S WHO 【メルケル首相】1954生まれ。第8代ドイツ連邦共和国首相。ドイツでは女性初の首相であり、2005年の就任以来、4期にわたり首相を務めている。

現在の諸問題

少数民族の独立意識にみる「地域主義」とは？

カタルーニャはなぜ独立を目指すのか

２０１７年10月、スペイン・カタルーニャ自治州において住民投票が行われ、独立賛成派が勝利。中央政府が実力で独立を阻止しようとしたため、騒乱が発生しました。

スペインはもともと一つの国ではなく、15世紀末にアラゴンとカスティリヤという二つの王国が連合してできました。カタルーニャ地方はアラゴン王国の一部で、独自の言語を持っています。

地方分権色の強いスペインの中でも、カタルーニャは中央政府にしばしば反抗してきました。17世紀半ばには、カスティリヤ主導の中央集権化政策に反発し、大規模な反乱が起きています。反乱は鎮圧されますが、国王フェリペ４世は自治権の尊重を約束しました。

20世紀に成立したフランコの独裁政権は、カタルーニャの言語・文化を禁圧する政策をとります。１９７５年のフランコ死後、スペインは民主化し、カタルーニャは大幅な自治権を獲得しました。カタルーニャの独立意識は、こうした長い抑圧と闘争の歴史に根ざしています。

騒乱は他の地域にも影響する？

しかし、現状を見る限り独立は困難でしょう。カタルーニャはスペインのGDPの２割を占める経済力を持つものの、独立してもEUへ

カタルーニャの独立がEUのいたるところに波及しそうだね

KEY WORD 【カタルーニャ自治州】スペインの州の一つ。独自の歴史や自治制度を持ち繁栄したが、スペイン王国成立後に衰退。1979年に自治州として自治権を回復した。

独立を目指すカタルーニャ自治州

カタルーニャの一人あたりのGDPはスペイン全体を上回る。経済的に自立していることも、独立の動きを後押ししている。

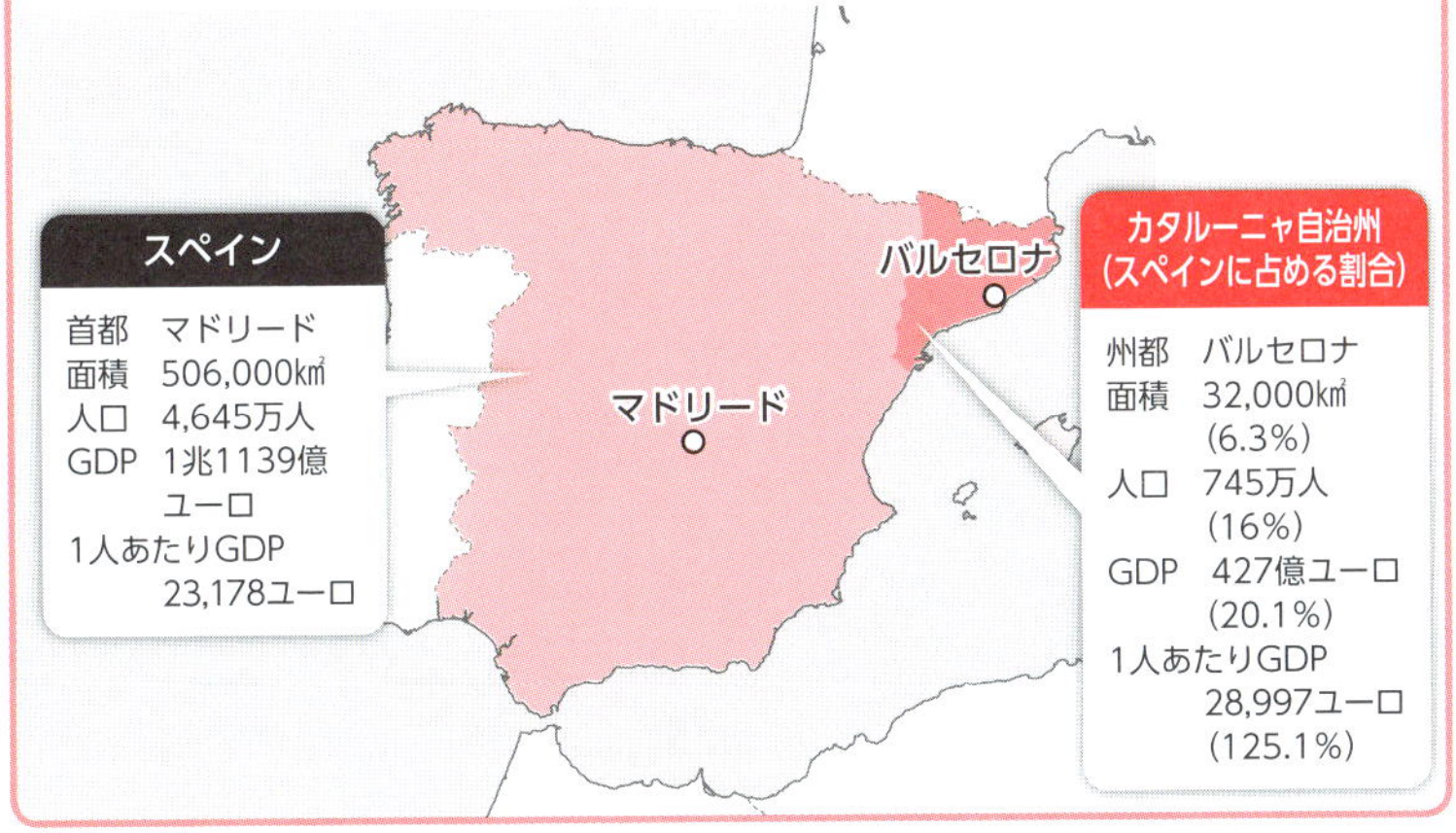
スペイン
首都　マドリード
面積　506,000㎢
人口　4,645万人
GDP　1兆1139億ユーロ
1人あたりGDP　23,178ユーロ
マドリード
バルセロナ
カタルーニャ自治州（スペインに占める割合）
州都　バルセロナ
面積　32,000㎢（6.3%）
人口　745万人（16%）
GDP　427億ユーロ（20.1%）
1人あたりGDP　28,997ユーロ（125.1%）

の加盟が絶望的だからです（加盟国すべての賛成が必要だが、まずスペインが賛成しない）。

一方で、カタルーニャの独立問題が、EUで台頭しつつある「地域主義（リージョナリズム）」への注目を集めたのは確かです。地域主義とは、現在の国境以前の地域の主権を取り戻そうという動きです。イギリスのEU離脱のようなナショナリズム（自国優先主義）とは異なります。

たとえばイギリスは、イングランド・スコットランド・ウェールズ・北アイルランドの四つの地域からなり、それぞれに独自の文化があります。近年はスコットランドの独立意識が強まっており、2014年9月には、スコットランドで独立の是非を問う住民投票が行われ、否決されました。

カタルーニャの騒乱は、同じスペインのバスク地方、スコットランドなどEUの他の地域主義にも飛び火する可能性を秘めています。

KEY WORD 【地域主義】地方ごとの文化や独自性を尊重する考え。カタルーニャを筆頭に、スペインのバスク自治州、イタリアのベネト州など、ヨーロッパ全体で広がりつつある。

Column

Vacation time

EUがギリシアを切り捨てられない理由

財政赤字で危機が続くギリシア。地中海の要衝に位置するギリシアは、その地理的特徴を利用することで自国に有利な条件を引き出そうとしている。

2009年、ギリシアが財政赤字を過小に申告していたことが発覚し、ユーロ全体の信用がゆらぎました。このユーロ危機に対し、ドイツをはじめとするEU諸国は、ギリシアに財政再建を課しながらも、巨額の支援を実行しました。ギリシアがユーロの信用に関わるのであれば、ギリシアをユーロから離脱させれば良いはずです。EUがギリシアに甘いのは、その地政学的重要性が関係しています。

ギリシアは、黒海から地中海に抜ける押さえの場所にあります。冷戦中は西側がソ連の黒海艦隊を封じ込めるため、トルコと並んで「反社会主義の防波堤」として扱われました。

ギリシアは、自国の地理条件の重要性をよく理解しています。ギリシアが仮にEUを離れたとすると、ロシアが自陣営に引き入れようと接近するでしょう。ロシアの宗教はギリシアと同じく東方正教（キリスト教の一派）であり、信仰を共有しているという優位な面もあります。EUの足元を見ながらロシアに秋波を送り、有利な条件を引き出そうとしたギリシアに、EUは振り回されたのです。

ギリシアをめぐる思惑

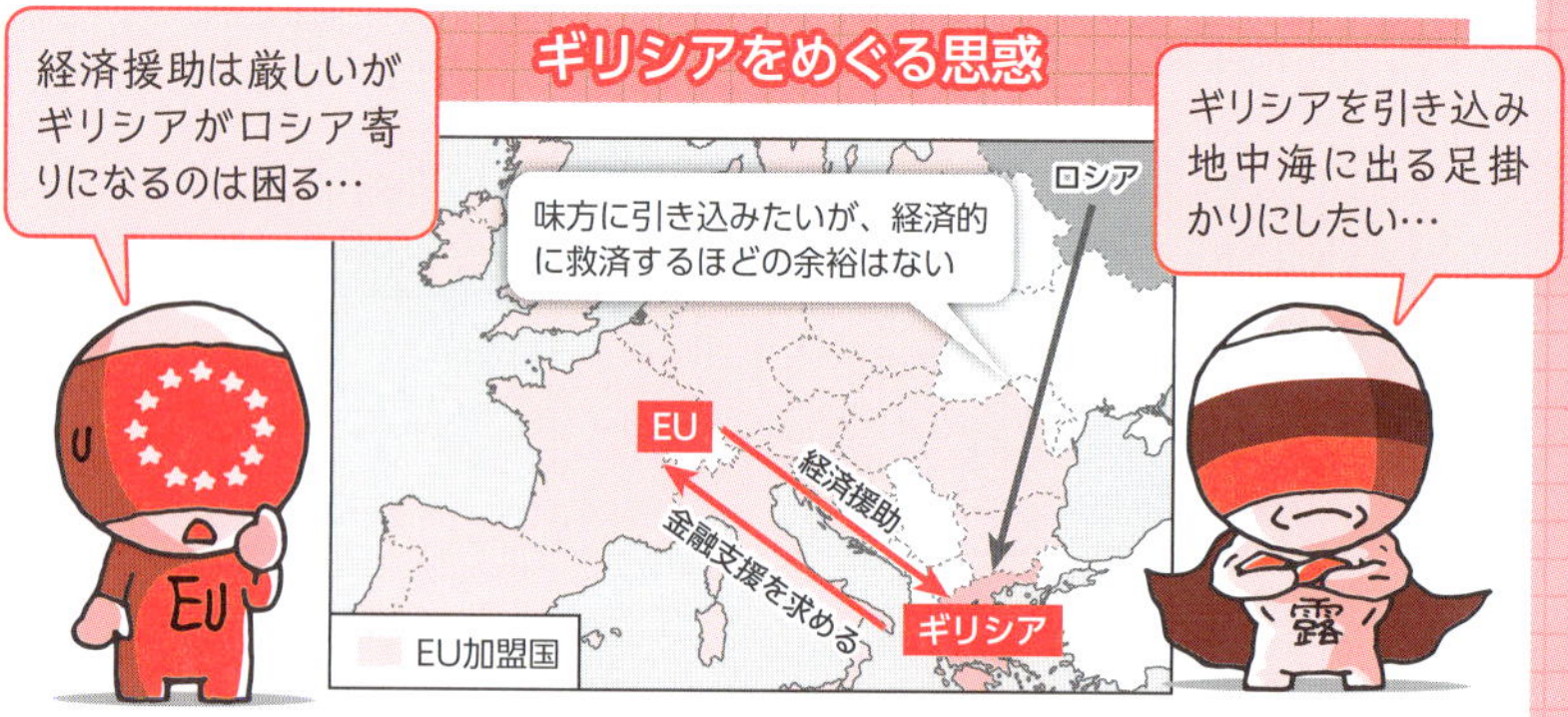

第7章

大国に翻弄され続ける中東世界

混乱と紛争が続く
中東ですが、その原因は
欧米の身勝手な介入や
外交にありました！

第7章
大国に翻弄され続ける中東世界

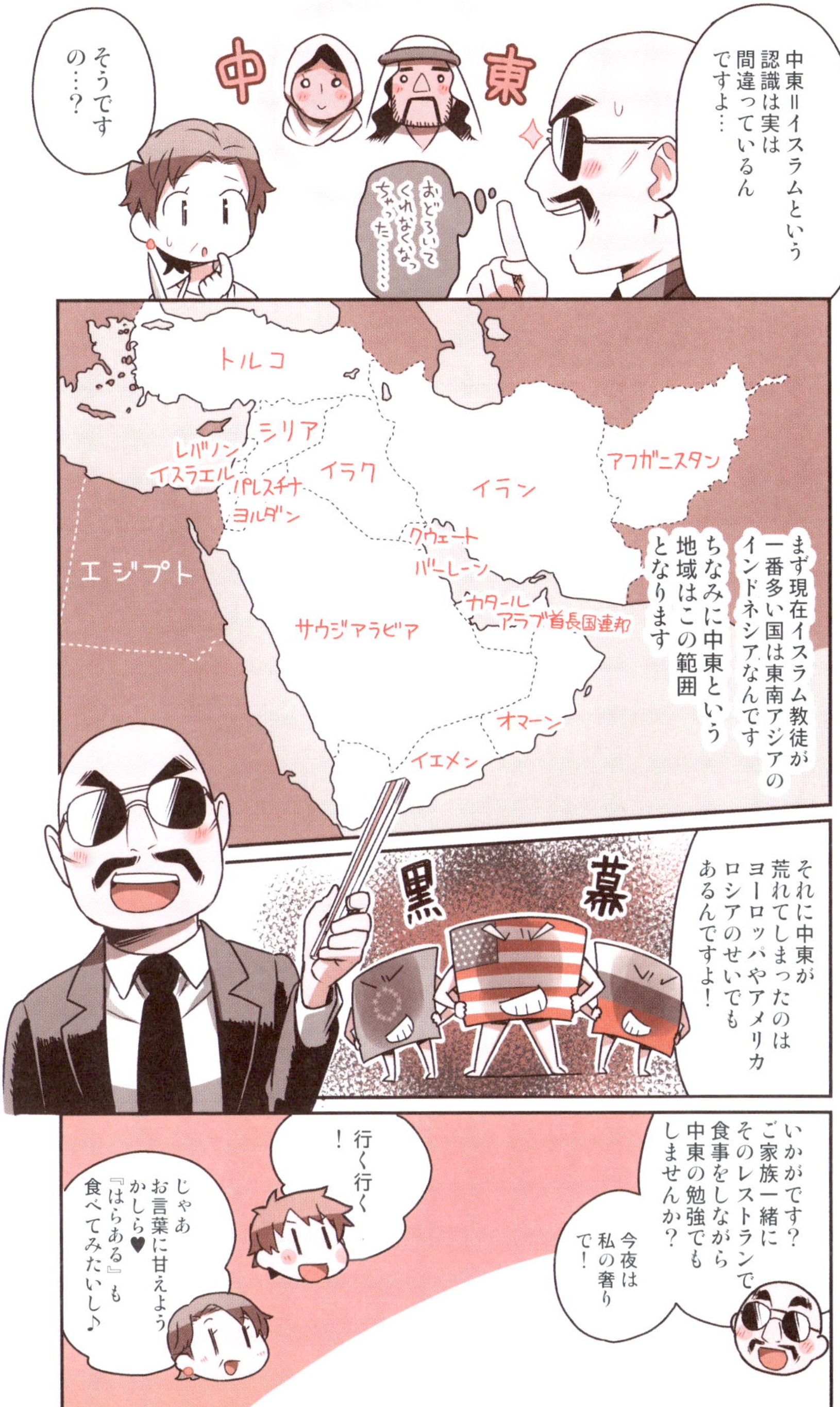
中東＝イスラムという認識は実は間違っているんですよ…
中東
おどろいてくれなくなっちゃった……
そうですの…？
トルコ
シリア
レバノン
イスラエル
パレスチナ
ヨルダン
イラク
イラン
アフガニスタン
エジプト
クウェート
バーレーン
カタール
アラブ首長国連邦
サウジアラビア
オマーン
イエメン
まず現在イスラム教徒が一番多い国は東南アジアのインドネシアなんです
ちなみに中東という地域はこの範囲となります
それに中東が荒れてしまったのはヨーロッパやアメリカロシアのせいでもあるんですよ！
黒幕
いかがです？ご家族一緒にそのレストランで食事をしながら中東の勉強でもしませんか？
今夜は私の奢りで！
行く行く！
じゃあお言葉に甘えようかしら♥『はらある』も食べてみたいし♪

地理的特徴

欧州とアジアをつなぐ結節点となった“中東”の地理と歴史

「中東」はヨーロッパから見た名称

まず、「中東」という言葉に注目してみましょう。日本の外務省ではP211の地図のように、15か国＋パレスチナ自治区の1地域を「中東」と定義しています。しかしこの定義は世界共通ではありません。中東の中にエジプトが含まれないこともあれば、アフガニスタンが含まれることもあります。

ではなぜ中東と呼ばれているかというと、それはヨーロッパからの視点で名づけられたから。西欧が世界の覇権をにぎった19世紀頃、西アジア一帯は「中東」とされ、それより近いトルコ周辺は「近東」、日本を含むアジアの東端は「極東」と呼ばれました。現在では近東も合わせて「中東」とされています。

17世紀頃まで
中東はヨーロッパを
リードする存在
だったんだけどね…

アジアとヨーロッパを結ぶ地

中東の地理的特徴は、砂漠や荒れ地などの乾燥地帯が面積の多くを占めていることです。水に恵まれ農耕に適しているのは、メソポタミア文明が生まれたティグリス川・ユーフラテス川流域からペルシア湾にかけての一帯などごく一部。そのため砂漠や荒れ地で暮らす人びとは、交易によって食物を確保する必要がありました。そこで中東では古くからイスラム商人による商業活動が発展します。

イスラム商人は8世紀以降、アジアや地中海

KEY WORD 【メソポタミア文明】世界最古の文明であり、世界四大文明の一つ。地中海沿いのパレスチナ・シリアからペルシア湾にいたる「肥沃な三日月地帯」で灌漑農業が発達した。

「中東」の概念とエリア

「中東」とは西欧から見た地理概念。古くはインドやチベットまで中東とイメージされた。現在はアラビア半島を中心とした西アジア一帯の諸国を指す。

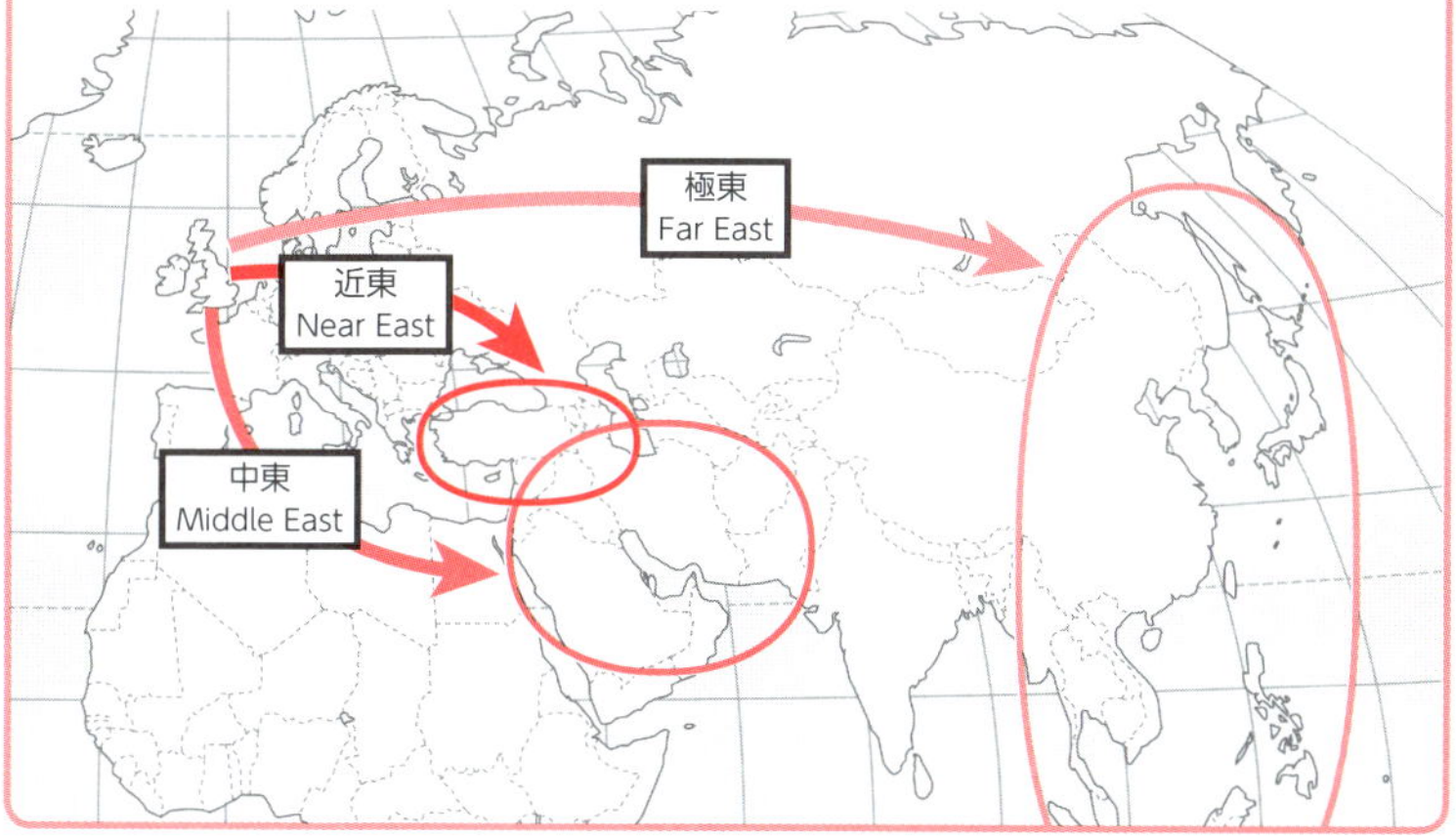

にも商業ネットワークを広げていきます。中東のもう一つの地理的特徴は、アジアとヨーロッパをつなぐ場所に位置していること。この特徴を活かし、当時中東の中心都市であったバグダードから東西南北に幹線道路を延ばし、ペルシア湾や紅海からは船でインドや中国へと向かう海上ルートを確立したのです。各地からさまざまな商品や情報が集まるバグダードは、この時期世界随一の商業都市、学術都市でした。

イスラム商人は、イスラム教の布教にも貢献しました。現在イスラム教徒が最も多い国は、中東ではなく、東南アジアにあるインドネシア。イスラム商人たちは海上ルートを使って、商品とともに宗教も運んだのです。

いずれも周辺地域から生まれた帝国

中東の歴史は大きく、①前6世紀から7世紀にかけてイラン人が大帝国を築いた時代、②7世紀から11世紀にかけてアラブ人によるイスラ

KEY WORD 【バグダード】メソポタミア文明の時代に都市が築かれ、7〜11世紀までイスラム教の中心都市だった。現在はイラクの首都で、イスラム教の聖地でもある。

中東世界の大きな流れ

❶イラン人の時代
前6世紀～7世紀
文明の発祥地の一つ。イラン人がペルシア帝国を築き、ローマ帝国と共存する

←

❷イスラム帝国の時代
7～11世紀
イスラム教を信仰するアラブ人による帝国。現在の中東に通じる枠組みと文化が築かれる

←

❸オスマン帝国の時代
11～19世紀
遊牧民だったトルコ人による帝国。支配地域は3大陸にまたがり、多様な民族が共存した

←

❹欧米の進出と混乱の時代
19世紀後半以降
列強の都合で一方的に国境が分断。石油産出地域であることが問題を複雑化させている

ム帝国が覇権を握った時代、③11世紀から19世紀にかけてのトルコ人によるオスマン帝国の時代、④19世紀以降、欧米列強の進出から現在へと至る時代、に分けることができます。

特徴的なのは、イラン人もアラブ人もトルコ人も、当時中東の中心地であったメソポタミア（現在のイラク）ではなく、周辺地域から勃興《ぼっこう》して大帝国を築いたことです。イラン人はイラン高原、アラブ人はアラビア半島、トルコ人はもともとは中央アジアに住んでいました。

地図を見るとメソポタミアは、東はイラン高原、南はアラビア半島の高台に囲まれており、周囲から攻められやすい地形にあります。そこでメソポタミアの肥沃《ひよく》な農耕地帯に目をつけた周辺民族から何度も侵入を受け、征服されるという歴史が繰り返されることになったのです。イラク周辺で戦乱が絶えないのは、今に始まったことではないわけです。

KEY WORD 【イスラム教】7世紀前半、ムハンマドにより創始された世界宗教。唯一絶対神のアッラーを信仰し、コーランの教えを信じる。中東の多くの国が国教に定めている。

現在の中東諸国

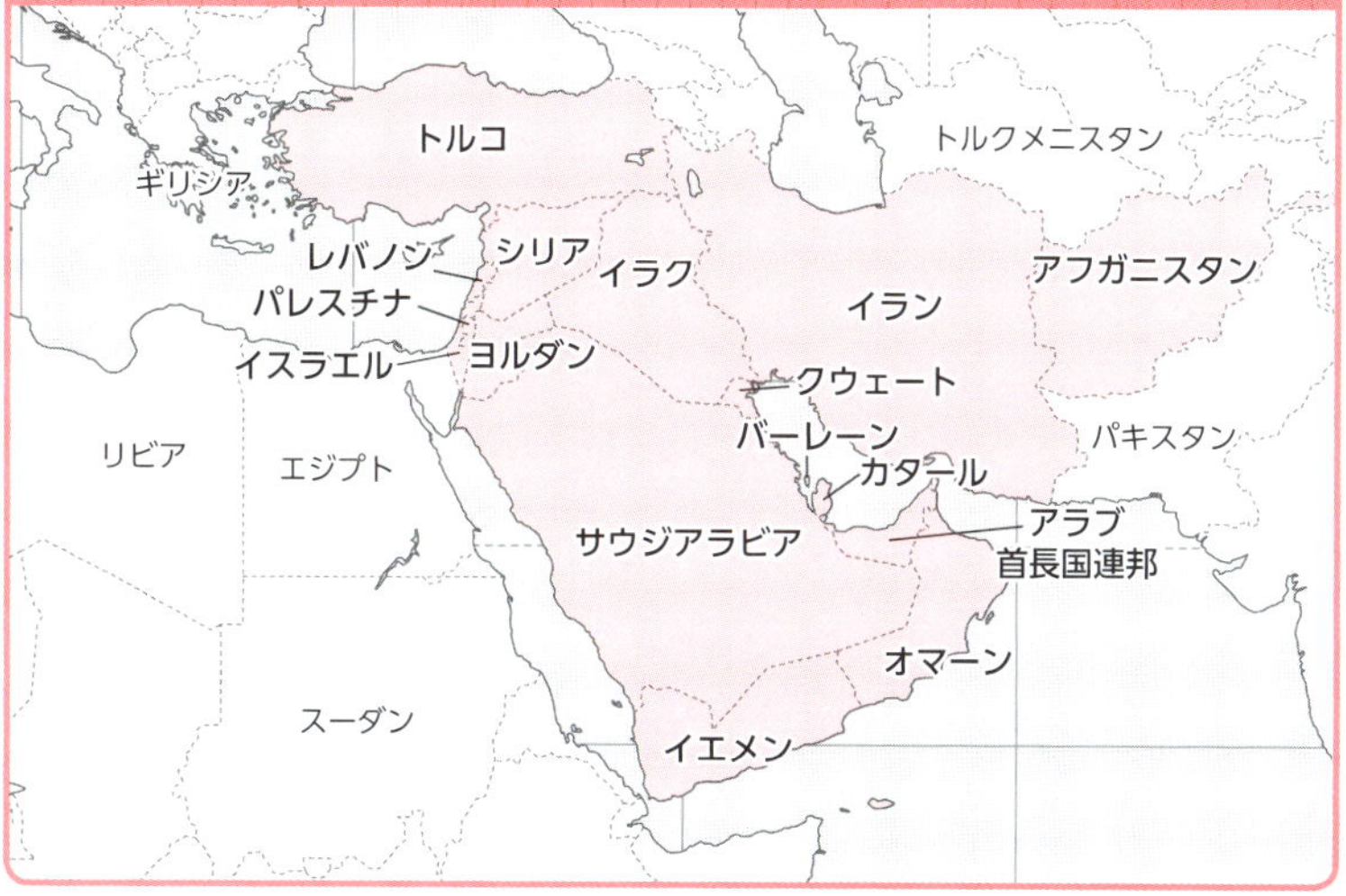

ヨーロッパに翻弄される日々が始まる

15～17世紀にかけて、中東ではオスマン帝国が全盛期を迎えます。オスマン帝国は地中海の制海権を握り、この地域の貿易品に高い関税をかけたため、アジアへの経済進出をもくろむ西欧諸国は、行く手をふさがれたかたちになりました。やむなく列強は、アフリカ南端の喜望峰を回ってアジアへと至るインド航路を開拓します。

そんな列強にとって、19世紀以降顕著になったオスマン帝国の衰退は、願ってもないことでした。当時ヨーロッパは産業革命の真っ最中。地理的に隣接している中東は、原料の調達先としても、加工した製品を売る市場としても最適。また中東を支配下に収めることは、ヨーロッパとアジアを結ぶ交通の要衝を手に入れることにもなります。

こうして中東は19世紀以降、列強の介入を受け、その思惑に翻弄される時代を迎えます。

KEY WORD 【アラブ人】民族や人種的な名称ではなく、主にアラビア語を話しイスラム文化を受容している人の総称。イスラム教誕生以前、アラブ人というまとまりはなかった。

近現代史

列強の草刈り場と化したオスマン帝国の末期

アジアへの通り道となったスエズ運河

19世紀、オスマン帝国の衰退が明らかになると、西洋列強は中東に食指を動かし始めます。

まずはフランスが、エジプトによるオスマン帝国からの独立を支援。これを実現させると、フランスはエジプトと共同でスエズ運河を建設します。これによりヨーロッパからアジアへの航路は、南アフリカの喜望峰を回っていたときの半分以下に短縮しました。さらにエジプトが財政危機に陥ると、イギリスはエジプトから運河会社の株式を買収。英・仏による共同経営を開始しました。アジアへの入り口となる地政学上の要衝を完全に自分たちのものにしたのです。

ドイツは陸路からペルシア湾を狙う

一方ドイツはオスマン帝国の許可を得て、イスタンブルからペルシア湾岸バスラへと抜ける鉄道の建設を開始。スエズ運河によって紅海からの海上ルートは英・仏に押さえられたため、ドイツは陸路からペルシア湾へと抜けて、アジアへ向かうルートを確保しようとしたのです。

これに反発したのが、同様に南下政策を押し進めていたロシア。また英・仏もドイツに対して警戒心を高めます。この英・仏・露とドイツの対立が、後の第一次世界大戦の勃発を招くことになります。こうして中東は、西欧列強の陣取り合戦の草刈り場となっていきました。

中東の混乱はオスマンの衰退に起因します。列強はパンドラの箱を開けたのです！

COUNTRY 【オスマン帝国】1299年頃に起こり、隣接する東ローマ帝国を征服して勢力を拡大。多くの民族・宗教を内包する多民族帝国として栄えた。1922年に滅亡。

衰退するオスマン帝国と列強の進出

オスマン帝国の弱体化を知った列強は19世紀に入ると、軍事力と外交手段によって帝国の領土を割譲させ、利権争いに邁進した。

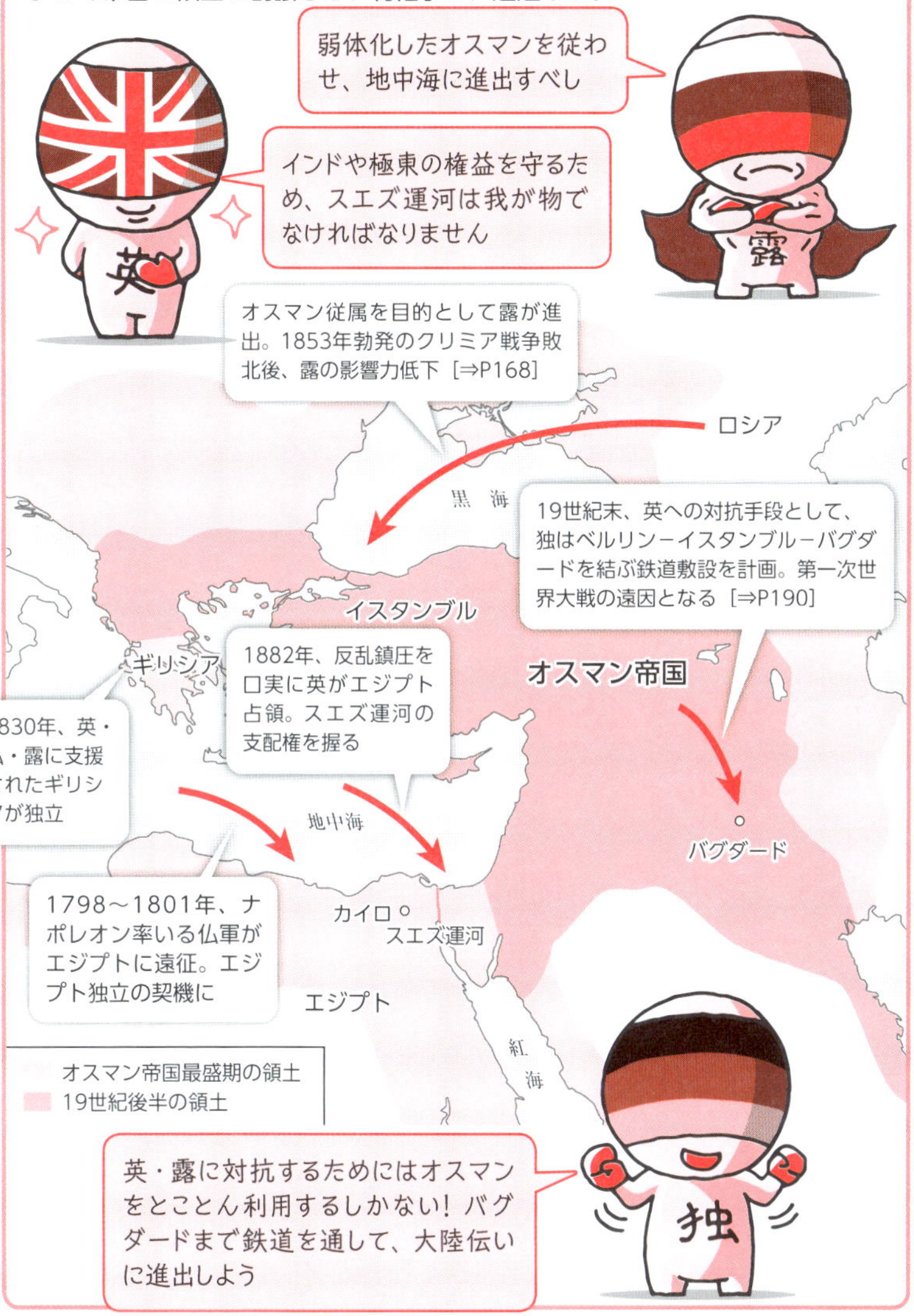

【スエズ運河】地中海と紅海を結ぶ大運河。フランスの資本によって1869年に開通。その後は長らくイギリス軍が駐留し支配下に置いた。現在はエジプト政府が管理している。

近現代史

大国に振り回された アラブ人国家建設の夢

矛盾する協定を結んだイギリス

第一次世界大戦が始まると、オスマン帝国はドイツ側に立ち、イギリスやフランス、ロシアなどの連合国に宣戦布告。これに対してイギリスは、民族対立を煽《あお》ることでオスマン帝国の切り崩しを画策します。

もともと中東はトルコ人によるオスマン帝国が覇権を握るまでは、アラブ人が帝国を築いていました。そこでイギリスはアラブの名門・ハシーム家のフセインに、オスマン帝国との戦いに協力すれば、大戦後にアラブ人国家の建設を約束するという話を持ちかけたのです。両者は協定（フセイン・マクマホン協定）を結び、アラブ人はオスマン帝国に反旗を翻しました。

ところがイギリスは、他方で別の協定をフランスやロシアと結びます。戦争に勝ったあと、オスマン帝国の領土を戦勝国でどのように分け合うかを決めたのです（サイクス・ピコ協定）。

民族や宗教を無視して領土を分割

大戦終了後、イギリスが選んだのはアラブ人との約束ではなく、サイクス・ピコ協定のほうでした。イギリスはパレスチナやトランスヨルダン、イラクの大半を委任統治領や勢力圏とします。これにより、かつてオスマン帝国が立ちはだかっていた地中海からペルシア湾に抜ける地政学上重要なルートを支配下に収めます。一

身勝手な線引き……
南米やアフリカで
行われたことが
中東でも
繰り返されたんだ

KEY WORD 【ハーシム家】予言者ムハンマドの一族を祖先とする名門。イギリスは第一次世界大戦後、高まるアラブ人の不満を抑えるために、ハーシム家の兄弟をイラクとヨルダンの国王に据えた。

サイクス・ピコ協定による分割案

民族に関係なく列強の思惑だけで国境線が引かれた。その後、イギリスの領域はイラクとヨルダン、フランスの領域はシリアとレバノンとして独立。

現在の地図と見比べてみましょう。この分割をもとに国家が誕生したのです

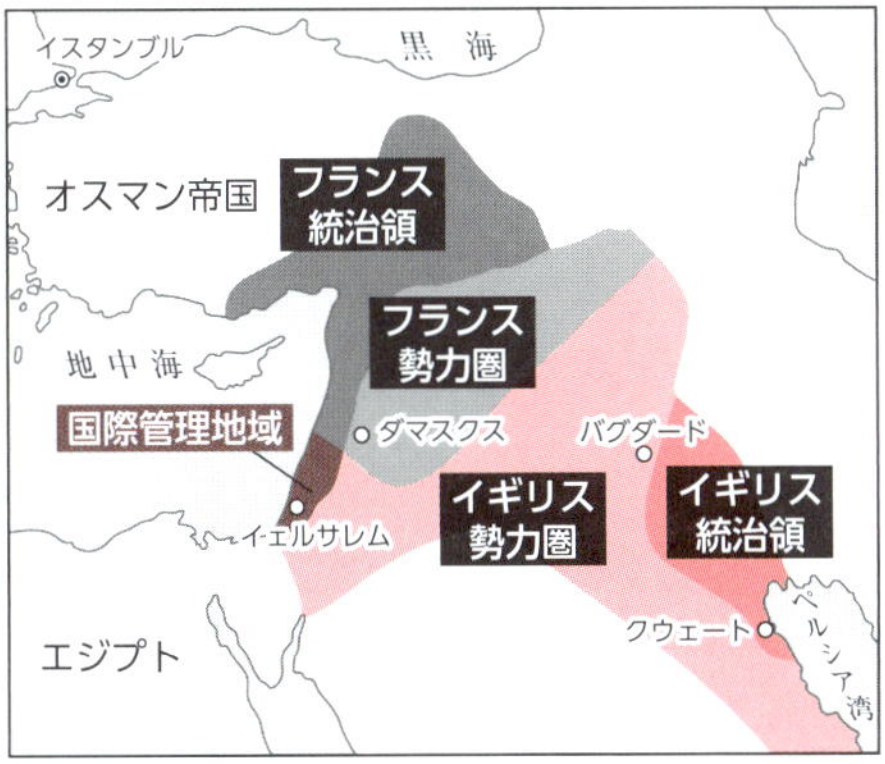

イスタンブル
黒海
オスマン帝国
フランス統治領
フランス勢力圏
地中海
国際管理地域
ダマスクス
バグダード
イェルサレム
イギリス勢力圏
イギリス統治領
クウェート
ペルシア湾
エジプト

方フランスは、北部シリアとイラクの一部を委任統治領とします。

サイクス・ピコ協定に基づいた西洋列強による領土の分割は、そこで暮らす民族や宗教の分布をまったく無視したものでした。

そのため、例えばイギリスの委任統治領だったイラクの場合、西部にはイスラム教スンナ派、南部にはシーア派、北部にはクルド人といったように、異なる宗派や民族が一つの国に混在することになりました。後にサダム・フセイン政権下のイラクでは、少数派のスンナ派が多数派のシーア派を弾圧するといったことが起きましたが、こうした国家内での宗派間や民族間の対立は、サイクス・ピコ協定が種を蒔《ま》いたといえます。

イギリスがアラブ人国家建設の約束を破ったことは、西欧列強に対する根強い不信感を中東の人びとにもたらしました。その不信感は、今もまだ払拭されていません。

KEY WORD 【スンナ派／シーア派】イスラム教内の主だった二つの宗派。教徒の数ではスンナ派が9割弱、シーア派が1割強とされるが、イラン・イラクではシーア派が多数を占める。

アラブ人の地域にイスラエルが建国された理由

イギリスの三枚舌外交の結果

実はイギリスは第一次世界大戦中、ユダヤ人資本家・ロスチャイルドとの間でも、中東に関する別の約束をしていました。戦争遂行のために財政的な支援をしてくれたら、パレスチナにユダヤ人国家の建設を認めるというもの（バルフォア宣言）。これは前ページで解説したフセイン・マクマホン協定と明らかに矛盾する約束です。サイクス・ピコ協定も含めて、イギリスは三枚舌外交を展開したのです。

当時ヨーロッパ各地で迫害を受けていたユダヤ人の間では、かつて祖国があったパレスチナに、自分たちの国を再建しようとするシオニズム思想が高まっていました。そして第一世界大戦後、パレスチナがイギリスの委任統治領になると、バルフォア宣言に基づいて、実際にユダヤ人がこの地に入植するようになります。

米の中東進出の足がかりとして

1930年代にナチスがユダヤ人の迫害を強めると、パレスチナへの入植者の数は急増。当然この地には以前からアラブ人（パレスチナ人）が住んでいたため、ユダヤ人とアラブ人の間の対立が激化します。対立の種を蒔いたイギリスは事態を収拾できなくなり、パレスチナの委任統治を放棄。第二次世界大戦後に発足した国際連合に解決を委ねました。

イギリスのなりふり
構わない外交が、
中東の悲劇の
根っこにあるのです。
許せませんな

KEY WORD 【シオニズム】ユダヤ人国家建設を掲げた運動。イェルサレム市内にある丘「シオン」に還るという意味。ユダヤ人冤罪事件だったドレフェス事件が運動を高める契機となった。

このとき中東情勢における新たなキーパーソンとして登場したのがアメリカです。アメリカはアラブ諸国が反対する中、国連での議論を主導し、パレスチナを分割してアラブ人国家とユダヤ人国家の2国家を創設するという案を成立させます。アメリカがユダヤ人国家創設を強く推した背景には、国内においてユダヤ人が強い勢力を持っており、その声を無視できなかったことがあげられます。

また、主力エネルギーが石炭から石油へと転換する中で、中東では次々と大規模な油田が発見されており、欧米諸国にとって中東の重要性が一段と高まっていました。アメリカにはそうした地域に友好国を作っておきたいという地政学上の思惑もありました。

こうして1948年、ユダヤ人とアラブ人の対立が続く中でイスラエルが建国。西欧列強の介入によりただでさえ混沌としていた中東情勢は、さらに不安定感を増していきます。

中東に混沌をもたらした英の三枚舌外交

英は第一次世界大戦での勝利のために、欧州列強、アラブ人、ユダヤ人と内容の異なる約束をする。この身勝手な外交戦略が現在に残る禍根を生んだ。

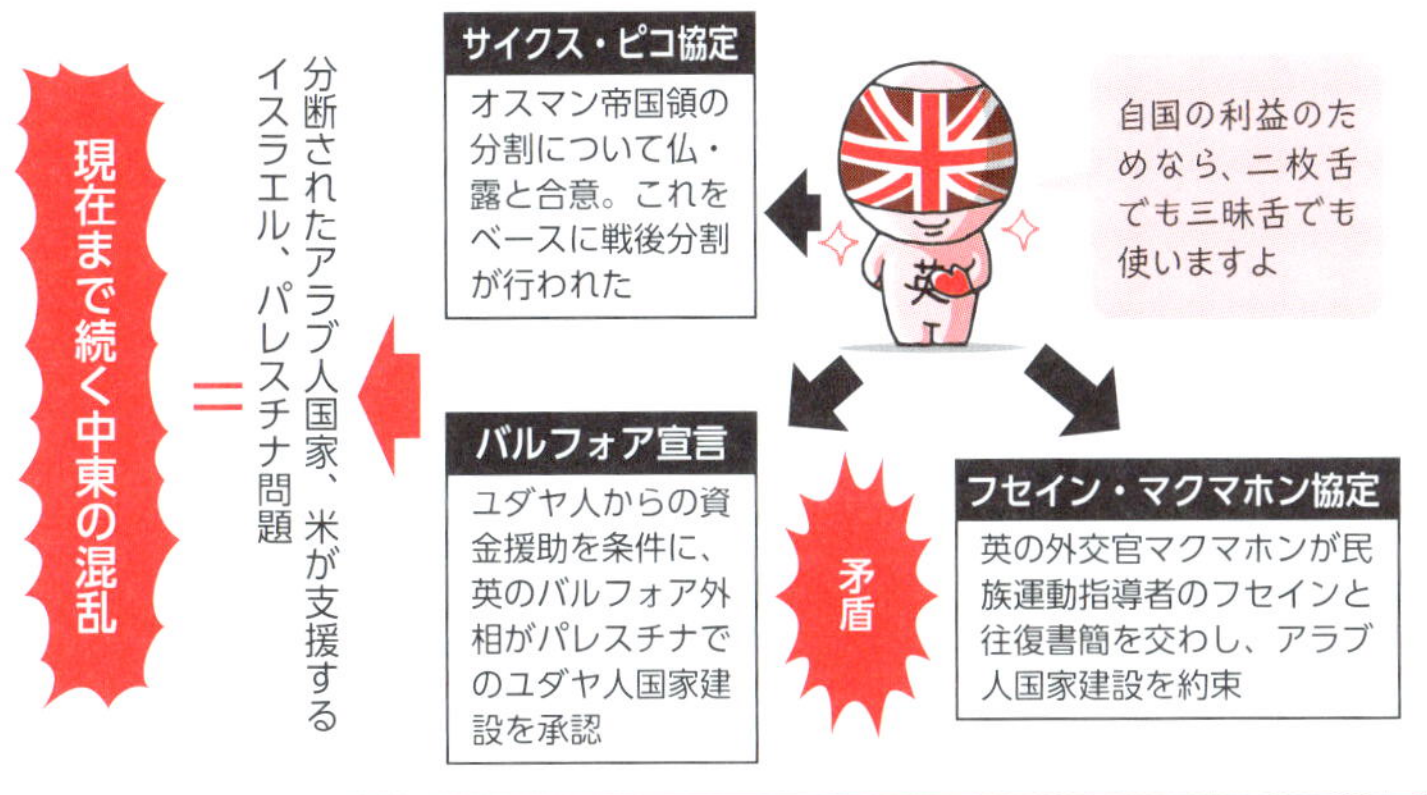
サイクス・ピコ協定
オスマン帝国領の分割について仏・露と合意。これをベースに戦後分割が行われた
自国の利益のためなら、二枚舌でも三昧舌でも使いますよ
英
バルフォア宣言
ユダヤ人からの資金援助を条件に、英のバルフォア外相がパレスチナでのユダヤ人国家建設を承認
矛盾
フセイン・マクマホン協定
英の外交官マクマホンが民族運動指導者のフセインと往復書簡を交わし、アラブ人国家建設を約束
分断されたアラブ人国家、米が支援するイスラエル、パレスチナ問題
＝
現在まで続く中東の混乱

KEY WORD 【油田の発見】1907年、イラクで中東最初の油田が発見。その後、中東には膨大な石油が埋蔵していることが判明し、列強介入の理由の一つになった。

近現代史

なぜ、イスラエルと周辺国との紛争はなくならないのか？

地政学的問題が多いイスラエル

1948年5月14日、イスラエルが独立を宣言するや、その3時間後にこれを認めないアラブ諸国がイスラエルに対して宣戦布告。第一次中東戦争が勃発《ぼっぱつ》します。結果はイスラエルが圧勝。パレスチナの8割を占領下に収めました。その後もアラブ諸国とイスラエルによる中東戦争は、4次にわたって繰り広げられます。

アラブ諸国が戦争に臨んだ目的は、本来アラブのものであるはずの領土を取り戻すこと。しかしイスラエルは強力で、逆に第三次中東戦争ではシナイ半島全域やヨルダン川西岸、ゴラン高原をイスラエルに占領されてしまいました。

一方イスラエルも、好戦的にならざるを得ない理由がありました。建国時にイスラエルに与えられた領土は、地政学的に見て非常に厳しいものでした。大きな川がないため水資源が乏しく、油田もありません。石油は輸入に頼ることになりますが、唯一紅海に面しているアカバ湾を封鎖されると、たちまち窮してしまいます。しかも周囲は敵対国ばかり。そのため軍備を増強して、領土拡大を図る必要があったのです。

利権を求めて介入する欧米諸国

中東戦争では、欧米諸国もこの地域における利権を維持・拡大させるために、露骨に介入をしてきました。象徴的なのは、第二次中東戦争

資源に乏しい
イスラエル…
あの国はあの国で
生き残りに
必死なんですね

KEY WORD 【パレスチナ】地中海の東岸一帯を指す名称で、かつてはヨルダンやシリアの一部も含まれた。現在はヨルダン川西側のイスラエルとパレスチナ自治区を指す場合が多い。

におけるアメリカの振る舞いです。
第二次中東戦争はスエズ運河の国有化を宣言したエジプトに対して、運河の利権を維持したいイギリスとフランスが、イスラエルをけしかけて始まったものです。ところが本来はイスラエル寄りのアメリカは、ソ連とともにエジプトを支持。スエズ運河は英・仏にとってはアジアへとつながる重要な航路ですが、アメリカにはここを守るメリットはないからです。むしろ英・仏が運河の利権を失えば、アメリカは中東での影響力を拡大させることができます。事実、第二次中東戦争の敗北によって英・仏は力を失い、代わりにアメリカが中東の覇権を握りました。

4次にわたる中東戦争は、アラブ諸国、イスラエル、欧米諸国の三者の思惑が、その都度形を変えてぶつかり合った戦争でした。現在でも根本的な問題は何一つ解決されていません。

中東戦争における占領地

1947年に国連パレスチナ分割決議によってイスラエル領が決定したが、イスラエルは戦争を経て領土を拡大させていった。

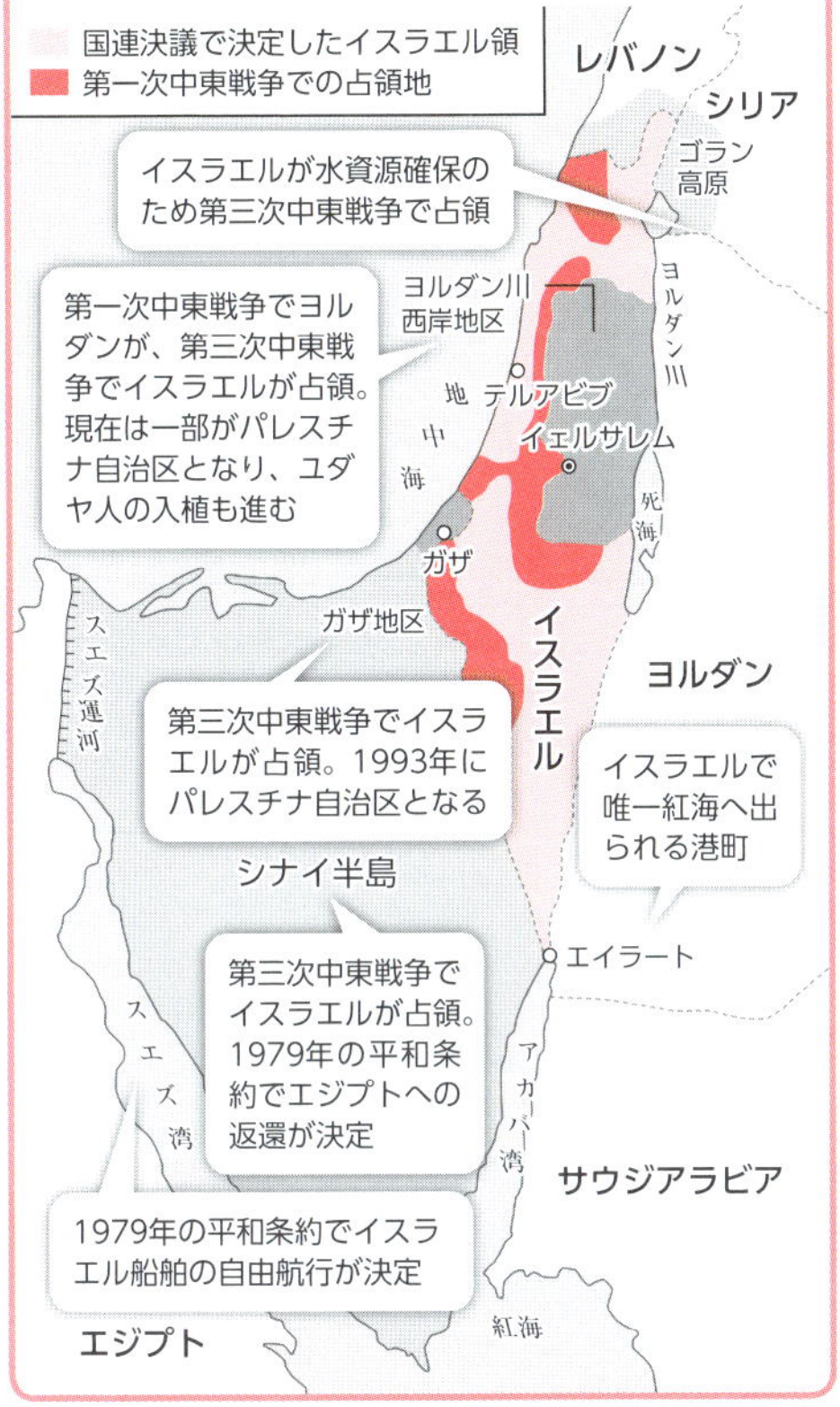

国連決議で決定したイスラエル領
第一次中東戦争での占領地
レバノン
シリア
ゴラン高原
イスラエルが水資源確保のため第三次中東戦争で占領
ヨルダン川西岸地区
ヨルダン川
第一次中東戦争でヨルダンが、第三次中東戦争でイスラエルが占領。現在は一部がパレスチナ自治区となり、ユダヤ人の入植も進む
地中海
テルアビブ
イェルサレム
死海
ガザ
ガザ地区
イスラエル
ヨルダン
スエズ運河
第三次中東戦争でイスラエルが占領。1993年にパレスチナ自治区となる
イスラエルで唯一紅海へ出られる港町
シナイ半島
エイラート
第三次中東戦争でイスラエルが占領。1979年の平和条約でエジプトへの返還が決定
スエズ湾
アカバ湾
サウジアラビア
1979年の平和条約でイスラエル船舶の自由航行が決定
紅海
エジプト

KEY WORD 【イェルサレム】ユダヤ教・キリスト教・イスラム教の聖地。イスラエルは第三次中東戦争でアラブ人居住区である東イェルサレムを占拠し、現在も実効支配を続ける。

近現代史

中東がテロの温床になった理由とは?

アルカーイダはアメリカが育てた?

2001年9月11日、アメリカで3000人以上の死者が出る同時多発テロが起きました。犯行声明を出したのは、イスラム過激派組織のアルカーイダ。ただし元はといえばアルカーイダは、アメリカ自身が生み育てた組織です。

話は1978年に遡《さかのぼ》ります。この年アフガニスタンで社会主義政権が誕生すると、翌年にはソ連がこの地に軍事侵攻をおこないます。ソ連にとって同地は、パキスタンを通ってインド洋に出るうえでも、中東ににらみを利かせるうえでも、地政学上ぜひ押さえておきたい要衝《ようしょう》だったのです［⇒P174］。これに反発したのがイスラム教徒でした。「イスラム教を守るための聖戦」の名のもとに、各地から義勇兵が集結。アフガニスタンは内戦状態に陥ったのです。ソ連の勢力拡大を阻止する狙いからイスラム義勇兵に武器や物資を援助したのがアメリカでした。そしてその義勇兵の中に、のちにアルカーイダを率いるウサマ・ビンラディンがいたのです。

一方イランでも、1978年に革命が起こり、親米から反米政権に変わります。危機感を抱いたアメリカは、イラン・イラク戦争でイラクを軍事支援します。ところがそのイラクが軍事大国化して、クウェートに侵攻。1991年に湾岸戦争が勃発《ぼっぱつ》しました。

このとき、アメリカはイラクを攻撃するため

フセインを育てたのもつぶしたのもアメリカ!英の身勝手さを米が継いでいるといえるでしょう

WHO'S WHO 【サダム・フセイン】1937−2006。1979年に大統領就任。米の後押しもあり軍事大国化するも、湾岸戦争で多国籍軍に敗北。イラク戦争で捕縛され06年に死刑となる。

アメリカのイラクへの介入と戦争

イラン・イラク戦争（1980～88年）
革命により反米国家となったイランに対抗するため、米はイラクを支援し、フセイン政権に軍事援助を行う。結果は両国の痛み分け

湾岸戦争（1991年）
債務を負ったフセインは産油国クウェートへ侵攻。米は多国籍軍を率いて撃退するも、イラク分裂を怖れてフセイン政権を存続させる

イラク戦争（2003年）
ブッシュ（子）大統領はイラクが大量破壊兵器を隠し持つとして開戦。約1か月で全土を制圧するも、大量破壊兵器は見つからなかった

戦闘終結宣言以降（03年～）
戦闘終結宣言後も武装組織との戦闘や無差別テロが続き、米軍は消耗を極めた。オバマ政権下の2011年に全軍が撤退完了

にサウジアラビアに駐屯します。サウジアラビアはイスラム教の聖地メッカがある国。異教徒によって聖地を汚されたと感じたアルカーイダは、以後アメリカを標的に定め、対米テロを繰り返すことになったのでした。

イラク戦争が過激組織の伸長を招いた

2001年の同時多発テロのあと、アメリカは報復措置として、アルカーイダを支援するアフガニスタンのタリバーン政権を攻撃。さらにはイラクをテロ支援国家であると断定し、2003年にイラク戦争を起こします。これによりイラクのフセイン政権は崩壊。民主化が進むはずでしたが、逆にアメリカに対する反発から、欧米打倒によるイスラム回帰を求めるイスラム過激組織の伸長を許すことになりました。

現在の世界各地でのテロの頻発は、「世界の警察官」を自負していたアメリカ自身が招いた側面が強くあります。

WHO'S WHO 【ブッシュ（子）大統領】1946年生まれ。2001年大統領就任。湾岸戦争の時に大統領だったブッシュ（父）の子。イラク戦争の泥沼化もあり、政権末期は支持率が低下。

シリア内戦はなぜ泥沼化しているのか？

「アラブの春」が中東に招いた混乱

イラクやシリアは、英・仏の思惑によって国境線が引かれた人工国家です。そのため国内に異なる宗派や民族が混在しています。政情を安定させるためには強権的な政権が必要とされ、イラクではサダム・フセインが、シリアではハーフィズ・アサド、バッシャール・アサドが父子２代にわたって独裁政権を担ってきました。その後フセイン政権はイラク戦争での敗北によって崩壊しますが、アサドは政権を維持し続けます。

そんなアサド政権に存続の危機が訪れます。２０１０年から11年にかけて中東や北アフリカ各地で、民衆による大規模な民主化運動「アラブの春」が起きたのです。これによりチュニジアやエジプト、リビアなどで独裁政権が崩壊。ただし、多くの国では独裁政権に代わる権力の受け皿がなかったために、政治的空白が発生。そこに過激派組織が入り込み、各地でテロや内戦が激化することになりました。

政権が崩壊しても政情は安定しない!?

「アラブの春」の波は、シリアにも及びました。アサドはこれを武力で弾圧したため、政府勢力と反政府勢力間で内戦が勃発。さらに混乱に乗じてイスラム国（ＩＳ）も勢力を拡大。政府勢力と反政府勢力は互いに対立しながらも、

民主化を目指した
「アラブの春」ですが、
残念ながら
シリア内線のような
混乱や内戦を
生んでしまいました

KEY WORD 【アラブの春】インターネットやSNSを利用した草の根の民主化運動。独裁政権を崩壊に追い込んだが、その後多くの国で政治的空白による過激派勢力の拡大が起きた。

IS掃討では一致するというように、三つ巴の戦いとなりました。シリア内戦は開戦から約7年が経過した現在も続いており、死者は30万人を越えるといわれています。

混迷を極めるシリアにおいてアサド政権が崩壊しないのは、ロシアの支援があるからです[⇒P178]。ロシアはシリアのタルトゥース港に海軍基地を持っており、この地域における勢力を失いたくないのです。一方、反政府勢力についてはこれまでアメリカが支援してきましたが、トランプ政権になってから支援が受けられなくなり弱体化しています。

アサド政権は化学兵器を使用するなど、非人道的な行為が国際的な非難を浴びています。しかしアサド政権が崩壊したからといって、反政府勢力によってシリアに平和が戻るとは限りません。政治的空白が生じることで、新たな混乱を招くことが懸念されるからです。解決の着地点は見えていません。

シリア内戦をめぐる複雑な関係性

各国とも打倒ISという点では一致しているが、関係国が政権側と反政府側に分かれて支援していることが、情勢の泥沼化を助長している。

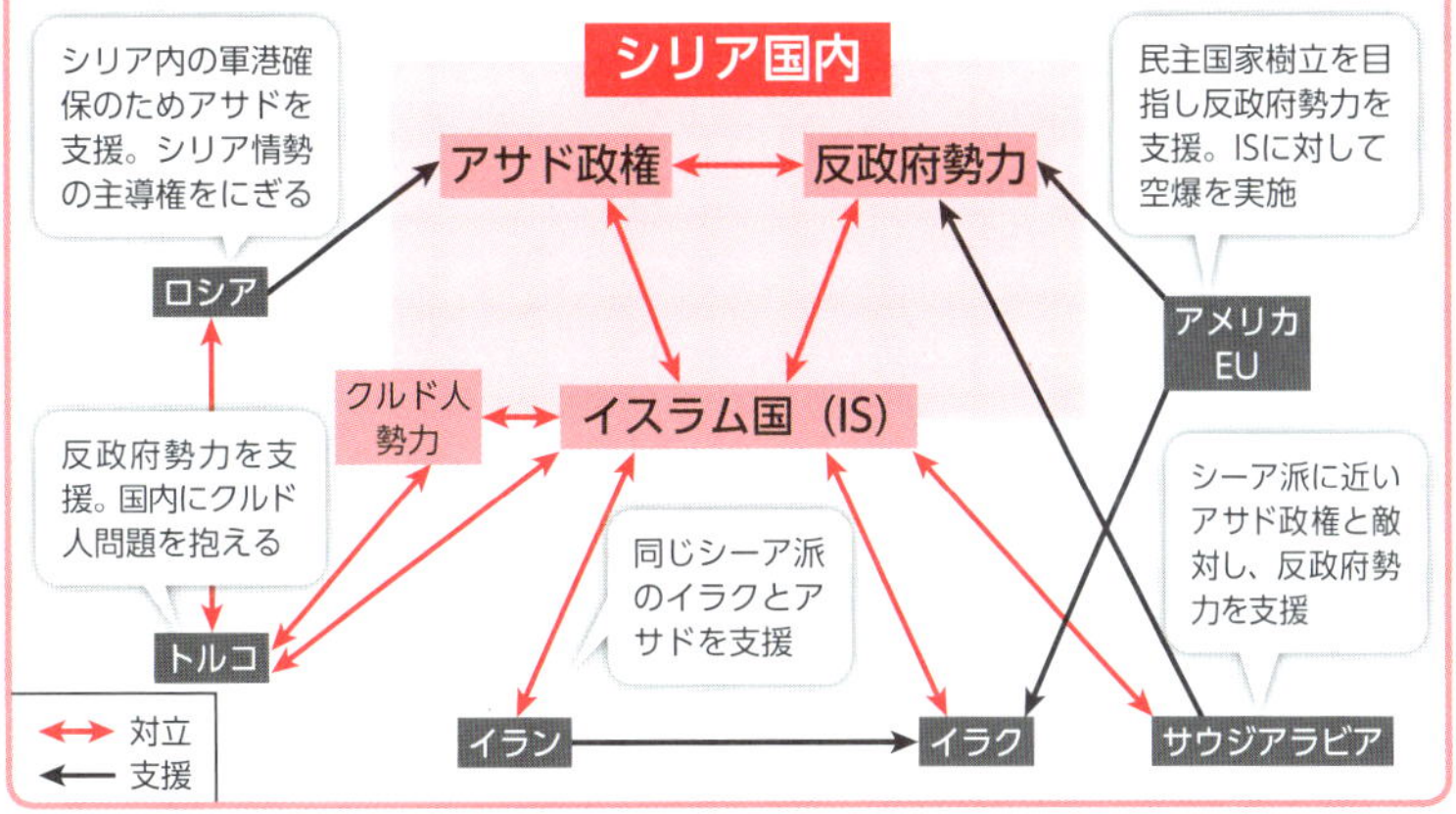

シリア国内
アサド政権
反政府勢力
イスラム国（IS）
クルド人勢力
ロシア
シリア内の軍港確保のためアサドを支援。シリア情勢の主導権をにぎる
アメリカ EU
民主国家樹立を目指し反政府勢力を支援。ISに対して空爆を実施
トルコ
反政府勢力を支援。国内にクルド人問題を抱える
イラン
同じシーア派のイラクとアサドを支援
イラク
サウジアラビア
シーア派に近いアサド政権と敵対し、反政府勢力を支援
対立
支援

WHO'S WHO 【バッシャール・アサド】1965年生まれ。ロンドン留学の最中、兄の急死により帰国し父ハーフィズの後継者となる。シーア派の一派であるアラウィー派に属する。

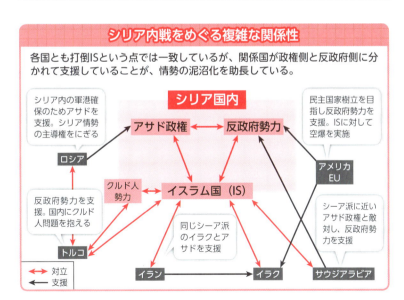

ISの誕生と拡大の背景にあったものとは？

統治の空白を突いて拡大したIS

イラク戦争によってフセイン政権が崩壊したあと、イラクでは宗派対立が激化します。アメリカ主導による〝民主的な選挙〟の結果、人口の多数を占めるシーア派の政権が誕生。そのため権力の外部に追いやられたスンナ派の間で不満が高まったのです。これをきっかけに台頭したのが、当時「イラクのイスラム国」と名乗っていたスンナ派の過激派組織IS。スンナ派の住民が多く暮らすイラク北西部を拠点に勢力を拡大させました。いわばISは、アメリカの戦後統治の失敗が生み出したといえます。

２０１１年にシリアで内戦が起きると、ISは統治の空白が生じていたシリア北部にも進出。そして２０１４年６月、一方的に国家の樹立を宣言します。ISはまるで本物の国家のように住民から税金を徴収し、石油採掘施設などを運営。これによって得た莫大な資金を元手に、さらなる拡大をもくろみました。

サイクス・ピコ協定の否定を掲げる

ISが掲げたのは、英・仏が勝手に中東に国境線を引いたサイクス・ピコ協定の否定と、かつて西はイベリア半島から、東はインダス川流域までを支配していたイスラム帝国の復活です。

ISに加わった兵士のうち、半分以上がシリアやイラク以外出身だといわれています。IS

ISの活動は沈静化しつつありますが、過激派の芽は摘まれていません

KEY WORD 【イスラム国（IS）】イラクとシリアを中心に活動する過激派組織。ISILとも表記。指導者はカリフを名乗り、国家樹立を宣言。一般人の殺害や拉致など残虐行為を厭わない。

拡散するテロの脅威

イスラム教過激派が「グローバル・ジハード（世界規模の聖戦）」を掲げて以降、テロは世界に拡散した。下記は近年にテロが起きた主な国。過激思想がSNSなどで広がり、組織による犯行ではなく自発的なテロが多いのが特徴。

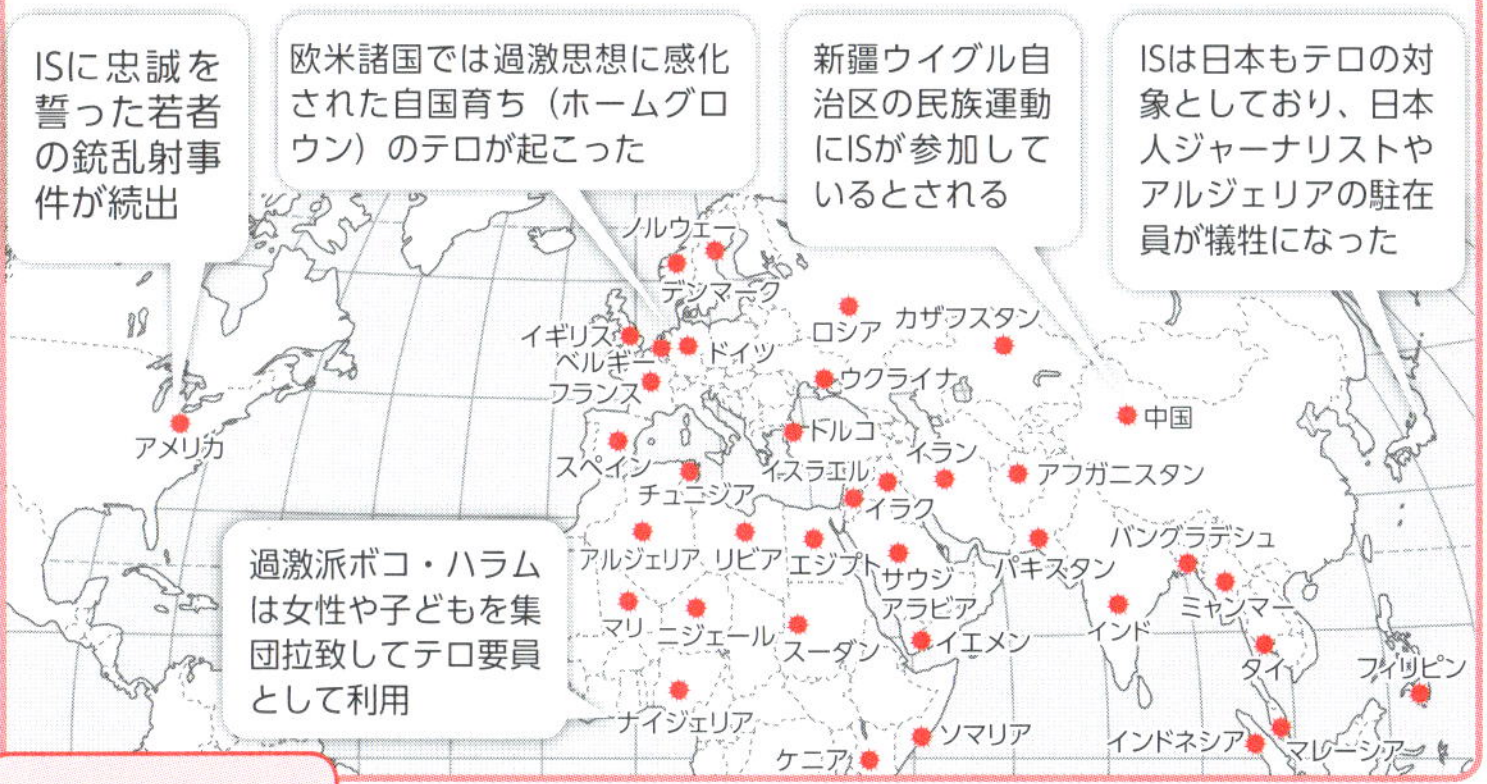
ISに忠誠を誓った若者の銃乱射事件が続出
欧米諸国では過激思想に感化された自国育ち（ホームグロウン）のテロが起こった
新疆ウイグル自治区の民族運動にISが参加しているとされる
ISは日本もテロの対象としており、日本人ジャーナリストやアルジェリアの駐在員が犠牲になった
過激派ボコ・ハラムは女性や子どもを集団拉致してテロ要員として利用
ノルウェー
デンマーク
イギリス
ベルギー
ドイツ
フランス
スペイン
チュニジア
アメリカ
ロシア
カザフスタン
ウクライナ
トルコ
イスラエル
イラン
イラク
アフガニスタン
中国
パキスタン
バングラデシュ
ミャンマー
インド
タイ
フィリピン
アルジェリア
リビア
エジプト
サウジアラビア
マリ
ニジェール
スーダン
イエメン
ナイジェリア
ソマリア
ケニア
インドネシア
マレーシア

悪いのはテロそのものであり、イスラム教ではありません。普通のイスラム教徒とは一線を画して考えましょう

はインターネットを駆使した巧みな宣伝活動を展開。これを見てISの思想に共鳴した若者が、中東はもとより欧米諸国、中国の新疆《しんきょう》ウイグル自治区などから集まったのです。

また2015年以降、ISは欧米でのテロ活動も活発化させています。欧米で移民として暮らすイスラム教徒の中には、社会に溶け込めず、疎外感を募らせている若者が少なくありません。主犯者の多くはそうした若者です。

一時はイラクとシリアの約3分の1を支配していたISも、その後ほとんどの領土を失い、「国家としてのIS」は終焉を迎えつつあります。だが依然としてISによるテロは世界各地で頻発しています。サイクス・ピコ協定以降、欧米とイスラム世界の間に生まれた深い溝を埋めるのは、容易なことではありません。

KEY WORD 【ジハード】「奮闘」「努力」の意味で、イスラム教徒の義務とされる行為のこと。本来は「戦う」という意味ではないが、「異教徒との戦い」の文脈で用いられることが多い。

現在の諸問題

武力行使で波紋を広げるクルド人の独立運動

サイクス・ピコ協定の被害者

クルド人は古くはペルシア・トルコ・アラブの文明の分水嶺にあたる地域、現在ではトルコ・シリア・イラク・イラン・アルメニアにまたがる地域に住んでいる民族です。その数2500～3000万人。「国を持たない世界最大の民族」と呼ばれています。

クルド人にとって国家を形成できた最大のチャンスは、第一次世界大戦での敗北によりオスマン帝国が解体されたときでした。イギリスは現在のトルコ領内にクルド人国家の建国を認めます。しかし、トルコは当然激しく抵抗し、実現しませんでした。またクルド人の多くが暮らすモスルは、この地域で発見された油田を確保したいイギリスの思惑で、サイクス・ピコ協定に基づいてイギリスが委任統治をすることになったイラクに組み込まれました。クルド人もまたサイクス・ピコ協定の被害者です。

住民投票で90％以上が独立を賛成

クルド人は少数民族として、各国で抑圧や弾圧を受けました。特にイラクではフセイン政権が化学兵器を使って、5000人ものクルド人を虐殺するという事件も起きました。

状況が変化したのは、イラク戦争によるフセイン政権崩壊後です。イラク北部にクルド人自治区を持つことが正式に認められたのです。さ

クルド人問題は
中東のもう一つの
大きな
火種なんだな

KEY WORD 【モスル】古代文明時代から栄えた交易都市。近代以降は油田が発見されたことで戦争の標的となり、近年のシリア内戦でも政府軍・IS・クルド人勢力の奪いあいが行われた。

らに2014年にISがイラク北部に勢力を拡大させると、クルド人勢力は反撃に打って出ます。そしてクルド人自治区のみならず、イラク政府との間で帰属をめぐって係争地になっていた地域まで支配下に収めたのです。

これにより「独立国家を作りたい」というクルド人の長年の夢が再燃します。2017年9月にはイラクからの独立を問う住民投票がおこなわれ、賛成票は90%を越えました。

当然イラク政府はこれに反発。経済制裁を発動するとともに、自治政府が実効支配していた係争地を武力で奪還します。同様にトルコやシリアも独立運動の動きが自国に及ぶことを警戒し、自治区に対して制裁をちらつかせました。結局自治政府は、住民投票の結果を凍結せざるを得なくなりましたが、これで独立の夢が消えたわけではありません。

クルド人問題は、複数国にまたがる中東の地政学的不安要素の一つです。

クルド人の居住地域とクルド人自治区

クルド人はトルコ、次いでイラクに多く住んでおり、両国とも独立運動が顕在化している。なお、クルド人居住地域はクルディスタンと呼ばれる。

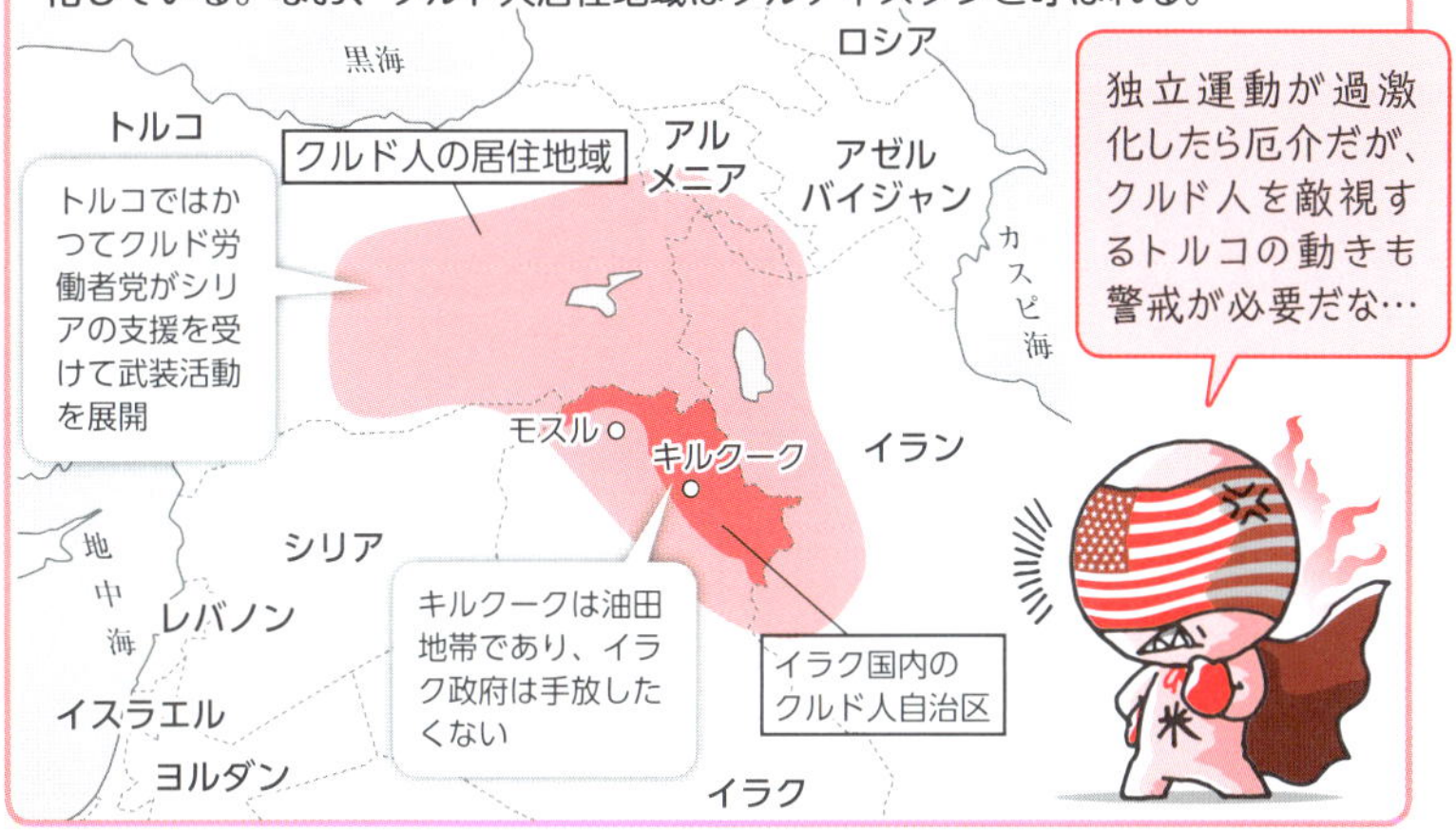
黒海
ロシア
トルコ
クルド人の居住地域
アルメニア
アゼルバイジャン
カスピ海
トルコではかつてクルド労働者党がシリアの支援を受けて武装活動を展開
独立運動が過激化したら厄介だが、クルド人を敵視するトルコの動きも警戒が必要だな…
モスル
キルクーク
イラン
シリア
地中海
レバノン
キルクークは油田地帯であり、イラク政府は手放したくない
イラク国内のクルド人自治区
イスラエル
ヨルダン
イラク
米

KEY WORD 【クルド労働者党】PKKとも表記。民族主義を掲げた武装組織であり、2013年にトルコと停戦して北イラクに撤退。イラク戦争とシリア内戦でも独立を目的に参戦。

現在の
諸問題

トルコが結ぶべきはEUか？ ロシアか？ エルドアンの外交戦略

防波堤の役割を担ってきたトルコ

トルコの地政学的条件は、ロシアの南進を防ぐ場所に位置しているという点において日本と似ています。ロシアが黒海を抜けて地中海へと進出するためには、トルコ領である海峡を通らなくてはいけないからです［⇒P168］。ロシアが太平洋に進出するために、日本の宗谷《そうや》海峡や対馬《つしま》海峡を通るのと同じです。

そのため冷戦時代のトルコは日本同様、西側諸国の一員として、社会主義勢力からの防波堤の役割を担いました。ところが、日本が今も西側諸国との関係を重視しているのとは対照的に、トルコは現在、欧米離れが進んでいます。

かつての天敵であるロシアに接近

トルコは長年、EUへの加盟を志向してきました。トルコの貿易の約4割を占めているEUとの経済活動を活発にするのが狙いです。ところがトルコ国内でのクルド人に対する人権弾圧などが問題視され、EUは加盟を拒み続けています。また西欧諸国で近年台頭している右派政党は、トルコの加盟を認めると、安価な労働力が流入するとして警戒心を露わにしています。

一方アメリカとの関係も冷え込んでいます。2016年、トルコ軍によるエルドアン大統領へのクーデター未遂事件が発生。トルコはアメリカ在住のイスラム教指導者・ギュレン師が首

中東の覇者を
目指すエルドアン！
帝国の栄光を
回復したいのかもね

WHO'S WHO 【エルドアン大統領】1954年生まれ。2003年から首相、2014年から大統領を務める。国内政治の安定と中東やEUへの影響力の拡大は、新オスマン主義とも称される。

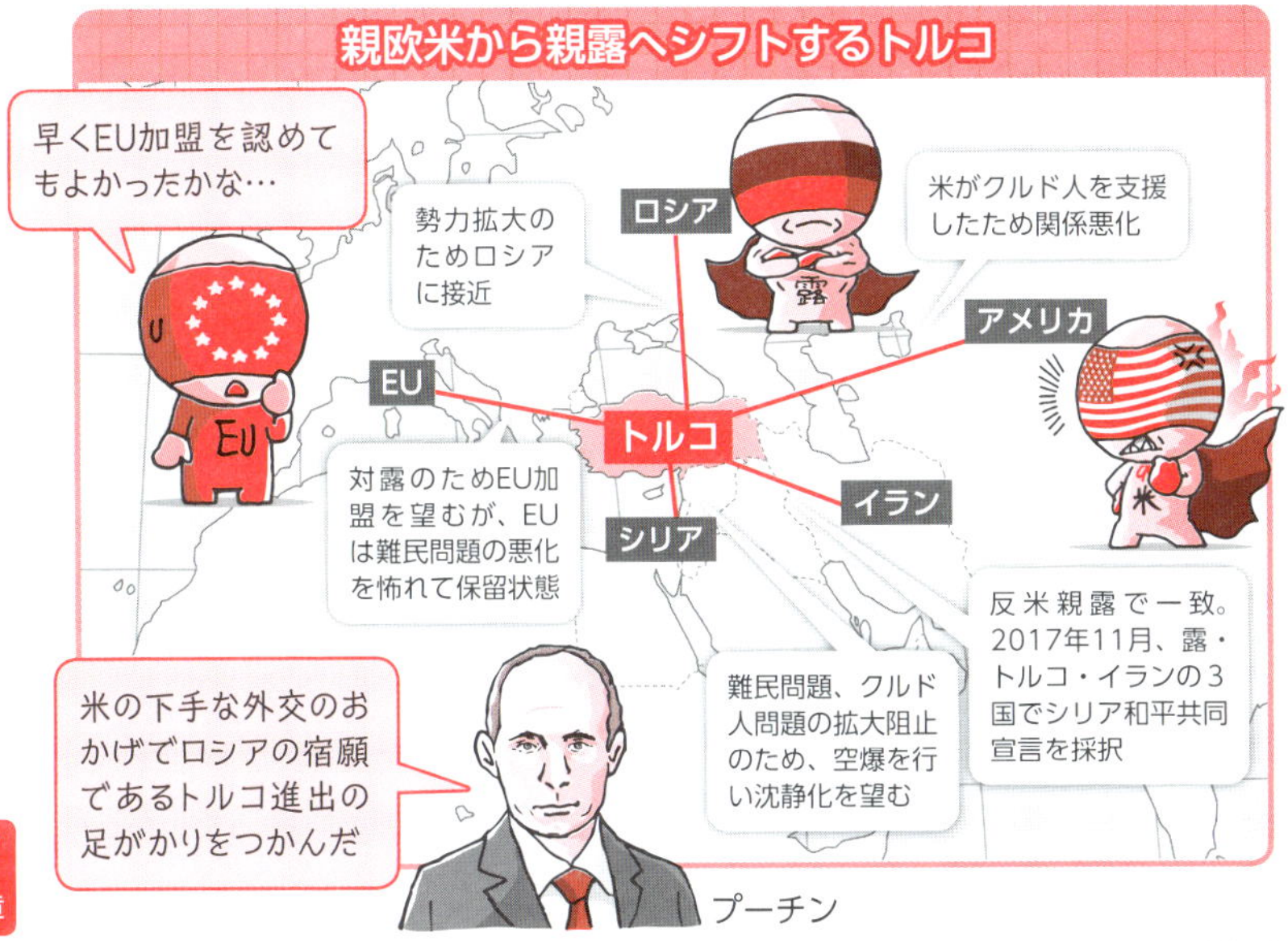

謀者だとして、アメリカに引き渡しを要求します。ところがアメリカはこれを拒否。またISに対する軍事作戦において、アメリカはトルコの反対を押し切って、クルド人勢力への武器の供与を続けました。トルコには1000万人のクルド人が住んでおり、クルド人武装勢力が力を付けることは、大きな脅威になります。

こうしたこともあり、エルドアンは欧米との関係を見直し、これまで天敵だったロシアへの接近を図っています。2017年にはロシアから地対空ミサイルの購入を決めました。ロシアにとって地政学的に極めて重要な場所に位置するトルコが、友好国になることは願ってもないことです。一方EUやアメリカにとっては大きな痛手となりました。

2018年に入り、トルコはシリア内のクルド人勢力への攻撃を開始し、アメリカとの関係はさらに悪化。トルコの軍事・外交政策を注視する必要があります。

KEY WORD 【クーデター未遂事件】エルドアンが滞在中のホテルが襲撃されるも、事前に発覚して退避。その後、大統領の権限拡大を目的とする憲法改正が行われ、独裁色が強まる。

現在の諸問題

アジアとつながるイラン 現在の開放路線の行方は？

中央アジアと接しペルシア湾に面するイランは地政学上の要衝です！

中国との結びつきを強化

イランは、トルコやサウジアラビアとともに中東の大国の一つであり、地政学的にも重要な場所に位置しています。

私たちは中東＝アラブ国家と考えがちですが、イランはアラブ人ではなくペルシア人の国です。言語もアラビア語ではなくペルシア語。3世紀に成立したササン朝ペルシアは、ローマ帝国やビザンツ帝国をも脅かす大帝国でした。イラン人は自国の歴史に誇りを持っています。

地理的には中東と中央アジアを結ぶ場所に位置。中央アジアにはカザフスタンやウズベキスタンのように「〜スタン」の国名がつく国が数多くありますが、これはペルシア語で「〜の場所」を意味します。それだけ古来から中央アジアとの結びつきが強かったのです。

こうした地理的特徴に目をつけて、イランとの関係を強化しているのが中国やロシアです。特に中国は、イランから中央アジアを経由して自国にまでパイプラインを引けば、陸路での石油や天然ガスの調達ルートを確保できます。一方イランも、中国をはじめとしたアジアとの結びつきを強めれば、発展のチャンスが広がります。

アメリカの政策転換に揺れる国内

ただし現在イランは中東においては、難しい舵取りを迫られています。イランは1979年

COUNTRY 【ササン朝ペルシア】3〜7世紀に栄えた帝国で、ペルシア帝国の一つ。西はエジプト、東はアフガニスタン、北はウズベキスタンまでを最大領土とした。

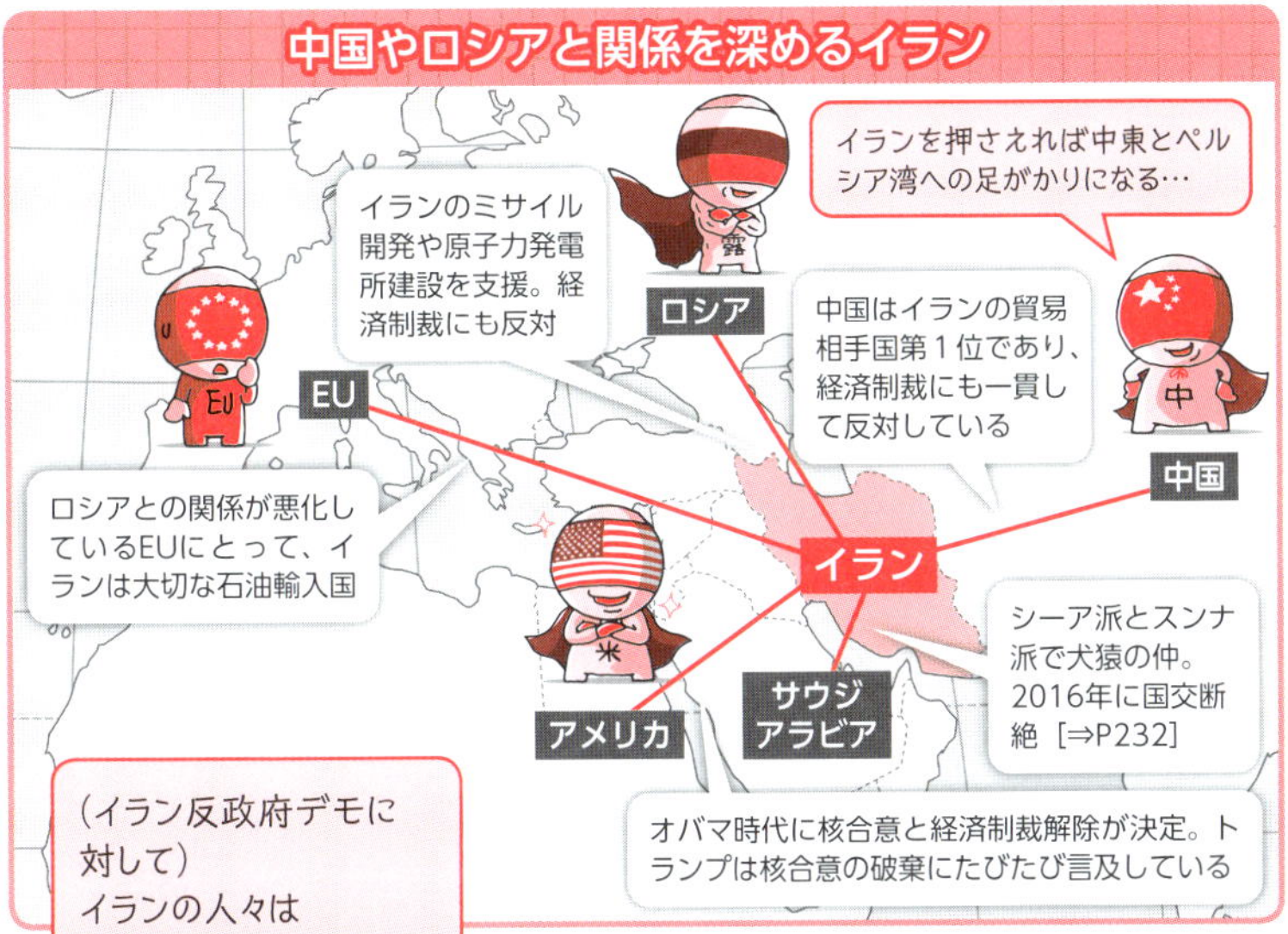

トランプ

に起きたイラン革命以来、中東でも有数の反米国家。アメリカはイランをテロ支援国家と名指し、厳しい経済制裁を科してきました。ただしオバマ政権時代に、核開発を制限することを条件に37年ぶりに経済制裁が解除されます。ところがトランプが大統領に就任した途端、**再びアメリカはイラン敵視政策を取るようになります**。これに乗じ**中東で地域覇権を争うサウジアラビアも、イラン包囲網を強化しています**。

イランは現在、アメリカから制裁解除を引き出した穏健派のロウハニ大統領が政権を担っています。経済発展を目指して対外開放や外資導入を進めてきましたが、経済再生は進まず、2017年末から生活向上や自由を求めた反政府デモが続いています。ロウハニの開放政策が行き詰まると、国内で強硬派の声が高まり、中東情勢が不安定になることが懸念されます。

KEY WORD 【ロウハニ大統領】1948年生まれ。2013年よりイランの大統領を務める。保守穏健派であり、欧米との融和政策、経済開放路線をとる。ロハニやロウハーニーとも表記。

現在の諸問題

サウジアラビアの強硬外交は何を招くか？

中東の王者になりたい
サウジアラビア。
だから宗派が違い
地政学的にも対立する
イランが大嫌い！

ペルシア湾を挟んだ緊張状態

中東のもう一つの大国サウジアラビアは、ペルシア湾を挟んで対峙するイランとは、多くのことが対照的な国です。イランはペルシア人が多数派で、宗派はシーア派、イラン革命以降は反米なのに対して、サウジアラビアはアラブ人が多数派であり、宗派はスンナ派、長年親米を貫いてきました。

また、イランは石油の輸出ルートであるペルシア湾の海峡を押さえており、地政学上のリスクもあります。こうしたこともあり、両国は長年反目し合ってきました。

2016年1月、ついに両国は国交を断絶します。サウジアラビアがシーア派の指導者・ニムル師を殺害したことに怒ったイラン国民が、サウジアラビア大使館を襲撃。これにサウジアラビアが反発し、国交断絶を通告したのです。

中東の盟主を目指した振る舞い

サウジアラビアは王政の国です。現在は80歳を超えるサルマン国王の息子であるムハンマド皇太子が実権を握っています。彼は対外政策においては極めて強硬派。アラブ首長国連邦などと連携し、カタールをテロ支援国家であるとして国交を断絶。国交修復の条件として、イランとの外交関係の縮小をカタールに求めています。またレバノンのハリリ首相が、イランの影

KEY WORD 【イエメン内戦】サウジがハーディー暫定大統領派を、イランがシーア派の武装組織フーシを支援したことで泥沼化。ISも参戦しており、国家機能は停止し飢饉が発生。

中東の盟主を目指すサウジアラビア

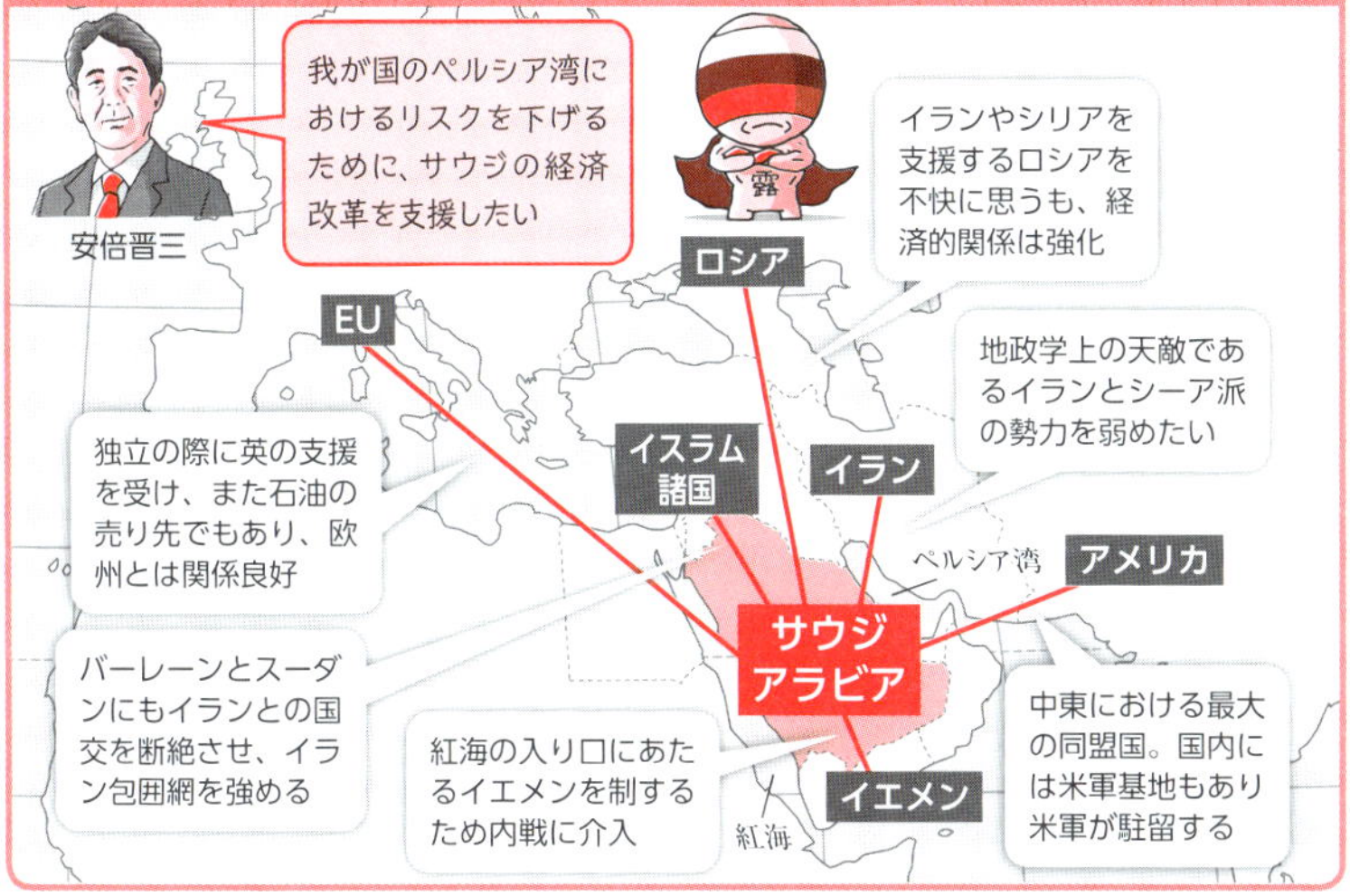

安倍晋三
我が国のペルシア湾におけるリスクを下げるために、サウジの経済改革を支援したい
露
ロシア
イランやシリアを支援するロシアを不快に思うも、経済的関係は強化
EU
地政学上の天敵であるイランとシーア派の勢力を弱めたい
独立の際に英の支援を受け、また石油の売り先でもあり、欧州とは関係良好
イスラム諸国
イラン
ペルシア湾
アメリカ
サウジアラビア
バーレーンとスーダンにもイランとの国交を断絶させ、イラン包囲網を強める
紅海の入り口にあたるイエメンを制するため内戦に介入
イエメン
紅海
中東における最大の同盟国。国内には米軍基地もあり米軍が駐留する

響下にあるシーア派の組織に肩入れしているとして圧力をかけ、これを辞任に追いやりました。さらにスンナ派とシーア派の武装組織フーシによる内戦が続くイエメンに軍事介入し、スンナ派を支援。フーシ派はイランが支援していると見られており、内戦はサウジアラビアとイランの代理戦争の様相を呈しています。

このサウジアラビアの動きを後押ししているのがアメリカのトランプ大統領。イランを敵視し、サウジアラビアや他のアラブ諸国とともにイラン包囲網を築こうとしています。

ムハンマド王子は内政においては、汚職や横領を行ってきた王族や有力者を一斉摘発するなど急進的な改革を進めており、特に若い層を中心に国民からの支持を集めています。こうした支持を背景に強硬的な姿勢でイランに臨めば、石油タンカーが行き交う地政学上非常に重要な場所であるペルシア湾において、偶発的な軍事衝突が起こる危険が高まることになります。

KEY WORD 【ムハンマド王子】1985年生まれ。2017年に皇太子となると軍事と経済政策を掌握。石油に頼らない経済改革を推進する一方、王族や政敵の大粛清を行い地盤固めを急ぐ。

まとめ

地政学的ビジョンの構築がこれからの世界を知る鍵になる

戦後、地政学はタブー視されてきた

今、日本では地政学が一種のブームになっています。書店に行けば、本書に限らず「地政学」と名の付いた書籍が何冊も並んでいます。なぜこうした現象が起きているのでしょうか。逆にいえば、なぜこれまで地政学は日本ではさほど注目されてこなかったのでしょうか。

東西冷戦期の日本は、アメリカの軍事的な庇護のもとで経済活動にいそしんできました。外交政策についてては、ほぼアメリカの方針に従えばよく、独自の外交方針を持つことは求められませんでした。つまり、日本は地政学を必要としていなかったわけです。

むしろ地政学は、戦前に「大東亜共栄圏」の構想を打ち出し、日本を破滅的な戦争へと導いた学問としてタブー視されてきました。そのため戦後の社会科教育では、地理と戦争、地理と政治を結びつけて考える発想が排除されてきました。

ところが現在、日本を取り巻く環境は大きく変化しています。隣国の中国は近隣諸国との軋轢《あつれき》をものともせず、大国化の道を押し進もうとしています。朝鮮半島の不安定化は一層深刻になっています。一方アメリカは、アジア太平洋地域を守ってくれる「警察」ではなくなりました。トランプ大統領は、この地域をどうしたいのかについてのビジョンをいまだに明確に打ち出せていません。

不確定な時代に必要とされる教養

そうした中では、安倍晋三首相が提唱している「自由で開かれたインド太平洋戦略」のように、日本が率先してアジア・太平洋地域の安定と発展を維持するためのビジョンを構築していく必要があります。さらには、日本が主体性を持って外交に取り組んでいくためには、東アジア地域のみならず、ヨーロッパや中東など、日本にとっては「遠い国」の政治状況や国家間の関係についても、感度を高めていくことが大切です。

その際に不可欠となるのが地政学です。地政学的な視点を持つことは、「なぜこの地域で紛争が起きているのか」「なぜこの国とこの国の関係は悪化しているのか」「状況を改善するために取りうるべき最善の策は何か」を考える際に、絶対に欠かせないものだからです。これまでのように「地政学音痴」のままでは、日本は生き残ってはいけなくなります。

これからの時代を生きる日本人にとって、地政学は新たな基礎教養です。日々の国際ニュースは、テロや紛争、大国の身勝手な振る舞いなど、腹が立つことや悲しい出来事であふれています。しかし、単に感情的にそうしたニュースを受け取るのではなく、「なぜそれが起きているのか」を地政学的に考え、冷静に理解するように努めること。それが「国際社会の中で自分たちはどう生きるべきか」を考える際の、思考の足がかりとなっていくでしょう。

変革の時代には、「なぜ？」という疑問を持つことが大事。本書を読破した読者には、その力が身についているはず！

ま　行

や　行

ら　行

わ　行

英　字

た　行

な　行

は　行

さくいん

あ　行

か　行

さ　行

参考文献

『地政学でよくわかる！世界の紛争・戦争・経済史』神野正史監修（コスミック出版）
『戦争と革命の世界史』神野正史著（大和書房）
『「覇権」で読み解けば世界史がわかる』神野正史著（祥伝社）
『「世界史」で読み解けば日本史がわかる』神野正史著（祥伝社）
『現代を読み解くための「世界史」講義』神野正史著（日経 BP 社）
『国際情勢の「なぜ」に答える！地政学入門』村山秀太郎監修（洋泉社）
『マンガでわかる地政学』茂木誠監修（池田書店）
『図解 世界史で学べ！ 地政学』茂木誠編著（祥伝社）
『図解でよくわかる地政学のきほん』荒巻豊志監修（誠文堂新光社）
『図解 いちばんやさしい地政学の本』沢辺有司著（彩図社）
『地政学から読み解く米中露の戦略』佐藤優監修（宝島社）
『今が地政学でわかる！リアルな新世界地図』三橋貴明監修（メディアソフト）
『戦略の地政学』秋元千明著（ウェッジ）
『現代の地政学』佐藤優著（晶文社）
『現代日本の地政学』日本再建イニシアティブ著（中央公論新社）
『なぜ、地形と地理がわかると現代史がこんなに面白くなるのか』
関真興監修、三木俊一著（洋泉社）
『世界史が教えてくれる！あなたの知らない日本史』（辰巳出版）
『大国の掟「歴史×地理」で解きほぐす』佐藤優著（NHK 出版）
『池上彰の世界の見方』池上彰著（小学館）
『知らないと恥をかく世界の大問題７』池上彰著（KADOKAWA）
『知らないと恥をかく世界の大問題８』池上彰著（KADOKAWA）
『もういちど読む　山川世界現代史』木谷勤著（山川出版社）
『教養のための現代史入門』小澤卓也・田中聡・水野博子著（ミネルヴァ書房）
『琉球王朝のすべて』上里隆史・喜納大作著（河出書房新社）
『中東とイスラーム世界が一気にわかる本』宮崎正勝著（日本実業出版社）
『Newsweek 2017 年 8 月 29 日号』（CCC メディアハウス）
『Newsweek 2017 年 11 月 28 日号』（CCC メディアハウス）
『Newsweek 世界がわかる国際情勢入門』（CCC メディアハウス）
『週刊東洋経済 2016 年 8 月 13-20 日合併号』（東洋経済新報社）
『時空旅人 2017 年 9 月号 東アジア 近現代史』（三栄書房）
『今がわかる 時代がわかる 世界地図 2018 年版』（成美堂出版）
『グローバルワイド 最新世界史図表』（第一学習社）
『最新世界史図説 タペストリー』（帝国書院）
『アカデミア世界史』（浜島書店）
『最新版図説 よくわかる世界の紛争 2017』（毎日新聞出版）
『21 世紀の地政学アトラス』地政学地図研究会編（小学館）
『キッズペディア 世界の国ぐに』（小学館）

監修　神野正史（じんの・まさふみ）

1965年名古屋生まれ。河合塾世界史講師。世界史ドットコム主宰。学びエイド鉄人講師。ネットゼミ世界史編集顧問。ブロードバンド予備校世界史講師。歴史エバンジェリスト。自身が運営する世界史専門のネット予備校「世界史ドットコム」は、絶大な支持を誇る人気講座。また「歴史エバンジェリスト」としての顔も持ち、TV出演、講演、雑誌取材、ゲーム監修なども多彩にこなす。主な著書に『「世界史」で読み解けば日本史がわかる』（祥伝社）、『世界史劇場』シリーズ（ベレ出版）、『最強の成功哲学書世界史』（ダイヤモンド社）、『現在を読み解くための「世界史」講義』（日経BP社）、『戦争と革命の世界史』（大和書房）などがある。

編著　かみゆ歴史編集部（滝沢弘康・小沼理・二川智南美・板谷亮輔）

書籍や雑誌、ウェブ媒体の編集・執筆・制作を行う歴史コンテンツメーカー。日本史、世界史、美術史、宗教・神話、観光ガイドなどを中心に、ポップな媒体から専門書まで編集制作を手がける。世界史関連の編集制作物に『エリア別だから流れがつながる世界史』（朝日新聞出版）、『なぜ、地形と地理がわかると現代史がこんなに面白くなるのか』（洋泉社）などがある。

執筆　長谷川敦（総論／1章／4章／7章）、三城俊一（2章／3章／5章／6章）
マンガ　イセケヌ
イラスト　池田圭吾
本文デザイン　株式会社ウエイド（木下春圭）
DTP　株式会社明昌堂
校正　板谷茉莉
編集担当　田丸智子（ナツメ出版企画）

教養《きょうよう》として知《し》っておきたい 地政学《ちせいがく》

2018年4月5日　初版発行

監修者　神野正史《じんのまさふみ》
編著者　かみゆ歴史編集部《れきしへんしゅうぶ》
発行者　田村正隆

発行所　株式会社ナツメ社
東京都千代田区神田神保町1-52　ナツメ社ビル1F（〒101-0051）
電話　03（3291）1257（代表）　FAX　03（3291）5761
振替　00130-1-58661
制　作　ナツメ出版企画株式会社
東京都千代田区神田神保町1-52　ナツメ社ビル3F（〒101-0051）
電話　03（3295）3921（代表）
印刷所　ラン印刷社

ISBN978-4-8163-6421-1　　Printed in Japan

本書に関するお問い合わせは、上記、ナツメ出版企画株式会社までお願いいたします。